中华优秀传统国学经典阅读

菜根谭

【明朝】洪应明　王俊　编校

中国商业出版社

图书在版编目（CIP）数据

菜根谭 / 王俊编校. -- 北京：中国商业出版社，2019.1

ISBN 978-7-5208-0584-1

Ⅰ.①菜… Ⅱ.①王… Ⅲ.①个人—修养—中国—明代 Ⅳ.① B825

中国版本图书馆 CIP 数据核字（2018）第 213439 号

责任编辑：常 松

中国商业出版社出版发行
010-63180647　www.c-cbook.com
（100053　北京广安门内报国寺 1 号）
新华书店经销
三河市同力彩印有限公司印刷

*

710 毫米 ×1000 毫米　16 开　21 印张　270 千字
2019 年 1 月第 1 版　2019 年 1 月第 1 次印刷
定价：63.00 元

* * * *

（如有印装质量问题可更换）

前　言

　　泱泱中华五千载，悠悠国学民族魂。中华国学"为天地立心，为生民立命，为往圣继绝学，为万世开太平"，是中华民族几千年来生生不息的根本，是华夏儿女的文化基因和精神支柱。

　　中华传统文化经过千百年历史冲刷洗礼和不断交流、融合以及沉淀，最终形成了求同存异、兼收并蓄、辉煌灿烂的特点，它也是世界上唯一绵延不绝而从没中断的古老文化，并始终充满了生机与活力。

　　国学就是中国之学，中华之学，是以母语汉语为基础，表达中华民族的精神价值和处世态度的，有利于凝聚中华民族的文化向心力，有利于中华民族大团结，是华夏儿女的生命火炬，我们要永远世代相传和不断发扬光大。

　　中华优秀传统文化在思想上有大智，在科学上有大真，在伦理上有大善，在艺术上有大美。在中华民族艰难而辉煌的发展历程中，优秀传统文化薪火相传、历久弥新，始终为国人提供精神支撑和心灵慰藉。所以，更多地从传统优秀国学经典中汲取丰富营养，不只能充实灵魂，而是能够拥有一种神圣而崇高的家国情怀。

　　中华传统国学是指以儒学为主体的中华传统文化与学术，内容非常广泛，内涵十分丰富，如蒙学十三经、四书五经等，作为国学中经典之经典，铸就了"国学蒙学之最、中华不可或缺之魂"，凝聚了我国五千年的文明史和传统文化，体现了中华民族博大精深的文化精髓，是经过多少代人实践检验过的文化瑰宝，承载着中华民族伟大复兴的梦想。

　　中华传统国学中具有极高价值的经典与文章不胜枚举，且不说春秋战国时期的经传宝典，也不说《史记》《资治通鉴》，仅就唐诗宋词元曲就有许多脍炙人口的佳作，今天我们作为中华儿女对这些精品岂可淡化或视而不见？

中华传统国学经典，蕴含了中华儿女内圣外王的个体修养和自强不息的群体精神，形成了重义轻利的处世态度以及孝亲敬长的人伦约定，包含着辩证理智的心智思维和天人合一的整体观念。

这些国学经典千百年来作为我国传统文化与教育经典，在内容方面包含有治国、修身、道德、伦理、哲学、艺术、智慧、天文、地理、历史等丰富知识；在艺术方面丰富多彩，各有特色，行文流畅，气势磅礴，辞藻华丽，前后连贯。古往今来，无数有识之士从中汲取知识，不仅培养了良好的道德品质，还提升了儒雅、淳静、睿智的气质。

国学经典是广大读者必备的精神食粮。读者们阅读国学经典，能够秉承国学仁义精神，养成谦和待人、谨慎待己、勤学好问等优良品行，达到内外兼修与培养刚健人格的学习目的。读者们阅读国学经典，就如同师从贤哲，使自己能够站在先辈们的肩膀之上，在高起点上开始人生道路。阅读圣贤之书，与圣贤为伍，是精神获得高尚和超越的最高境界。

如今社会处于转型时期，充斥着各种各样所谓的现代文化，良莠不齐，纷繁芜杂，作为读者，应该慎重地从文化杂烩中精挑细选最好的、最纯的、最精的文化知识进行学习，以便促进身心的健康，那么国学经典就是最佳的选择。

当然，我们必须注意：传承古代经典，不是单纯背诵一些诗词，而是传承古老中华文明；不是只知其文不解其义，而是传承经典文化中的精神；不是对所有传统的东西都加以吸收，而是采取"扬弃"态度，取其精华去其糟粕；也不是排斥其他国家和民族的先进文化，要互相理解和尊重，要有兼容并包的情怀和清醒的头脑，做到互相学习和互相促进；更不是躺在灿烂传统文化的光环下固步自封，要积极开创未来的、先进的和科学的民族文化，要创造新的文化辉煌。

国学经典并非陈旧过时的东西,它能够适应任何时代的需要,且不同的时代都可以进行新的解读,都有时代的新意。广大读者要古为今用,活学活用,在新的时代推陈出新,进行新的解读,赋予新的内涵,不断发扬新的精神。

我们欣喜地看到,在党和政府的积极号召下,教育部印发了《完善中华优秀传统文化教育指导纲要》,各级教育机构启用了《中华优秀传统文化》教材,中小学语文新课标中也增加了青少年学生阅读和学习国学的分量,许多中小学开设了专门的国学课程,全国各族人民掀起了学习和传承中国传统文化的热潮。

为此,在有关专家指导下,我们特别精选编辑了这套"中华传统国学阅读经典"作品,根据广大读者特别是青少年读者学习吸收的特点,采取了版块化的篇章结构。文前部分主要包括作者简介、写作背景、作品概况、思想内容和艺术特点等内容,正文部分主要包括原文、注释、解读、感悟、赏析、故事等内容,文后部分主要包括名言妙语、读后感、知识互动大会等内容。同时还配有精美的插图,图文并茂,生动形象,非常易于阅读、理解和欣赏,能够培养广大读者的国学阅读兴趣,从而增强大家对中华优秀传统文化的热爱、传承和发展,最终积极投身到中华复兴的伟大梦想之中。

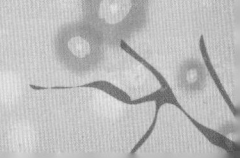

根据"部编教材"和广大读者特别是青少年读者学习吸收特点,采取版块化篇章结构,设置丰富专题栏目,解构阅读知识要点,无障碍直通阅读核心,重点感受丰富知识和独特艺术,领会和发扬深刻国学精神!

导 读

作者简介
简单介绍作者生卒、生平事迹、代表作品和历史影响等。

题解+背景
简单阐述书名来历、作者社会背景、创作动机、创作过程等。

作品概况
简单介绍作品结构形态、流传过程和历史价值等。

思想内容
简单分析作品思想内涵、社会价值和启迪作用等。

艺术特点
简单解析语言表达、篇章结构、人物形象等丰富艺术特色。

修身篇

导读
概括篇章主题和内容等,简介学习之目的。

修身是指提高自我道德素养。文中讲道:"此心常看得圆满,天下自无缺陷之世界。此心常放得宽平,天下自无险侧之人情。"
……

精美配图
根据内容配图,图文并茂,让知识变得生动形象,让阅读变得丰富有趣。

精金美玉　烈火煅来

原文
参考众多权威版本,忠实于原著原文呈现。

欲做精金美玉[1]的人品,定从烈火中煅来;思立掀天揭地[2]的事功[3],须向薄冰上履[4]过。

一念错,便觉百行皆非,防之当如渡海浮囊[5],勿容一针之罅漏[6];万善全[7],始得一生无愧。修之当如凌云宝树,须假[8]众木以撑持。
……

注释
介绍和评议生僻难懂语汇、内容、背景、引文等。

注音
对多音字以及破音、通假、古音、外族语言等异读字词进行注音。

注释
① 精金美玉：比喻人品或物品的纯洁美好。
② 掀天揭地：指翻天覆地。
③ 事功：事业，功绩。
④ 履(lǚ)：踩在上面，走过。
⑤ 百行皆非：所有的行为都错了。
⑥ 渡海浮囊：用牛皮或羊皮做成的气囊，用以浮水渡河。
⑦ 罅(xià)：裂缝，空隙。漏：漏洞。
⑧ 万善全：各种善念都具备，非常齐全。
……

解读
对原文进行译解，使之通俗易读，浅显易懂。

解读
　　想成为拥有优良品德的人，那就要像真金不怕火炼一样，经受种种艰难困苦的磨炼；想建一番惊天动地的功业，那就要像每天走在薄冰上一样，战战兢兢，时刻小心。
　　一个念头错了，便觉得几乎所有行为都不正确了。所以要提高警惕，谨防一念之差。对于差错的提防，就好比对待渡河用的皮囊，不允许有一个针眼大的裂缝。各种各样的好事都去做，才能无愧于此生。就像那西方……

故事链接
对篇章或段落进行故事配套链接，更益于理解原文。

故事链接
　　诸葛亮少年时代，从学于水镜先生司马徽，他学习刻苦，勤于用脑，不但得到司马徽的赏识，连司马徽的妻子对他也很器重，喜欢这个勤奋好学、善于用脑子的少年。
……

完美大结局

名言妙语
推介作者、作品的名言格言和妙言妙语，让读者加深印象、获得美感或启迪等。

读后感
从中、小学生认识角度，剖析阅读作品后的所思所感、所作所为等，达到有所收获和感悟等。

知识互动大会
通过阅读作品和做"填空题""选择题"和"问答题"等题型的互动，达到读与学相互促进，增强阅读兴趣，提高阅读学习质量。

作者简介

洪应明，字自诚，号还初道人，四川新都人，生卒年以及生平均不详，约明神宗万历中期前后在世。明代著名思想家、学者。他除了编撰有关人生哲理读物《菜根谭》外，还编著《仙佛奇踪》四卷。

洪应明年轻时十分热衷于仕途功名，但屡试不中。万历三十年，就是公元1602年前后，他曾经居住在南京秦淮河一带，潜心于著述。晚年则归隐山林，修道求仙，聊度余生，史家称他"有仙佛奇踪"。

洪应明是一个非常有同情心的人。有一个故事，说他路上遇见一位贫穷的白发老太太，在大太阳底下向游客推销菜根咸菜，可是她一斤也卖不出去，又愁又着急。

洪应明很可怜这个老太太，找来笔墨，写了几段文字在纸上，大体意思是买菜根咸菜，送洪应明菜根真言一句。洪应明在当地是名人，老太太半信半疑地按照他的话去做，菜根咸菜果然被人抢买光了。老太太赚了很多钱，高高兴兴地向洪应明谢了又谢。

渐渐地，周围那些穷邻居都知道了老太太腌制的菜根咸菜，香脆好吃，纷纷来取经。洪应明毫不保留地将老太太制作菜根咸菜的方法教给了大家，大家便将菜根咸菜弄到集市上卖，都赚了不少钱。

到清朝以后，很多经营菜根咸菜的手工业者，都很感激洪应明对菜根咸菜的贡献，特别是他的《菜根谭》更是将菜根精神发扬光大了，成为影响世界的文化巨著，纷纷捐钱盖庙祭祀他，并且尊称他为菜根咸菜的祖师爷。

洪应明早年有很多不如意的时候，甚至经常被一文钱逼得走投无路，在这种情况下还能把持节操和品格，坚守理念，甘于淡泊，这是他的真正伟大之处。

题解+背景

早年洪应明生活非常清苦，长期和劳动人民生活在一起。他看到人们将大把菜根丢掉感觉很可惜，就想将菜根取走，但又不愿亏欠人家，就出点钱将菜根买走。时间长了，人们就称他为"傻菜根"。

有一天，友人到家中拜访洪应明，他以菜根咸菜和米粥相待，友人品尝后，拍桌叫好。用菜根腌制的咸菜，色泽黑亮，咸香爽脆，无菜根苦涩，相较普通咸菜，菜根别有一番滋味。

友人询问其中奥妙，洪应明说，菜根味道苦涩，普通人稍尝试，就丢掉了。我觉得很可惜，所以就将菜根腌制成了咸菜。我的菜根之所以好吃，因为我知道美味急不得。我先将菜根用盐腌制，发酵一年后去除菜根苦涩，逼出菜根香气。然后再用水去除菜根中的盐，在太阳下晾晒三日，让菜根更有嚼劲。最后，菜根佐以花椒等香料，再腌制七日，才能端上饭桌。

洪应明的《菜根谭》最后以菜根命名，也正是缘于这一特殊生活经历。其实，书名取自宋儒汪革语"人就咬得菜根，则百事可成"。意思是说，一个人只要坚强地适应清贫生活，不论做什么事情，都会有所成就。

明代学者于孔兼在为《菜根谭》写的"题词"中，进一步阐述道，"谭"以"菜根"名，固自清苦历练中来，亦自栽培灌溉里得，其颠顿风波、备尝险阻可想矣。他进一步解释，一个人面对厄运，必须坚定自己操守，奋发努力，辛勤培植与浇灌自己理想。凡种菜者，必要厚培其根，其味乃厚。

洪应明生活年代，世俗社会、平民社会已经取代贵族社会、恐怖极权社会成为主流。一些有见识知识分子，在经历了仕途风波挫折之后，纷纷退隐江湖。他们既不愿与当权者同流合污，也不愿违心迎合世俗社会风气，于是表现隐者高逸超脱情怀的作品大量出现，《菜根谭》就是其中代表。

作品概况

《菜根谭》成书和刊行时间在万历年间的中后期或末期，距今已有近四百年的历史。在相当长的时间里，它并未受到足够的重视。现存有大体两种不同版本，即清刻版与明刻版。明刻版来自明代学者三峰主人于孔兼的题词，系日本内阁文库昌平坂学问所的藏本。

清刻版《菜根谭》分前后两集，前集225条，后集135条，共360条。以光绪丁亥年扬州藏经院木刻本为主，参以佛学书局排印本。此书与《围炉夜话》《小窗幽记》并称为"处世三大奇书"。

《菜根谭》的其他版本还很多，国内流传的与国外流传的有较大的出入。国内流传的一般分为上下两卷，上卷182则，分为"修省""应酬""评议""闲适"等四类，下卷201则，不分类，统称"概论"，全书共383则。

严格说来，《菜根谭》不是一部系统的、逻辑严密的学术著作，而是一部论述修身、处世、待人以及接物的格言集。书中的格言，每则从数十字到近百字不等。这些格言警句文辞秀美，对仗工整，促人觉醒，耐人寻味，有着深刻的哲理，也因此传之于世。

《菜根谭》是一部论述修养、人生、处世、出世的语录集，为旷古稀世的奇珍宝训。对于人的正心修身、养性育德，有不可思议的潜移默化的力量。作品提炼中国传统文化中的精华，尤其注意从社会文化心态的调整角度出发，圆心阐述，可谓卓具识见，在传统文化中品位之高，社会流俗层次之低，无异于天壤之别，这是中国历史上的一个十分奇特的文化现象。

思想内容

《菜根谭》的内容是儒家通俗读物,集儒、释、道三家之精髓,以心学、禅学为核心,拥有修身、齐家、治国、平天下等大道,同时由于它融入处世哲学、生活艺术、审美情趣这些特色,因此,它也是一部使人奋发向上的中国文学作品。

从内容上看,《菜根谭》论述了每个人在涉世处事中都会遇到的问题,大至治国齐家、修德养性,小至衣食住行、待人接物,作者围绕涉世处事这一中心,总结了人们生活实践中的经验教训,并融进了作者自己的切身体会,提出了一些涉世处事的原则与方法,具有很高的思想性。

书中有处理居官与居家时应持的原则、待小人与待君子所采取的态度、用人与交友所用的策略、处逆境与居顺境时应有的心情、对荣誉与对屈辱应有的操守等,几乎涵盖了人们涉世处事的各个方面。由于作者所论述的这些问题,都是人们日常生活中必然会遇到的问题,因此,作者所提出的涉世处事的具体原则与方法等,具有较强的针对性与适应性,而这样也就能赢得读者的青睐了。

《菜根谭》是以处世思想为主的格言式小品文集,采用语录体,糅合了儒家中庸思想、道家无为思想和佛家出世思想等人生处世哲学。作品在宣扬儒家入世思想时,不同于一般的儒家论著,执着于现实而不化。反之,在宣扬佛道出世、避世思想时,又不像一般佛、道论著那样玄妙虚空,而是较为踏实,贴近生活实际,就容易为人们接受了。

艺术特点

　　《菜根谭》文辞优美，对仗工整，含义深远，耐人寻味，是一部有益于人们陶冶情操、磨炼意志、奋发向上的通俗读物。特别是作品充分运用语言艺术，提炼了中国传统文化中的精华，尤其注意从社会文化心态的调整角度出发，运用格言等形式阐述内容，语言精炼，言简意赅。

　　《菜根谭》博大精深，妙处难以言传。文字简炼明隽，更是叫人含咀无穷，同时它亦骈亦散，融经铸史，兼采雅俗。似语录，而有语录所没有的趣味；似随笔，而有随笔所不易及的整饬；似训诫，而有训诫所缺乏的亲切醒豁；且有雨余山色，夜静钟声，点染其间，其所言清霏有味，风月无边。

　　《菜根谭》有着与同类著作不同的三大特色：一是重点突出，作者所论述的问题虽然很多，但将论述的重点放在修养身心上；二是不囿于一家之见，熔儒、释、道三家思想于一炉；三是不偏执，具有辩证法的因素。

　　《菜根谭》借助社会文化心态重构的有力武器，即人的生存意识，将生死问题作为价值参照，单刀直入，一针见血，希望人们通过比量、考究，然后识别孰轻孰重，孰取孰予，从而自觉改变思维定势、价值取向、心理状态和行为方式等，然后重构整个国家与民族的社会文化心态，使之朝着健康方向发展。

　　所以，《菜根谭》不仅是个人修养的箴言，更是社会病态的药石。作品对于重构社会文化心态的课题进行了有益探索，进一步拓宽了领域，深入考察了社会文化心态，这是一个功在当代、利在千秋的学术事业。

目 录

修身篇
精金美玉　烈火煅来…………… 2
无事便思有闲杂念想否………… 6
拨开尘氛　自无炎兢…………… 10
果为洪炉大冶　何患不可陶熔… 14
事理因人而悟　不如自悟之…… 18

应酬篇
操存要有真宰…………………… 22
好丑心太明　则物不契………… 26
彩笔描空　笔不落色…………… 30
酷烈之祸　多起于玩忽………… 34
仇边之弩易避　恩里之戈难防… 38
仕途虽赫　常思林下风味……… 42
无事如有事　提防弥意外……… 46
讨人事便宜　必受天道亏……… 50
少年的人　不患其不奋迅……… 54

评议篇
物莫大于天地日月……………… 58
作人脱俗　不存矫俗心………… 62
作人一味率真　踪迹虽隐还显… 66
廉官多无后　以其太清也……… 70
古人闲适处　今人忙一生……… 74
失血于杯　笑猩猩之嗜酒……… 78
富贵是无情之物………………… 82
大烈鸿猷　常出悠闲之士……… 86
异宝奇琛　俱民必争…………… 90

闲适篇
昼闲人寂　听鸟语悠扬………… 94
诵诗读书　与圣贤晤语………… 98
闲观扑纸蝇　笑痴人自生障碍… 102
人之有生　如太仓米…………… 106
飞翠落红　无非诗料…………… 110

芳菲园林看蜂　觑破尘情世态… 113
天地景物　如山之空翠……… 116
炮凤烹龙　与齑盐无异……… 120

概论篇

君子之心事　天青日白……… 124
面前田地要放宽……………… 128
事留有余　造物不忌………… 132
居轩冕　不可无山林气味…… 136
宁守浑噩而黜聪明…………… 140
学者要收拾精神并归一处…… 144
心地干净　可读书学古……… 148
栖守道德　寂寞一时………… 152
天之机缄不测………………… 156
地之秽多生物　水之清常无鱼… 160
清能有容　仁能善断………… 164
声妓从良　一世无碍………… 168
淡泊之士　为浓艳者所疑…… 171

爽口之味　烂肠腐骨之药…… 174
处父兄骨肉之变　宜从容…… 177
霁日青天　倏变雷电………… 181
青白节义　漏室中来………… 185
锄奸杜幸　放他一条路……… 188
节义傲青云　文章高白雪…… 191
恩宜自淡而浓………………… 195
夸逞功业　炫耀文章………… 198
毋忧拂意　毋喜快心………… 201
钓水逸事　持生杀之柄……… 205
竞逐听人　不嫌尽醉………… 209
进步思退步　免触藩之祸…… 212
身常放闲处　谁能差遣我…… 216
西晋荆榛　犹矜白刃………… 220
真空不空　执相非真………… 224
得不喜　失不忧……………… 228
绳锯材断　水滴石穿………… 232

其他篇

- 热不必除　除此热恼…………… 236
- 名根未拔　总堕尘情…………… 240
- 使人德我　不若德怨两忘……… 244
- 爵不宜太盛　太盛则危………… 248
- 交市人　不如友山翁…………… 251
- 不息心求见性　如拨波觅月…… 255
- 纵欲可医　势理难医…………… 258
- 日既暮而犹烟霞绚烂…………… 262
- 善读书　读到手舞足蹈………… 266
- 风恬浪静　人生真境…………… 270
- 人肯当下休，便当下了………… 274
- 饥来吃饭　倦来眠……………… 278
- 机动的　弓影疑蛇蝎…………… 282
- 看青山绿水　识乾坤自在……… 286
- 诗思灞陵桥　林岫已浩然……… 289
- 万籁寂寥　忽闻鸟弄声………… 293
- 遇病思强　处乱思平…………… 296
- 机息有月风　不必苦海世……… 300
- 过而不留　是非俱谢…………… 304
- 一事起　一害生………………… 308

修身篇

　　修身是指提高自我道德素养。文中讲道:"此心常看得圆满,天下自无缺陷之世界。此心常放得宽平,天下自无险侧之人情。"

　　人类的物质文明达到了一个前所未有的高度,我们却淡忘了古代圣贤一直教诲的修身之道。古今皆如此,但要活得自在,先要"正心",心看得圆满,心放得宽平。

　　本篇主要指少年时要努力学习,提高品格素养。修身是指修养身心,修身的具体行为表现在日常生活中就是择善而从,博学于文,并约之以礼。修身并不是一蹴而就的事,并不是看了些圣贤书就成为甚至超越圣人了。

　　修身本质是一个长期与自己恶习和薄弱意志做斗争的过程,时时检束自己身心言行,用诚心、仁爱、谦卑的情操来祛除思想中的杂质,根除那些令我们轻浮、骄傲、自大、邪僻的外因和内因。

精金美玉　烈火煅来

欲做精金美玉❶的人品，定从烈火中煅来；思立掀天揭地❷的事功❸，须向薄冰上履❹过。

一念错，便觉百行皆非❺，防之当如渡海浮囊❻，勿容一针之罅漏❼；万善全❽，始得一生无愧。修之当如凌云宝树❾，须假❿众木以撑持。

忙处事为，常向闲中先检点，过举⓫自稀。动时念想，预从静里密操持，非心⓬自息。

为善而欲自高胜人，施恩而欲要名结好，修业而欲惊世骇俗，植节而欲标异见⓭奇，此皆是善念中戈矛，理路上荆棘，最易夹带，最难拔除者也。须是涤尽渣滓⓯，斩绝萌芽，才见本来真体⓰。

能轻富贵，不能轻一轻富贵之心；能重名义，又复重一重名义之念。是事境之尘氛未扫，而心境之芥蒂未忘。此处拔除不净，恐石去而草复生矣。

纷扰固溺志⓱之场，而枯寂亦槁⓲心之地。故学者当栖心元默⓳，以宁吾真体。亦当适志恬愉，以养吾圆机。

昨日之非不可留，留之则根烬⓴复萌，而尘情㉑终累乎理趣；今日之是不可执㉒，执之则渣滓未化，而理趣反转为欲根㉓。

注释

① 精金美玉：比喻人品或物品的纯洁美好。
② 掀天揭地：指翻天覆地。③ 事功：事业，功绩。
④ 履（lǚ）：踩在上面，走过。⑤ 百行皆非：所有的行为都错了。
⑥ 渡海浮囊：用牛皮或羊皮做成的气囊，用以浮水渡河。
⑦ 罅（xià）：裂缝，空隙。漏：漏洞。
⑧ 万善全：各种善念都具备，非常齐全。
⑨ 凌云宝树：佛家语，指西天净土的树木。⑩ 假：凭借。
⑪ 过举：错误、不当的言行举动。⑫ 非心：不好的念头。
⑬ 植节：栽种，种植，生长。
⑭ 见（xiàn）：通"现"。显现，出现，实现。
⑮ 渣滓：杂质，糟粕。⑯ 真体：真实的本体。
⑰ 溺（nì）志：谓使心志沉湎其中。⑱ 槁：死亡。
⑲ 栖心元默：寄托心志。⑳ 烬：物体燃烧后剩下的部分。
㉑ 尘情：指世间的杂念会想。
㉒ 执：执着，自是而固执。㉓ 欲根：欲念的根性。

解读

想成为拥有优良品德的人，那就要像真金不怕火炼一样，经受种种艰难困苦的磨炼；想建一番惊天动地的功业，那就要像每天走在薄冰上一样，战战兢兢，时刻小心。

一个念头错了，便觉得几乎所有行为都不正确了。所以要提高警惕，谨防一念之差。对于差错的提防，就好比对待渡河用的皮囊，不允许有一个针眼大的裂缝。各种各样的好事都去做，才能无愧于此生。就像那西方佛地的宝树靠众多树木扶持一样，修身也需要人们多多积累善行。

在忙碌时做事情，常常在空闲时先检查反省，这样错误的行为自然会减少。行动中产生的想法，预先在安静时仔细考虑，不良的想法自然会消失。

做了好事总想着趁机抬高自己超过别人，给人一点恩惠总想着借此结交好友，做了点功德总想着让世人惊骇，树立节操总想着标新立异，这些都是好的思想中的不良倾向，也是追求义理道路上的障碍，最容易混杂夹带，最难拔除。这些私心杂念必须全部清除干净，断绝它的萌芽之根，如此才能显现人心向善的真实本体。

能够轻视富贵，心中却摆脱不了渴望富贵的心思；能够重视名义，心中却念念不忘名义之外的名声。这是因为在现实社会中并没有摆脱世俗的影响，而内心世界存有各种私心杂念。这些私心杂念不消灭干净，则如石头之下的小草，一旦石头移去，小草就会重新生长。

社会的纷乱骚扰固然会沉溺心志，而归隐山林的枯燥寂寞也让人心气渐消。所以读书做学问的人应当从自己的内心寻求安静闲适，以保持本我志向不受干扰；也应当适当地从事一些恬淡愉快的活动，以培养圆通机变的心机。

过去的错误不可以保留，否则它会寻得机会再次萌发，其中的世俗之情终要伤害你的义理情趣；现在正确的也不可以过于执着，过于执着就会激起心中残存的私心杂念，如此则义理情趣又为情欲所控制。

故事链接

诸葛亮少年时代，从学于水镜先生司马徽，他学习刻苦，勤于用脑，不但得到司马徽的赏识，连司马徽的妻子对他也很器重，喜欢这个勤奋好学，善于用脑子的少年。

那时，还没有钟表，记时用日晷，遇到阴雨天没有太阳。时间就不好掌握了。为了记时，司马徽训练公鸡按时鸣叫，办法就是定时喂食。为了学到更多的东西，诸葛亮想让先生把讲课的时间延长一些，但先生总是以鸡鸣叫为准，于是诸葛亮想：若把公鸡鸣叫的时间延长，先生讲课的时间也就延长了。于是他上学时就带些粮食装在口袋里，估计鸡快叫的时候，就喂它一点粮食，鸡一吃饱就不叫了。

过了一些时候，司马先生感到奇怪，为什么鸡不按时叫了呢？经过细心观察，发现诸葛亮在鸡快叫时给鸡喂食。先生开始很恼怒，但不久还是被诸葛亮的好学精神所感动，对他更关心，更器重，对他的教育也就更毫无保留了。而诸葛亮更勤奋了。通过自己的努力，他终于成为一个上知天文、下识地理的一代饱学之士。

无事便思有闲杂念想否

无事便思有闲杂念想否。有事便思有粗浮意气❶否。得意❷便思有骄矜❸辞色否。失意便思有怨望情怀否。时时检点,到得从多入少、从有入无处,才是学问的真消息❹。

士人有百折不回之真心,才有万变不穷之妙用。立业建功,事事要从实地着脚❺,若少慕声闻❻,便成伪果❼;讲道修德,念念要从虚处立基,若稍计功效,便落尘情。

身不宜忙,而忙于闲暇之时,亦可徼惕❽惰❾气;心不可放,而放于收摄❿之后,亦可鼓畅⓫天机。

钟鼓体虚,为声闻而招击撞;麋鹿性逸,因豢养⓬而受羁縻⓭。可见名为招祸之本,欲乃散志之媒。学者不可不力为扫除也。

一念⓮常惺⓯,才避去神弓鬼矢;纤尘不染,方解开地网天罗。

一点不忍的念头,是生民生物⓰之根芽;一段不为⓱的气节,是撑天撑地⓲之柱石。故君子于一虫一蚁不忍伤残,一缕一丝勿容贪冒⓳,便可为万物立命、天地立心矣。

注释

❶ 意气:情绪。❷ 得意:得志。
❸ 骄矜(jīn):骄傲自负。❹ 消息:关键。

❺ 实地着脚：实实在在地。❻ 声闻：名誉，名声。
❼ 伪果：虚伪的成果。❽ 儆惕：戒惧。❾ 惰：懈怠，懒惰。
❿ 收摄：收聚。⓫ 鼓畅：鼓动并使畅达。
⓬ 豢（huàn）养：喂养，驯养。⓭ 羁縻（jī mí）：控制。
⓮ 一念：一动念间，一个念头。
⓯ 常惺：指头脑经常或长久保持清醒。⓰ 生民生物：生民，养民。
⓱ 不为：不做，不干。⓲ 撑天撑地：顶天立地。
⓳ 贪冒：贪图财利。

解读

没有事情的时候就想一想自己有没有闲杂的思想念头。有事情的时候就要想一想自己有没有粗心浮躁意气用事。得意的时候就想一想自己有没有骄傲自负的言语表情。失意的时候就想一想自己有没有失望怨愤的情绪。这样时常检点自己的思想言行，使坏习惯渐渐从多到少，从有到无，这才是真正掌握了人生真谛。

读书人要有百折不回的坚强意志和决心，才能学到随机应变、用之不尽的奇妙智慧。要想建功立业，就要脚踏实地干好每一件事情。如果心存哪怕一丁点羡慕虚名的念头，就难成正果。要想修心养德，就要专心于心性道德的修养。如果总想着计较功利得失，则落入世俗之中。

身体不适宜忙碌，而是忙碌在闲适余暇之时，又可以儆戒警惕惰懈习气；内心不可以放松，而是放松于收敛检摄以后，又可以鼓动畅达天赋灵机。

钟和鼓形体空虚，为了声音的传布而招致敲打撞击；麋和鹿本性喜欢野外奔跑，因贪恋豢养的舒适而被羁绊，失去自由。可见，追求声名会招致灾祸，贪图利欲会涣散心志，读书做学问的人不可以不努力清除这些东西。

每一个念头都保持清醒的头脑，这样就可以避开冷枪暗箭的攻击；洁身自好不染纤尘，这样就可以冲破天罗地网般的各种威逼利诱。

一点慈悲恻隐之心，是使民众生存、万物生长的基础；一种"君子有所不为"的风骨节操，是支撑天地的柱石。所以即使是一条虫、一只蚂蚁那样小的生物，君子也不忍心伤害它们；一丝一线的财物，君子都不会贪为己有。这样就可以使民众安乐生活，使万物顺利生长。在天地间树立一种精神，使民众与万物顺应自然规律而生存。

故事链接

明代洪武年间有个武官叫张曜，因苦战有功，被提拔为河南巡抚。但他因自幼失学，没有文化，常受朝臣歧视，御使刘毓楠说他"目不识丁"，结果皇帝改任他为总兵。于是，张曜从此立志要好好读书，使自己能文能武，不再被人小瞧。

回到家中，张曜想到自己的妻子很有文化，于是要求妻子教他念书。妻子说："要教是可以的，不过要有一个条件，就是要行拜师之礼，恭恭敬敬地学。"

张曜一口应下，马上穿起朝服，让妻子坐在孔子牌位前，对她行三拜九叩之礼。从此以后，凡公余时间，都由妻子教他读经史。

张曜的妻子是大家闺秀，对《大学》《中庸》《论语》《孟子》四书和《诗经》《尚书》《礼记》《周易》《春秋》五经学得都非常透彻，当然对丈夫这个学生也教得尽职尽责。张曜对他的这个老师也异常尊敬。

每当妻子一摆老师的架子，他就躬身肃立听训，不敢稍有不敬。与此同时，他还请人刻了一方"目不识丁"的印章，经常佩在身上自警。这样经过几年苦学，张曜终于成为一个很有学问的人。

修身篇

　　后来,张曜在山东做巡抚时,又有人参他"目不识丁",这次张曜上书请皇上面试,面试成绩使皇上和许多大臣都大为惊奇,称赞不已。此后,张曜在山东任上,筑河堤,修道路,开厂局,精制造,做了不少利国利民之事,也因为他勤奋好学,死后皇帝谥他为"勤果"。

拨开尘氛 自无炎兢

拨开世上尘氛，胸中自无火炎冰兢[1]；消却[2]心中鄙吝[3]，眼前时有月到风来。

学者动静殊操[4]、喧寂异趣[5]，还是锻炼未熟，心神混淆故耳。须是操存涵养，定云止水中，有鸢飞鱼跃[6]的景象；风狂雨骤处，有波恬浪静的风光，才见处一化齐[7]之妙[8]。

心是一颗明珠[9]。以物欲障蔽[10]之，犹[11]明珠而混以泥沙，其洗涤犹易；以情识[12]衬贴[13]之，犹明珠而饰以银黄，其洗涤最难。故学者不患[14]垢病[15]，而患洁病[16]之难治；不畏事障，而畏理障之难除。

躯壳的我要看得破，则万有皆空而其心常虚，虚则义理来居；性命的我要认得真，则万理皆备而其心常实，实则物欲不入。

面上扫开十层甲[17]，眉目才无可憎；胸中涤去数斗尘[18]，语言方觉有味。

完得心上之本来[19]，方可言了心[20]；尽[21]得世间之常道[22]，才堪[23]论出世[24]。

注释

❶ 火炎冰兢（jīng）：冷暖炎凉的感觉。兢，坚硬。
❷ 消却：消除，除去。 ❸ 鄙吝：形容心胸狭窄。

❹ 操：操守、志向。❺ 异趣：不同的志趣，不同的意趣。

❻ 鸢（yuān）飞鱼跃：在静境中要看到动境。

❼ 处一比齐：站在同一立场看待世界，万事万物皆可通而为一，转化为一。

❽ 妙：美好。❾ 明珠：光泽晶莹的珍珠。❿ 障蔽：遮蔽，遮盖。

⓫ 犹：如同，好比。⓬ 情识：感觉与知识。

⓭ 衬贴：衬托，配衬。⓮ 不患：不用担忧。

⓯ 垢（gòu）病：本意为指责，责难。

⓰ 洁病：过分讲究清洁的一种心理病态。

⓱ 甲：硬质外壳，喻指用来掩盖其真实面目的种种手段。

⓲ 尘：尘土，喻指蒙蔽心识的种种欲念。

⓳ 本来：指人本有的心性。

⓴ 了心：佛家语，佛家认为每个人内心都有佛性，明心见性便称了心。

㉑ 尽：竭，完。㉒ 常道：一定的法则、规律，常有的现象。

㉓ 堪：能够，可以。㉔ 出世：超脱人世束缚。

解读

不受人世间各种各样庸俗杂念的影响，心中自然没有炎凉惊惧的感觉。消除心中的卑鄙庸俗，开阔心胸，眼前常见明月，时有清风吹来。

做学问的人，行动静止操行不同、喧闹寂静意趣不同，还是锻造冶炼尚未成熟，心思精力混杂混淆的原故。必须是执持心志滋润培养，安定的云静止的水中，有鱼跃鸢飞的景象；风雨狂暴急骤的地方，有风平浪静的风光，才能显现对待万物变化通而为一的妙用。

菜根谭

心似一颗明亮的珍珠。用物质欲望遮蔽它，犹如明珠混杂于泥土沙石，清洗起来还算容易；用才情见识包装它，犹如明珠被装饰上白银黄金，要清洗辨认最为困难。所以读书做学问的人不担心染有毛病，而担心这些毛病难以根除；不害怕做事有何障碍，而害怕追求义理之路上障碍重重。

身躯皮壳的"我"要看得透彻，就会万般所有全都空虚而他的心常恒虚无，虚无则礼义伦理归来寄居；本性天命的"我"要认得真切，就会万般道理全都齐备而他的心常恒充实，充实则物质欲望不得入侵。

剥开脸上的层层伪装，露出真面目，这时面貌才不让人讨厌；清除掉心中沾染的各种俗世邪念歪思，话语才会让人觉得真诚有趣。

将自己心之本来彻底完善，才可以说了然自己的心性；阅尽世间的常识道理，才有资格谈论超脱人世的道理。

故事链接

陶渊明是东晋后期的大诗人、文学家，他的曾祖父陶侃是赫赫有名的东晋大司马和开国功臣，祖父陶茂和父亲陶逸都做过太守。到了东晋末期，朝政日益腐败，官场黑暗。而陶渊明生性淡泊，在家境贫困及入不敷出的情况下仍坚持读书作诗。

405年，已过不惑之年的陶渊明出任彭泽县令。到任第八十一天，碰到浔阳郡派遣督邮来检查公务。浔阳郡的督邮，以凶狠贪婪闻名远近，每年两次以巡视为名向辖县索要贿赂，每次都是满载而归，否则栽赃陷害。

当督邮来到彭泽那一天，陶渊明手下的县吏说："我们应当穿戴整齐、备好礼品、恭恭敬敬地去迎接督邮啊！"

陶渊明叹道："我岂能为五斗米向乡里小儿折腰。"

意思是我怎能为了县令的五斗薪俸，就低声下气去向这些小人行贿赂

修身篇

献殷勤呢？说完，他挂冠而去，辞职归乡。此后，陶渊明一面读书为文，一面躬耕陇亩。

陶渊明的一生，充满了对人生真谛的渴望与追求。陶渊明的诗歌如《饮酒》和《杂诗》等，质朴无华，清丽自然，或者咏史抒怀关心时局，或者充满"性本爱丘山"的生活志趣。

陶渊明的辞赋如《归去来兮辞》，表达了他不与世俗同流合污的决心。陶渊明的散文如《桃花源记》和《五柳先生传》等，表现了一种返朴归真和高远脱俗的意境，同时也表达了他对美好未来充满了向往。

后人对他有"一语天然万古新，豪华落尽见真淳"之誉。但陶渊明那不为"五斗米折腰"的气节，更使后人肃然起敬。

菜根谭

果为洪炉大冶　何患不可陶熔

我果为洪炉[1]大冶[2],何患顽金钝铁[3]之不可陶熔。我果为巨海长江,何患横流污渎[4]之不能容纳。

白日欺人,难逃清夜之鬼报;红颜[5]失志,空贻[6]皓首[7]之悲伤。

以积货财之心积学问,以求功名之念求道德,以爱妻子之心爱父母,以保爵位之策保国家,出此入彼,念虑[8]只差毫末[9],而超凡入圣[10],人品且[11]判星渊[12]矣。人胡不猛然转念哉!

立百福[13]之基,只在一念慈祥;开万善之门,无如[14]寸心[15]挹损[16]。

塞得物欲之路,才堪辟道义[17]之门;驰[18]得尘俗之肩,方可挑圣贤之担。

容得性情上偏私[20],便是一大学问;消得家庭内嫌雪[21],才为火内栽莲。

注释

[1] 洪炉:大熔炉。[2] 大冶:技术高超的锻工。
[3] 顽金钝铁:坚硬的金属,比喻顽劣的人。
[4] 横流污渎:污浊的水沟,比喻逆耳之言。[5] 红颜:指少年。
[6] 空贻:徒然,白白地。[7] 皓首:白头,白发。[8] 念虑:思虑。
[9] 毫末:毫毛的末端,比喻极其细微。

⑩ 超凡入圣：超越凡俗，达于圣界，多形容造诣达到登峰造极的地步。

⑪ 且：将近，几乎。 ⑫ 霄渊：天渊，比喻差别大。

⑬ 百福：多福。 ⑭ 无如：不如，比不上。 ⑮ 寸心：指心。

⑯ 挹（yì）损：谦逊。 ⑰ 道义：道德义理。 ⑱ 驰：丢掉，丢弃。

⑲ 肩：肩挑或肩扛。 ⑳ 偏私：偏袒徇私，不公正。 ㉑ 嫌雪：嫌隙。

解读

我果真是炼钢的洪大火炉，何必担心坚硬金属笨重铁石难以熔炼？我果真是巨大的海洋长长的江河，何必担心四处横流的污浊沟渠的不能容纳？

白天欺骗了别人，难以逃脱夜深人静独处的时候必然产生的羞愧之感；年少的时候没有立下奋斗志向，到年老的时候就会因为白头却无所成就而悲伤。

用积聚货物财产的心思积聚学问，用求取功绩名誉的意念追求道德，用爱护妻子儿女的心意敬爱父母，用保持爵号官位的策略保卫国家，走出这里进入那里，意念思虑只是差别毫毛末端，但是超脱凡俗进入圣界，人的品质几乎判若天壤之别了。人何不猛然转变念头呢！

一个念头的慈爱祥和就可建立百般幸福的根基，而要开启万般善良的大门，最好的办法是抑制自己的任何一点点私心杂念。

只有堵塞个人物欲之路，才能开辟道德义理之门；只有摒弃凡尘世俗之累，才可担当圣人贤达之责。

容忍得了禀性感情上的偏袒徇私，就是一门大学识；消除得了家族门庭内的怨嫌霜雪，才是火海内栽种莲花。

菜根谭

故事链接

提起包公，谁都知道他是一个善于断案、专为百姓伸冤除害的清官。他的名字叫包拯，是北宋中期一位有名的政治家。由于他清廉、正直，生前就博得了很好的名声，人们尊称他为包公。

包拯曾任端州知州。端州出产一种名贵的砚台，叫作"端砚"，与湖笔、徽墨、宣纸齐名。端州每年都要进贡一定数量的端砚。

从前的知州，总要在朝廷规定的数额之外加征几倍乃至几十倍，用以贿赂权贵。但是，包拯在端州任上，却没有这样做，他只按上贡定额命令工匠制作，当他卸任的时候连一块端砚也没有带走。

因此，民间还流传着这样的传说：包拯离开端州的时候，人们知道他连一块端砚也没有带走，都赞叹不已，但又感到过意不去。于是，有人用黄布包了一块端砚，偷偷放在船舱里。当船行驶到羚羊峡口的时候，突然狂风暴雨大作，船走不动了。

包拯十分诧异：老天爷为什么要这样为难自己呢？他自信没有做下对不起端州百姓的事。直到在船舱里发现那块端砚，他才明白是怎么回事了，就立即把它投入江心。据说这样一来狂风暴雨顿时止息。不久，在包拯掷砚的地方出现一座沙洲，就是那块端砚变成的，人们称之为"墨砚沙"。

后来，包拯到了朝廷任谏官，在谏官任上，他又是一个直言敢谏的诤臣。他曾经三次弹劾国戚张尧佐，七次弹劾鱼肉百姓的王逵。张尧佐是嫔妃张美人的伯父。张美人长得漂亮，又善于逢迎，很受宋仁宗宠爱，被封为贵妃。张尧佐凭借侄女的力量，也当上了掌管全国财政的最高长官三司使。一时朝野上下议论纷纷。

于是，包拯愤然上书，弹劾张尧佐，指出正当国家财政困难的时候，任用这样的庸人理财，违背民心，会酿成财政危机，后果不堪设想。

仁宗皇帝听不进这些话，不久，又加封张尧佐为淮康军节度使、群牧制置使、宣徽南院使、景灵宫使，权力更大了。诏书一发布，朝廷内外都感到震惊。包拯再次上奏章，怒责张尧佐，并和仁宗当面争辩，言辞激烈得连唾沫都溅到仁宗的脸上。

由于包拯和其他谏官不屈不挠的谏争，宋仁宗终于"感其忠恳"，削去张尧佐宣徽南院使、景灵宫使两职，还做出外戚不得担任军政要职、干预国家大事的规定。

包拯嫉恶如仇，最恨的是贪官污吏。他上过一道《乞不用赃吏》的奏章，要求朝廷罢免贪官污吏，一般不再起用他们，即使再起用，也不让他们担任重要的官职。有一个臭名昭著的酷吏叫王逵。他任地方官时，飞扬跋扈，随意增派苛捐杂税，一次就多收税三十万贯。他把搜刮来的钱财进奉朝廷，博得朝廷的欢心，却坑苦了当地的老百姓。

王逵任荆湖南路转运使时，许多老百姓被迫逃到少数民族地区的山洞里。被他杀害的老百姓不知有多少，人民对他恨之入骨。当王逵被调往池州时，当地老百姓几千人聚会庆贺，城里数万家居民接连三天张灯结彩。

就是这样一个酷吏，却官运亨通。不久，王逵又从池州升迁为江西转运使。到了江西，依然是严刑酷法，鱼肉百姓，动辄抓人入狱，判罪充军。后来，有人告发了王逵的劣行，朝廷下令本路主管司法的提刑司调查处理。包拯上书反对，指出本路提刑司肯定会包庇他。

朝廷没有采纳包拯的意见，结果事情不了了之。没过多久，王逵又被提拔为淮南转运使。对此，包拯气愤异常，又一次上书弹劾他，认为王逵苛暴成性，难以悛改，不能把百姓交给王逵，听任他肆意残害。由于包拯前后七次弹劾王逵，据理力争，仁宗只好罢免了王逵的转运使职务。

菜根谭

事理因人而悟　不如自悟之

　　事理因人言❶而悟者，有悟还有迷，总不如自悟之了了；意兴❷从外境而得者，有得还有失，总不如自得❸之休休❹。

　　情之同处即为性，舍情则性不可见，欲之公处即为理，舍欲则理不可明。故君子不能灭情，惟事平情❺而已；不能绝欲，惟期寡欲❻而已。欲遇变而无仓忙，须向❼常时念念守❽得定；欲临死而无贪恋，须向生时事事看得轻。

　　一念过差，足丧生平之善；终身检饬❾，难盖一事之愆❿。从五更⓫枕席上参勘⓬心体，气未动，情未萌，才见本来面目；向三时饮食中谙练世味，浓不欣，淡不厌，方为切实工夫。

注释

❶人言：别人的评议。❷意兴：意境。❸自得：自己有心得体会。❹休休：形容宽容，气魄大。❺平情：公允而不偏于感情。❻寡欲：节制欲望，欲望少。❼向：面朝、面对。❽守：等待，牢牢守住。❾检饬：谓检点，自我约束。❿愆（qiān）：本义过错，罪过。⓫五更：旧时自黄昏至拂晓一夜间，分为甲、乙、丙、丁、戊五段，谓之"五更"。⓬参勘：对比参照着考察。

修身篇

解读

通过别人的解释明白事物的道理，有明白的地方也会有迷惑的地方，总不如自己参悟获得道理那样更明白清楚；从外部环境中获得某种意趣，有得也会有失，总不如从自己内心中产生某种意趣更惬意自在。

与情感共同相处的就是秉性，舍弃情感秉性就不可能显现，与欲望共同相处的就是理义，舍弃欲望理义就不可能明确。所以有才德的人，不能减除情感，只是做事平和情感罢了；不能禁绝欲望，只是期望心里欲望寡少罢了。想要在遭遇变故时不仓促慌忙，平时就应当深思熟虑，意志坚定；想要在临死时不再贪惜留恋什么，活着时就应当凡事看得轻淡些。

一念之差，一生所行善事足可丧失殆尽；一生谨慎检点，也难掩盖曾经犯过的一次过错。清早在没有起床的时候思考琢磨自己的内心本性，这个时候心中杂念邪思等浮躁之气还没有产生，感情还没有萌动，这才能见到自己的本来面目；从一日三餐中熟悉人世间的各种滋味，滋味肥美不过于高兴，滋味寡淡也不厌恶，这才是真正的功夫。

故事链接

明朝天顺年间，有个官居吏部给事中的人，名叫马万群，单生一子名叫马德称。德称聪明好学，12岁中了秀才，邻人黄胜把妹妹六瑛许与德称为妻，由于德称用心读书，年过20岁尚未成婚。谁知马万群弹劾奸宦王振，反被王振诬以贪污万两赃银，削职追"赃"，家产被估价变卖一空。万群一病身亡，留下德称在坟堂中栖身，孤穷不堪，衣食不周。

无奈之下，他只好去杭州投奔表叔，没想到表叔几日前死了。再到南京访故，可故旧或升、或转、或死、或罢了官，一个也投奔不着。眼看着盘缠用尽，不得不寄食佛寺。家乡学官因他误了考，把他秀才头衔也申黜了，可谓是"屋漏更遭连夜雨，行船又遇打头风"。

自此，德称的命运更不顺了：运粮的赵指挥请他做门馆先生，粮船沉没了；刘千户请他教八岁的儿子，儿子出痘死了；尤侍郎荐他去陆总兵处帮忙，陆总兵打了败仗，押解来京问罪。所以人们传说：马德称所到之处，一定会有灾殃，还给他取了个外号叫"钝秀才"。弄得马德称穷困落魄，卖字为生。

这时，邻人黄胜已死，六瑛探知马秀才在外如此苦楚，心中十分难过，派老家人带银百两去接未婚夫。马德称既感念她的真情，又因一事无成感到惭愧，所以就没有接受，他想等到读书有成后再回家完婚。

光阴易过，转眼间，马德称已经是32岁。这年奸宦王振势败，新皇帝访知马万群冤屈，复其原官，追加三级，被抄没田产全部发还，并准许马德称恢复秀才资格。从此，"钝秀才"一洗晦气，连考连中，殿试二甲，选为庶吉士。这时，他才回去与一直等着他的六瑛完婚。

应酬篇

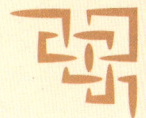

　　应酬是指为了达到某种目的,去做不想做但又不得不做的事。也就是说人们总是不得不为了自己的利益,去一些自己不情愿去的地方,做一些自己不情愿做的事情,说一些自己不情愿说的话,见一些自己不情愿见的人。

　　本篇指出青年进入社会,要与形形色色的人接触交际,免不了迎来送往的应酬,比如同事之间、同学之间、亲戚朋友之间甚至家人之间。因此,人事关系和社会关系需要由人们来维持。哪怕是不情愿的,甚至是卑躬屈膝,也少不了要做世俗之事。

　　应酬是职场上的重要道具,是处事待人的度量衡,是社会生活中一种重要处世艺术。只有学会应酬,才能在各种人际交往和场合中做到左右逢源、游刃有余,进而为自己工作的顺利进行、事业的畅达亨通助上一臂之力。

操存要有真宰

操存①要有真宰②，无真宰则遇事便倒，何以植③顶天立地之砥柱④！应用要有圆机⑤，无圆机则触物⑥有碍⑦，何以成旋乾转坤⑧之经纶⑨！

士君子之涉世，于人不可轻为喜怒，喜怒轻，则心腹肝胆⑩皆为人所窥⑪；于物不可重为爱憎，爱憎重，则意气精神悉为物所制。

倚高才而玩世，背后须防射影之虫；饰厚貌⑫以欺人，面前恐有照胆之镜。

心体澄彻，常在明镜止水之中，则天下自无可厌之事；意气和平，常在丽日光风之内，则天下自无可恶之人。

当是非邪正之交，不可少迁就，少迁就则失从违之正；值利害得失之会，不可太分明，太分明则起趋避⑬之私。

苍蝇附骥⑭，捷则捷矣，难辞处后之羞；萝茑⑮依松，高则高矣，未免仰攀⑯之耻。所以君子宁以风霜自挟⑰，毋为鱼鸟亲人⑱。

注释

❶ 操存：指操守、心志。❷ 真宰：指自然之性。
❸ 植：栽种，种植，生长。
❹ 砥柱：比喻能负重任、支危局的人或力量。
❺ 圆机：指见解超脱，圆通机变。❻ 触物：接触景物、事物。

应酬篇

⑦ 碍：妨碍，阻挡。
⑧ 旋乾转坤：比喻从根本上改变社会面貌或已成的局面。
⑨ 经纶：指治理国家的抱负和才能。
⑩ 心腹肝胆：比喻真心诚意。⑪ 窥：观看。
⑫ 厚貌：厚道的外貌。⑬ 趋避：指趋利避害，趋吉避凶。
⑭ 附骥：蚊蝇叮附马尾而远行，比喻攀附权贵而成名。
⑮ 萝茑：女萝和茑，两种蔓生植物，常缘树而生。
⑯ 仰攀：高攀，指与地位高于自己的人结交或联姻。
⑰ 自挟：依靠自己。⑱ 亲人：亲近人，使人感到亲切可爱。

解读

个人操守志向要有主见，没有主见，遇事就成了墙头草，似此怎能成得了顶天立地的社会脊柱！具体办事要会圆通机变，没有圆通机变，做事就会障碍重重，似此怎能做扭转乾坤的大事！

君子为人处世，不能轻易对别人表露自己欢喜与愤怒的感情。如果轻易表示自己欢喜与愤怒的感情，自己的内心世界就会被别人看清楚；对于各种事物来说，不能过于喜欢或者讨厌，如果过于喜欢或憎恶某种事物，那么自己的精神意志就都被这种事物所制约。

倚仗高超才能就玩世不恭，背地里必须防备含沙射影的毒虫；文饰厚道外貌来欺骗他人，眼面前恐怕会有照见肝胆的镜子。

内心世界澄净清澈，如映照在明亮镜子或平静水面上，那么天下就没有什么令人厌恶的事情；意志神态平和安静，如沐浴着灿烂阳光和煦春风，那么天下就没有什么令人憎恶的人物。

当人们处在区分是与非、正与邪的关键时刻，不能有丝毫的迁就。稍微有一点迁就，就会使人失去顺从还是违抗的标准；当人们处在利与害、

菜根谭

得与失冲突的关键时刻，不能把利害得失区分得过于明确，过于明确的话会使人产生接近或者躲避的私心。

苍蝇叮附在骏马尾巴上，虽然跑得很快捷，但终归是跟在骏马的屁股后面；茑萝依附松树而攀援，虽然爬得很高，但终归是仰仗它物而攀附。所以，品德高尚又有见识的人宁可在风霜雨雪中自我扶持，也不要变成供别人赏玩的鱼儿鸟儿。

故事链接

汉光武帝刘秀平定天下，建立东汉政权的时候，太原人闵仲叔正在家中过着清贫恬淡的日子。一天，好友周党来访，正赶上闵仲叔吃饭。餐桌上只有一盘豆子、一杯白水，连一小碟下饭的小菜都没有。闵仲叔一口豆、一口水，倒也吃得怡然自得。

周党看了，眉头皱起来，心里不是滋味。第二天，周党派人送一挂生蒜给闵仲叔，闵仲叔苦笑着摇摇头："本想清静无事，反倒招惹来了麻烦。"他将生蒜挂到墙上，却连一瓣都没有食用。

东汉新建，律令草创。百业待举，百废待兴。值此用人之际，刘秀命司徒侯霸辟召天下贤良方正之士入朝效力。闵仲叔是一方名士，自然也在辟召之列。

也许是征辟的贤士太多一时难以接待，也许是司徒政务繁杂分身乏术，也许是还有什么别的原因……总之，侯霸并没有给闵仲叔安排什么具体事务让他去做，也没有与他谈论什么国计民生的大事。

第二天，他便递上一份辞呈，甩手回乡读书去了。仅此一次不快的经历，闵仲叔便对官场大失所望。后来，皇帝再度征召他担任博士，他依然不为所动。

一个无权无势的读书人，竟然舍弃司徒之辟，不受皇帝之征，闵仲叔一时名声大振。随着声望一天高过一天,便有许多人赶来攀附巴结,搅扰了闵仲叔清静的生活。为了过清静的生活,他离开家乡,移居安邑。

到了安邑,日子倒是安静,可没有丰厚的收入,加上年迈多病,闵仲叔一家的生活变得愈加困顿,平时连猪肉都吃不起,只能买来一片猪肝做菜。

屠夫有时觉得只卖一片猪肝不值得,便常常拒绝这个贫寒的顾客。闵仲叔并不计较,仍平和地喝着粗茶嚼着淡饭。有一天,他忽然看到餐桌上又有了久违的猪肝,便追问是怎么回事。

儿子告诉他,是安邑县令特意嘱咐过屠夫,要他们不许难为闵仲叔。闵仲叔听了,一声长叹:"我闵仲叔怎么能因为想吃自己爱吃的东西,而给安邑人增添麻烦呢?"

于是,全家再度迁居。这一回走得更远,他们去了沛郡,即今安徽濉溪县西北住了下来。

好丑心太明　则物不契

好丑心太明，则物不契[1]；贤愚心太明，则人不亲。士君子须是内精明而外浑厚，使好丑两得其平，贤愚共受其益，才是生成的德量[2]。

伺察[3]以为明者，常因明而生暗[4]，故君子以恬养智；奋迅[5]以为速者，多因速度而致迟，故君子以重持轻[6]。

士君子济人利物[7]，宜居其实[8]，不宜居其名，居其名则德损；士大夫忧国为民，当有其心，不当有其语，有其语则毁[9]来。

遇大事矜持者，小事必纵弛[10]；处明庭[11]检饰[12]者，暗室必放逸[13]。君子只是一个念头持到底，自然临小事如临大敌，坐[14]密室若坐通衢[15]。

使人有面前之誉，不若使其无背后之毁；使人有乍[16]交之欢，不若使其无久处之厌。

善启[17]迪人心者，当因其所明而渐通之，毋强开其所闭[18]；善移风化[19]者，当因其所易而渐及[20]之，毋轻矫其所难[21]。

注释

❶契：相合，投合。❷德量：道德涵养和气量。
❸伺察：侦视，观察。❹暗：昏昧。
❺奋迅：形容鸟飞或兽跑迅疾而有气势。
❻以重持轻：用厚重把持轻微，即用严肃认真的态度把握处理

轻微细小的事情。

❼ 济人利物：谓救助别人，对世事有益。**❽ 实**：实际的效果。

❾ 毁：他人的诋毁。**❿ 纵弛**：放松，懈怠。

⓫ 明庭：指明处。**⓬ 检饰**：检点约束。

⓭ 放逸：肆意放纵自己。**⓮ 坐**：居留，停留。

⓯ 通衢（qú）：四通八达的道路。**⓰ 乍**：忽然。

⓱ 启：开，打开。**⓲ 所闭**：心中想不通的地方。

⓳ 风化：风俗，教化。**⓴ 及**：追赶上，抓住。

㉑ 所难：难以改变的各种陋习。

解读

区分事物好与坏的心思过于鲜明，那么就不容易与事物相投合；评价人贤良与愚蠢的心思过于分明，那么就不容易与人亲近。真正有德行的人应该是内心精明敏捷而外表浑厚纯朴，这样使得好与坏保持平衡，贤良与愚蠢都能受益，这才是天生的美德与气量。

自认为看透万事万物的人，常常因为自觉精明而自陷愚昧，所以品德高尚又有见识的人用恬淡培养智慧；做事决断雷厉风行的人，常常是欲速则不达，所以，品德高尚又有见识的人举轻若重，谨慎行事。

品德高尚的文人学士接济帮助别人，应着眼于实际行动，而不应追求声名，追求声名易使品德受损；有所作为的官员忧国忧民，应当是真心实意，而不应空喊口号，空喊口号就会招致非议诽谤。

遭遇重大事情矜絜持重的人，细小事情必然放纵废弛；处在明亮庭院检束修饰的人，幽暗内室必然放纵逸乐。有才德的人只是一个念头持之以恒，自然面临细小事情犹如面临强大敌人，居留私密陋室宛若居留通达街衢。

菜根谭

使别人当面赞美你，不如使别人不在背后诋毁中伤你；使别人感到与你初次相交很愉快，不如使别人感到和你长久相处也不会产生厌恶的感觉。

善于启迪人们心灵的人，应当根据对方已有所悟的循循善诱开导他们，不要强行灌输他们所不懂的；善于改变风俗教化的人，应当根据对方容易接受的逐渐推行，不要轻易矫正他们难以改变难以接受的东西。

故事链接

在明朝时候有个宰相叫严讷，他很有智谋，也能体谅老百姓的疾苦。有一年，严讷打算为家乡人们修建一座宽敞的学堂，家乡的人听后，喜在心头，奔走相告。

可是，在规划地基的时候，正好有一户很破旧的民房坐落在地基范围之内，如不及时搬走，就会影响全面施工了。

那家人是做小买卖的，做豆腐，也兼着卖烟。主管盖房子的人找到他家商量，想用高价买下这所房子。

可是那家却说："这房子是祖传的产业，在我们手里卖掉不好，让人耻笑，出高价也不卖。"

主管人便把这情况告诉了严讷。严讷说："不用焦急，先动工兴建其余的房屋。"

破土动工后，严讷又特意吩咐主管人说："不要欺侮难为那户人家，工地上每天需要的豆腐和酒，就别到别处去买了，一律到那户人家去买，要什么价给什么价，不打折扣，而且要预先付款。"

人们不知道严讷宰相葫芦里装的什么药，议论纷纷。

有的说："严讷宰相和别的官不一样，不用权势压人。"

也有的说："严讷这个宰相，也是一个窝囊废，一个卖豆腐的他就没有办法对付了。"

盖房的主持人按照严讷的嘱咐,一些吃喝用的东西都到那家去买。

那家人一看来买东西的突然多起来,热情招待,格外殷勤,每天忙得透不过气来,很快又雇了人帮忙。

来帮助修建学堂的人逐渐增多,那户人家卖豆腐卖酒赚的钱也一天比一天多起来。添置的家具增加了好几倍,储存的大米、豆子堆满了屋中间,连插脚的地方都快没有了,而买卖还是一天比一天兴旺,夫妻俩开始为屋子的狭小简陋而发愁了。

夫妻俩不得不商量解决的办法。丈夫说:"咱赚了这么些钱,多亏严讷宰相来盖学堂,当初不该不搬走。"

妻子说:"宰相肚子能撑船,咱写一张契约,把房子献出去,他还能再跟咱计较?"他俩把商量好的办法,告诉给盖房子的主管人,主管人上报给严讷。

严讷对主管人说:"不能白要他的房子,可以在附近找一所房子调换给他,找的这房子比他家原来的要好一些。"

房子很快找妥了,那家人非常满意,没几天就搬走了。人们听说这件事,都说还是严讷宰相的办法好。

彩笔描空　笔不落色

彩笔描空，笔不落色❶，而空亦不受染；利刀割水，刀不损锷❷，而水亦不留痕。得此意以持身❸涉世❹，感与应俱❺适，心与境两忘矣。

己之情欲不可纵，当用逆之之法以制之，其道只在一忍字；人之情欲不可拂❻，当用顺之之法以调之，其道只在一恕字。今人皆恕以适己而忍以制人，毋乃❼不可乎！

好察❽非明，能察能不察之谓明；必胜❾非勇，能胜能不胜之谓勇。

随时❿之内善救时⓫，若和风之消酷暑；混俗之中能脱俗，似淡月之映轻云。

思入世⓬而有为者，须先领得世外风光，否则无以脱垢浊⓭之尘缘；思出世而无染者，须先谙⓮尽世中滋味，否则无以持空寂之后苦趣⓯。

> 注释
>
> ❶落色：褪色。❷锷（è）：刀刃。
> ❸持身：对自身言行的把握，要求自己，立身，修身。
> ❹涉世：接触社会，经历世事。❺俱：都。
> ❻拂：违背，拂逆。❼毋乃：恐怕。❽察：观察，仔细看。
> ❾胜：胜任，禁得起。❿随时：随顺形势，顺应潮流。
> ⓫救时：纠正时弊。⓬入世：步入社会，投身于社会。

⑬ 垢浊：污秽。⑭ 谙：熟悉，精通。
⑮ 苦趣：使人感到苦恼的意味。

解读

五彩的笔描绘天空，彩笔没有褪落色彩，天空也没有受到渲染；锋利的刀切割流水，利刀没有损坏刀刃，流水也没有留下痕迹。得到这样的意境用来把持身行涉历世事，感触与应验完全适合，心灵与境物两者一起忘记了。

自己的情感欲望不可以放纵，应当用反逆之法来抑制它，其方法只在于一个"忍"字；他人的情感欲望不可以拂逆，应当用顺从之法来疏导它，其方法只在于一个"恕"字。现在的人全都将"恕"字用在自己身上，而将"忍"字用于约束他人，这实在是不可以的！

良好观察并非精明，能够洞察而又不去明察它称为高明；必定胜利并非勇敢，能够取胜而又不去战胜它称为英勇。

随时随地可以出手帮助别人，那么功德就像和缓清风消解酷暑一样；混杂世俗之中而又能够超脱世俗，其节操就像淡淡月光映照轻轻薄云一样。

想进入世俗而有所作为的人，必须先领略到世俗以外风光，否则不可能摆脱垢秽浑浊的尘世因缘；要想超出世俗而没有沾染，必须先谙熟详尽世俗之中的滋味，否则不可能把持空虚寂寞的苦恼意趣。

故事链接

范仲淹是北宋时期著名的军事家、政治家和文学家。他一生非常俭朴，他的名言"先天下之忧而忧，后天下之乐而乐"为后人所称颂。

到了晚年，范仲淹官场不得志，又和当时的隐士林逋有来往，当时人猜测他似有退隐之意。不少人劝他二儿子范纯仁"要给他老人家安排一个栖身之地"。

纯仁就找到弟弟纯礼商量要在河南府给父亲建造一处宅第和花园，这样一来可以作为父亲晚年欢愉之所，二来也算做儿子的一片孝心。

范仲淹听了摇着头说："不成！不成！"

纯礼说："爹爹，河南府建了那么多宅第，我们怎么就不能营建呢？"

范仲淹语重心长地说："孩子，一个人假若有了道义上的快乐，即使是赤身露体地躺在漫天野地里，心里也是高兴的。何况我还有房子住！我早就说过，士当先天下之忧而忧，后天下之乐而乐。我怎么能无忧无虑地一个人去享清福呢！我现在担忧的是那些身居高位的人，不愿从高位上退下来；而不是担忧自己退下来以后，没有好的居住条件。关于建造宅第的事，你们永远不要再提了。"

范仲淹一生俭朴，虽官居高位，也还是节衣缩食，清淡俭约。而且对孩子们要求得非常严格。

八月中秋的一个晚上，小儿子纯粹仰着小脸问："爹，今天过节，咱们家怎么不吃好的呀！"

纯仁对弟弟小声说："弟弟，爹爹有规矩，咱家不来重要客人，不吃好的。"

范仲淹看着刚满五岁的小儿子范纯粹，感慨地说："唉！我小时候，你们的奶奶领着我逃难到了山东。后来上学，因为家里穷，每天只能喝两顿稀粥。刚开始做官的年月里，我的俸禄少，尽管我和你们的母亲省吃俭用，也没让你奶奶吃过什么好东西。后来我的俸禄多了，你们的奶奶又早早地离开人间。你们的奶奶真是苦了一辈子呀！"

说到这里，范仲淹的心里很难过。他看着孩子们，除了纯粹仰着小脸听父亲说话，纯仁、纯礼都低着头，显出十分悲痛的样子。

"可是,你们兄弟几个,从小就没有吃过苦。现在我最担心的是你们会不会丢掉咱范家勤俭的家风。"

1052年春,范仲淹又调往颍州。在往颍州上任的途中病逝,终年64岁。当时人们无不为这个爱国爱民的清官而悲哀,都赞叹范仲淹的高尚情操。

酷烈之祸　多起于玩忽

与人❶者，与其易疏于终，不若难亲于始；御事❷者，与其巧持于后，不若拙守❸于前。

酷烈❹之祸，多起于玩忽❺之人；盛满❻之功，常败于细微之事。故语云："人人道好，须防一人着恼❼；事事有功，须防一事不终。"

功名富贵，直从灭❽处观究竟❾，则贪恋自轻；横逆❿困穷，直从起处究由来，则怨尤⓫自息。

宇宙内事，要力⓬担当，又要善摆脱。不担当，则无经世⓭之事业；不摆脱，则无出世之襟期⓮。

待人而留有余，不尽之恩礼⓯，则可以维系⓰无厌之人心；御事而留有余，不尽之才智，则可以提防不测之事变。

了心自了事⓱，犹根拔而草不生；逃世不逃名，似膻⓲存蚋⓳而仍集。

注释

❶ 与人：与人结交。❷ 御事：处理事务。
❸ 拙守：安于愚拙，不取巧。❹ 酷烈：猛烈，强烈。
❺ 玩忽：不认真对待，忽视。❻ 盛满：满盈，盛极。
❼ 着恼：生气，发怒。❽ 灭：消灭，灭亡。❾ 究竟：结局，结果。
❿ 横逆：横暴，不顺利。⓫ 怨尤：怨愤，责怪。

⑫ 力：致力，努力。⑬ 经世：长留人世。
⑭ 襟（jīn）期：胸怀，情怀。⑮ 恩礼：恩惠与礼遇。
⑯ 维系：维持和联系，保持不使涣散。
⑰ 了事：办妥事情，使事情得到结束。
⑱ 膻（shān）：羊肉的腥味。⑲ 蚋（ruì）：小蚊子。

解读

与他人交往，与其最后轻易地疏远分手，不如起初慎重一些，不轻易让他人亲近；承担某项工作，与其最后凭借机巧收拾残局，不如起初大智若愚，做好点点滴滴。

那些严酷惨烈的灾祸，大多是因为不认真对待而发生的；那些看起来盛大圆满的功业，常常败坏在琐细微小的事情上而前功尽弃。所以古人说："人人都说好，必须防备有一个人感到不满；事事都有功，必须防止有一件事不能善始善终。"

功名富贵如果能从它们消失的地方探究原因，那么贪恋荣华富贵的念头自然会减轻；穷苦挫折如果能从它们产生的地方探究由来，那么怨愤不满的情绪自然会平息了。

人世间大小事情既要勇于承担，又要善于摆脱。不承担，就没有经历世事的功德事业；不摆脱，就没有超脱世俗的胸襟期待。

对待别人留有一定余地，不能把恩惠与礼遇一下子都给予对方，这样才可以维持住欲望无限的人心；处理事情留有一定的才能与智慧，这样可以防备意料之外的事情发生。

了却了心念自然就诸事了结，犹如连根拔起的草再也不能生长；逃避世俗却不肯舍弃名利，就像腥膻仍存而蚊虫随之聚集。

菜根谭

故事链接

江南常州无锡县东门外,有个小户人家,家里有兄弟三人。老大叫作吕玉,老二叫作吕宝,老三叫作吕珍。吕玉娶妻王氏,吕宝娶妻杨氏,都长得大方端庄。吕珍年幼还没有娶妻。

吕玉妻王氏生下一个儿子,小名叫喜儿,只有六岁。这天,喜儿跟邻舍家的孩子出去看迎神赛会,可一直到了深夜都没有回来。吕玉夫妻非常着急,他们贴出了寻人启事,还请街坊邻居找了几天,都没有找到。

吕玉感觉在家里非常郁闷,就告别了王氏,决定出去做做生意,顺便换换心境。一天早晨,吕玉来到东留地方,偶然去厕所方便,见坑板上有一个青布包裹。打开看时,竟然全都是银子,大约有200两左右。

吕玉心里想

道:"这些银子我带走也没有谁管,但是失主找不到,一定非常着急。古人都有见金不取,拾金不昧的美德。我今年已经30多岁,儿子又丢失了,要这不义之财有什么用呢?还是在这里等等,看有没有人来找,有人找就还给他!"

吕玉等了一天,不见有人来找,第二天他只得起身,到南边有一个叫宿州的地方,住进了客店。

吕玉在客店遇到了一个叫陈朝奉的客人,两人就闲聊起来。那个客人说起因自己不小心,在五天前的清晨,到陈留县解下行李上厕所时,偶然看见官府一队人马从街上走过,心慌起来,就急忙离开,却忘记了解下的行李,他说行李里面有200两银子。

那天,他一直匆匆赶路,到夜里脱衣要睡时才想起丢了东西。想着已经过了一天,可能早就被人拾去了,转去寻找,也不一定能找到。

吕玉一听,知道他就是自己要找的失主,忙取出包裹将200两银子递给陈朝奉。陈朝奉喜出望外,立即说愿意与吕玉均分,但吕玉没有接受。

陈朝奉感激不尽,马上摆设筵席感谢吕玉。席间,两人谈到家里的情况,吕玉说自己有一个儿子几年前走失,现在想领养一个小孩。陈朝奉则说自己几年前买过一个小男孩,情愿过继给吕玉。两人一起来到陈家,陈朝奉叫出那个小孩,吕玉竟发现这个孩子正是自己丢失的儿子喜儿。

吕玉拜谢陈朝奉说:"我的儿子如果不是你府上收留,今天我们父子怎么能够重逢?"

陈朝奉说:"其实我也要感谢你,只因为你有拾金不昧的美德,才会有今天你们父子团圆的喜事啊!"

仇边之弩易避　恩里之戈难防

仇边①之弩②易避，而恩里之戈③难防；苦时之坎④易逃，而乐处之阱难脱。

膻秽⑤则蝇蚋⑥丛嘬⑦，芳馨则蜂蝶交侵⑧。故君子不作垢业⑨，亦不立芳名⑩。只是元气浑然，圭角⑪不露，便是持身涉世一安乐窝也。

从静中观物动，向闲处看人忙，才得超尘脱俗的趣味；遇忙处会偷闲，处闹中能取静，便是安身立命的工夫。

邀⑫千百人之欢，不如释⑬一人之怨；希千百事之荣，不如免一事之丑。

落落者⑭，难合亦难分；欣欣者⑮，易亲亦易散。是以⑯君子宁以刚方⑰见惮⑱，毋以媚悦⑲取容⑳。

意气与天下相期㉑，如春风之鼓畅庶类㉒，不宜存半点隔阂之形；肝胆与天下相照，似秋月之洞彻㉓群品，不可作一毫暧昧㉔之状。

注释

①仇边：敌方。②弩：一种靠机械力量发射箭的弓。
③戈：一种兵器。④坎：坎坷，艰难。⑤膻秽：又臭又脏的东西。
⑥蝇蚋：苍蝇蚊子。⑦丛嘬：聚在一起吮吸叮咬。
⑧交侵：争相侵犯，这里指争相采撷。⑨垢业：肮脏污秽的事情。
⑩芳名：好名声。

❶ 圭角：圭有棱角，比喻人的言行怪异刻薄。
❷ 邀：请求得到。❸ 释：消除。
❹ 落落者：孤僻不合群、态度冷漠、不随便和别人交往的人。
❺ 欣欣者：笑容满面、和颜悦色、容易和别人交往的人。
❻ 是以：因此，所以。❼ 刚方：严厉刚正。❽ 见惮：感到害怕。
❾ 媚悦：讨好，取悦。❿ 取容：讨好别人以求自己安身。
⓫ 相期：相投合，相契合。⓬ 庶类：众多的物类，万物。
⓭ 洞彻：通晓，透彻了解。⓮ 暧昧：不光明的，不便公之于众的。

解读

戍边仇敌射来的弩箭容易躲避，有恩邻里的戈矛难以防备；苦难时遇到沟坎容易跳过，快乐时却常因失去警惕而误入陷阱。

苍蝇蚊子等聚集在一起叮咬腥臭的东西，蜜蜂蝴蝶等争相采撷芳香的花朵。所以君子既不做坏事，也不树立良好的名声，只是保持一团浑然本真，不露锋芒，这就是立身处世保持安稳的好方法。

从静止中观看物体的运动，向闲暇处观看人们的忙碌，才得超脱尘俗脱离庸俗的趣味；遇到忙碌处学会挤出空闲，处在热闹中能够取得安静，就是为人处世修立性命的功夫。

与其让千百人获得欢乐，不如消解一个人的怨恨；与其希望做成千百件好事获得荣耀，不如小心谨慎莫因做错一件事而出丑。

孤僻不合群的人，难以结交，一旦和别人交往成为朋友，又难以分离。对待别人和颜悦色、满面笑容的人，容易接交也容易断交。所以君子宁可因为严厉刚正使别人产生畏惧而不敢轻易接近自己，也不可以奉承取悦别人以求得亲近结交。

意气与天下人相期许，犹如春风吹遍大地，激发万物生长，不应有半点的阻碍隔阂；肝胆与天下人相映照，好似秋天明亮的月光照彻万物，不应有丝毫的模糊暧昧。

故事链接

清朝康熙年间，安徽桐城才子张英做了宰相。虽然当了大官，但张英做事依然谦恭有礼，并常常设身处地为别人着想，没有一点官架子。

有一年，张英的妻子见房子很旧了，就想把房子翻新一下。可她家的院墙和邻居的院墙紧挨着。张夫人就找邻居商量，请邻居向旁边让出三尺地盘。

邻居听了以后很气愤，以为张夫人是因为丈夫做了大官，就仗势欺人，所以坚决不肯让出三尺地盘。

张夫人见邻居这样，也误以为邻居在故意跟她作对，于是生气地给在京城的丈夫写信，叫丈夫回来解决这件事。

张英接到夫人信后，回信说，凡事应将心比心，多替别人着想，时常反省反省自己，邻居对老房子有感情，不愿让开是可以理解的。而且自己正做官，妻子这样做，很容易被人误解。

张英信中的一首诗，一直流传到如今，让人感叹不已。这首诗是这样写的：

一纸书来只为墙，
让他三尺又何妨。
万里长城今犹在，
不见当年秦始皇。

张夫人见到信后，十分羞愧。她没说什么，就主动拆了自己家的院

应酬篇

墙,反而给邻居让出了三尺。

邻居见张夫人这样做,非常感动,也反省了自己的言行,知道误解了张夫人,于是,也就把自己家的院墙向后倒退了三尺。

从此,两家又成了好邻居。而这让出来的两个三尺巷子,后来就成了著名的"六尺巷"。

仕途虽赫　常思林下风味

仕途①虽赫奕②，常思林下③的风味，则权且之念自轻；世途虽纷华④，常思泉下⑤的光景⑥，则利欲之心自淡。

鸿⑦未至先援弓⑧，兔已亡再呼犬，总非当机作用⑨；风息时休起浪，岸到处便⑩离船，才是了手⑪工夫。

从热闹场中出几句清冷言语，便扫除无限杀机；向寒微⑫路上用一点赤热心肠，自培植许多生⑬意⑭。

随缘便是遣缘⑮，似舞蝶与飞花共适；顺事自然无事，若满月偕⑯盂水⑰同圆。

淡泊⑱之守，须从浓艳场⑲中试⑳来；镇定之操，还向纷纭境㉑上勘过。不然操持未定，应用未圆，恐一临机登坛㉒，而上品禅师又成一下品俗士矣。

廉所以㉓戒贪。我果不贪，又何必标一廉名，以来㉔贪夫㉕之侧目㉖。让所以戒争。我果不争，又何必立一让的㉗，以致暴客㉘之弯弓㉙。

注释

❶仕途：当官的路途。❷赫奕：声名显赫。
❸林下：以幽静的林下喻指隐居之所。❹纷华：繁华。
❺泉下：九泉之下，指死亡。❻光景：时光。

应酬篇

⑦ 鸿：鸿鹄，鸟名。⑧ 援弓：拉开弓射箭。
⑨ 当机作用：把握适当时机的作法。⑩ 便：即，就。
⑪ 了手：高手。⑫ 寒微：出身贫贱，社会地位低下的人。
⑬ 生：生存，活着。⑭ 意：流露出来的情态。
⑮ 遣（qiǎn）缘：排除外界能使人产生欲念的事物。
⑯ 偕：一起共同。⑰ 盂水：圆盆中的水。
⑱ 淡泊：恬淡，不追名逐利。⑲ 浓艳场：指繁华喧嚣的地方。
⑳ 试：考验。㉑ 纷纭境：纷乱嘈杂的地方。
㉒ 登坛：走上佛坛讲解佛法。㉓ 所以：可以。
㉔ 来：引来，招来。㉕ 贪夫：贪婪的人。
㉖ 侧目：斜目而视，形容愤恨。㉗ 的（dì）：箭靶的中心。
㉘ 暴客：凶暴的人。㉙ 弯弓：喻指伤害。

解读

做官之路虽然显赫光彩，经常想一想山林退隐的风景趣味，那么，贪图权势的念头就会减轻；凡俗世界虽然纷繁华丽，经常想一想黄泉之下的凄惨景象，那么，追求名利的心思就会淡薄。

大雁未到就已张弓搭箭，兔子已跑才去呼唤猎犬，这都不是合乎时机的作为；大风已平息时不要再鼓起波浪，渡船已到岸边就应离船上岸，这才是识时务的俊杰。

在喧闹争吵的场合说几句清醒冷静的话语，便可消除无限争斗杀伐之心；对贫穷困苦的人多用一点火热的心肠，必然能培植出许多生存下去的意念。

顺势而为，随缘是福，这便是把握生命机缘之道，就如同飞舞的蝴蝶与飘落的花朵和谐共处；事事顺其自然，也就不会自寻烦恼，就如同天上

菜根谭

满月与水盆中映照的满月一样圆。

淡泊的操守志向，需要经过荣华富贵、热闹喧嚣场所各种诱惑的考验；镇定自如的操守品质，还需要在纷乱嘈杂的环境中经受考验。不然人的操守与志向还不坚定，行动处事还不能圆满完善地应对，恐怕一遇到登坛讲经说法的机会，高僧也会变成凡人俗士了。

清廉可以戒除贪婪。我如果不贪婪，又何必标榜一个清廉名声，以此引来贪婪人士的侧目。谦让可以戒除争夺。我如果不争夺，又何必树立一个谦让标的，以此招致强暴人士的伤害。

故事链接

杨震，字伯起，东汉弘农华阴人。他少年时代聪颖好学，博览群书，被当时的读书人称为是"关西的孔夫子"。

杨震多年客居于湖县，一边读书一边教学生。州郡的官员久闻他的德才，曾多次召聘他出来做官，都被他谢绝了。直到50岁那年，杨震才开始在州郡做官。大将军邓骘听说他贤明，特地举荐了他，使他通过秀才科目的选拔，先后四次提升官职，当过荆州刺史、东莱太守。

杨震官居荆州时，发现王密才华出众，便向朝廷举荐他当了昌邑县令。后来扬震升任东莱太守，赴任途中路过昌邑。王密听说立即亲赴郊外迎接恩师，安顿食宿，照应得无微不至。

晚上，王密独自前往杨震下榻的寓所。王密见室中无人，从怀中取出十斤黄金对杨震说："承蒙恩师举荐，学生才有今日，今天特备小礼，以报恩师栽培之恩！"

"不可，不可！"杨震见状，连连摆手拒绝。并说："我推荐你，是看中了你的才华，并无半点私情。"

"我只是想报答大人您的恩情，并没有其他的意思。"王密满脸堆笑，坚持道。

杨震有些不高兴。他说："我推荐你，是因为我了解你，而你为什么不了解我的为人呢？"

王密虽遭拒绝，但仍然力争："现在夜深人静，这事无人知道，请您放心收下吧。"

杨震听罢，脸色顿时沉了下来，声色俱厉地说："你送金与我，人怎么会不知道？即使没人知道，也有天知地知、你知我知！认为无人知道，就宽容自己，这是很要不得的。"

几句话说得王密羞愧满面，只好把黄金收了起来。后来，杨震后来一再升职，但他始终保持了洁身自好、廉正无私的品格。

无事如有事　提防弥意外

无事常如有事时，提防才可以弥①意外之变；有事常如无事时，镇定方可以消局中②之危。

处世而欲③人感恩，便为敛怨④之道；遇事而为人除害，即是导利⑤之机。

持身⑥如泰山九鼎⑦凝然⑧不动，则愆尤⑨自少；应事若流水落花悠然而逝，则趣味常多。

君子严如介石⑩而畏其难亲，鲜⑪不以⑫明珠为怪物而起按剑之心；小人滑⑬如脂膏⑭而喜其易合，鲜不以毒螫⑮为甘饴⑯而纵染指⑰之欲。

遇事只一味镇定从容，纵纷若乱丝⑱，终当就绪⑲；待人无半毫矫伪欺隐，虽狡⑳如山鬼㉑，亦自献诚。

肝肠㉒煦㉓若春风，虽囊乏一文，还怜茕独㉔；气骨清如秋水，纵家徒四壁㉕，终傲王公。

注释

① 弥：弥补，消除。② 局中：处于事情当中。③ 欲：想要。
④ 敛怨：招致怨恨。⑤ 导利：引导、收获利益。
⑥ 持身：立身，修身。⑦ 泰山九鼎：比喻高大稳重。
⑧ 凝然：坚定的样子，形容举止安详或静止不动。

⑨ 愆尤：过失，罪咎。⑩ 介石：又硬又冰冷的石头。
⑪ 鲜（xiǎn）：非常少。⑫ 不以：不为，不因。
⑬ 滑：狡诈，油滑，指狡猾的人。⑭ 脂膏：油脂。
⑮ 毒螫（shì）：各种毒虫的毒刺。⑯ 甘饴：甘甜的糖果。
⑰ 染指：比喻瓜分非分的利益。
⑱ 乱丝：紊乱的丝，比喻纷乱无绪的事物。
⑲ 就绪：事情安排妥当。⑳ 狡：狡猾，狡诈。
㉑ 山鬼：山精，传说中的一种独脚怪物。㉒ 肝肠：比喻内心。
㉓ 煦（xù）：和煦。㉔ 茕（qióng）独：形容孤苦无依。
㉕ 家徒四壁：徒，只，仅仅。家里只有四面的墙壁，形容十分贫困，一无所有。

解读

无事时也要像有事时那样谨慎防范，以免遭意料之外的变故；有事时也要像无事时那样镇静自若，以消解困局之中的危机。

待人接物要他人感怀恩德，就是招惹怨恨的渠道；遇到事情为他人消除祸害，就是引导利益的转机。

为人处世总想着让别人感恩戴德，这实际是在为自己集聚怨恨；处理事情总想着为他人消除祸害，这才是使自己始终处于有利之地的做法。

有德行的正人君子像冰冷坚硬的石头一样严峻，使人产生畏惧之感而难以与君子亲近，很少有人不把如明珠般的君子看作是怪物，从而产生拔剑刺杀的念头；没有德行的卑鄙小人像脂膏一般圆滑，人们喜欢他们容易接近，很少有人不把像毒虫一样带着毒针的卑鄙小人看成是甘甜的糖，从而产生想尝一尝的欲望。

遇到事情只要一直沉着镇静从容应对，即使事情繁杂如同乱丝，总会

菜根谭

理出头绪来；对待他人没有半点矫饰虚伪欺骗隐瞒，即使其人狡猾犹如山鬼，也会将心比心，坦诚相见。

君子虽囊中羞涩，身无分文，也还有一副温暖如春风的热心肠，还会体恤关照鳏寡孤独；君子气骨清朗犹如秋水，纵然家中空空，徒有四壁，也会傲视王公贵族。

故事链接

西汉末年，扶风郡中有一个壮士名叫马援，他不仅知书识礼，而且精通武艺，所以他哥哥称他"大器晚成"。哥哥死的时候，马援持服行丧，侍奉寡嫂，恭敬尽礼非常周到。后来他做扶风郡督县官，奉命押送一批囚犯，一路上他看到囚犯们痛苦不堪的表情，不觉动了恻隐之心，把那批囚犯都放了，自己则逃亡到北方去。

马援在北方放牧，因为很有本事，养了几千头牲畜，马援常说："大丈夫为志，穷当益坚，老当益壮。"

他把赚来的钱全都分给亲友，自己只穿破羊皮裤。王莽末年，马援在隗嚣手下做大将。那时候天水隗嚣、四川公孙述和刘秀三足鼎立。公孙述在成都称帝，隗嚣派他到公孙述那里去打听情况。

马援认为自己和公孙述是同乡，两人一定会相见如故。没料到公孙述摆出全副架势，由礼官赞礼，才引见他。马援看见公孙述如此装模作样，没说几句话就走了。

后来马援又被派到洛阳见刘秀，刘秀立即热情地接见了他，还虚心地请教马援，他有哪些不如人的地方，并且亲自陪同马援到各处巡视，征求他对国事的意见。马援见光武帝能礼贤下士坦诚相待便留了下来。

马援在东汉做大将，被派去屯田，立下了很多的功劳。恰遇到南方交趾有女王聚兵造反，攻打边疆州郡，马援请命带兵出征，光武帝于是封他为伏波将军。马援带了水路各军，浩浩荡荡地出发了，沿海进攻交趾。交趾军打不过他们，一败涂地。汉军乘胜直击交趾巢穴，女王退到一个山洞里，被汉军捉住杀了，马援平定了交趾。

为了纪念战功，后人还建立了一个大铜柱。马援得胜班师回朝，朝中文武百官都赶到30里外的地方去迎接他。马援谢道："男儿就是要拼死疆场，用马革包裹尸体回来。"

后来洞庭湖一带又发生了五溪蛮人作乱的情况，光武帝派兵征伐。因山泽瘴气熏人，汉军全军覆没。马援知道了，就向光武帝上禀，表示愿意自请带兵出征。光武帝看看他，想了一会儿说道："你年纪太老了吧！"

马援道："我虽然60多岁了，却还能披甲上马，不能算老。"

马援穿好甲胄一跃登鞍，非常自豪，觉得自己还可以为国效劳。光武帝称赞他道："这个老人家，真是老当益壮啊！"

就这样，光武帝又派这位老将军率领汉军为国立功去了。

菜根谭

讨人事便宜　必受天道亏

讨①了人事②的便宜，必受天道③的亏④；贪了世味的滋益，必招性分⑤的损。涉世者宜蕃⑥择之，慎⑦毋贪黄雀而坠深井，舍隋珠⑧而弹飞禽也。

费千金而结纳⑨贤豪，孰若⑩倾⑪半瓢之粟⑫，以济饥饿之人；构⑬千楹⑭而招来宾客，孰若葺⑮数椽⑯之茅，以庇⑰孤寒之士。

解斗者助之以威，则怒气自平；惩贪者济⑱之以欲，则利心反淡。所谓因⑲其势⑳而利导㉑之，亦救时应变一权宜法㉒也。

市恩㉓不如报德之为厚。雪忿㉔不若忍耻为高。要誉㉕不如逃名之为适。矫情㉖不若直节㉗之为真。

救既败㉘之事者，如驭㉙临崖之马，休轻策一鞭；图垂成㉚之功者，如挽㉛上滩之舟㉜，莫少㉝停一棹㉞。

先达㉟笑弹冠㊱，休向侯门㊲轻曳㊳裾㊴；相知犹按剑，莫从世路暗投珠。

> **注释**
>
> ❶讨：讨取，索取。❷人事：人情事理。❸天道：天理，天意。
> ❹亏：亏损，损害，缺损。❺性分：天性，本性。
> ❻蕃（fān）：蕃，通"番"。❼慎：务必，千万。

应酬篇

❽ 隋珠：传说中的珠宝。❾ 结纳：结交。❿ 孰若：不如。
⓫ 倾：倾倒，全部倒出，大量付出。⓬ 粟：粮食的统称。
⓭ 构：建造。⓮ 楹（yíng）：一间房为一楹。
⓯ 茸（qì）：用茅草盖屋。
⓰ 椽（chuán）：本指房屋的椽子，这里借指房屋的间数。
⓱ 庇：庇护。⓲ 济：帮助，救助。⓳ 因：顺着。
⓴ 势：趋势。㉑ 利导：引导。
㉒ 权宜法：顺应形式变化而采取的暂时适用的办法。
㉓ 市恩：以小恩小惠来换得别人的感谢，市，买。
㉔ 雪忿：发泄愤怒。㉕ 要誉：追求名誉。
㉖ 矫情：掩饰真情，也指虚情假意。㉗ 直节：袒露真心。
㉘ 既败：已经失败。㉙ 驭：驾驭。㉚ 垂成：即将成功。
㉛ 挽：拉，牵引。㉜ 上滩之舟：上了浅滩的船。
㉝ 少：稍稍，稍微。㉞ 棹（zhào）：划。
㉟ 先达：得官显贵在前的人。
㊱ 弹冠：用手指弹去冠上的灰尘，比喻将出来做官。
㊲ 侯门：权贵之门。㊳ 曳：拖。㊴ 裾：外衣的大襟。

解读

讨取了人情事理的便宜，必然在追求天道上有所亏损；贪图了人间百味的滋润，必然在完善天性上受到损害。涉足世事的人应当慎重选择，千万不要因贪心捕捉黄雀而坠入深井，也不要用宝贵的隋珠作弹子击打飞鸟！

花费千两黄金结交贤士豪杰，怎么比得上倒出半瓢小米救济那些饥饿的人有意义；构筑豪宅广厦招引宾朋来客，怎么比得上修葺小小的茅屋庇护那些孤寒的人有意义。

　　劝解争斗的人们，给争斗的人助威加油，他们的怒气自然会平息；惩戒贪婪的人，送他们想要的东西给他们，这样一来他们的利欲之心反而会减淡。这就是所谓的顺应事物本身发展趋势，引导其向正确的方向发展。这也是一个救治时势弊端灵活变通的方法。

　　布施恩惠不如报答恩德的厚道；洗雪忿恨不如忍受耻辱的高明；猎取荣誉不如逃避声名的安适；矫饰真情不如正直气节的真实。

　　挽回那些已成败局的事情，如同驾驭临近悬崖边上的烈马，不能轻易地给马再加一鞭，否则会促使它更快地坠落悬崖，不可挽救。谋求快要成就的功业，如同要将上了浅滩的船倒回深水之中，必须一鼓作气，一桨都不能停划，否则将功败垂成。

　　已经显贵做了高官的人，总是要嘲笑那些借助自己的势力取得官职的人，所以不要经常奔走于权贵之门。朋友之间还会拔剑相争，所以在与人交往时不要明珠暗投，轻易地信任别人。

故事链接

　　清初著名文学家蒲松龄给后人留下了很多作品，主要有短篇小说集《聊斋志异》《聊斋诗集》《聊斋俚曲》等。

　　朝廷里有个翰林叫王渔洋，他是蒲松龄的好友。有一回，王渔洋设宴庆寿，特意几次写信请蒲松龄也来赴宴。蒲松龄见无法推托，只好骑着小毛驴赶去赴宴。

　　刚要进王渔洋的府门时，忽然来了四乘大轿，从轿子上走下四位官员：一个红衣大个，一个蓝衣小个，一个黑衣胖子，一个白衣瘦子。这么一挤，蒲松龄就被推到了一边。那个白衣瘦子还用眼角斜了一下蒲松龄，尖声尖气地说道："一条穷书虫子，也来这里凑热闹，简直岂有此理！"

蒲松龄冷冷一笑，回过身走到街上重新买了一份礼品，来到王渔洋的府门口，把礼品交给门人后，骑上毛驴头也不回地走了。

再说王渔洋左等右等不见蒲松龄来，正在着急，门人过来送上了蒲松龄带来的礼品，并告诉王渔洋说蒲松龄已骑毛驴走了。王渔洋不知怎么回事，便吩咐人备马，他亲自骑马朝蒲松龄走的方向追了过去。

红衣大个见状冷笑着说："好大的架子！把他送来的礼品拿过来让咱们见识见识。"

蒲松龄的礼品被打开了，原来总共有四个包：红绸子包着根长谷草，蓝缎子包着根短谷草，黑线子包着根粗谷草，白绢里包着根细谷草。这四个官员还都挺敏感，知道蒲松龄是在骂他们，可又一时不知该怎么办才好。这时，王渔洋已把蒲松龄追了回来，这四个官员一见，顿时来了劲儿。

黑衣胖子清清嗓子，怪声怪气地说："早就听说蒲先生文才出众，怎么老不见蒲先生金榜题名呢？"蒲松龄微微一笑，说；"对功名利禄我已心灰意冷，最近我弃笔从商了。"

白衣瘦子也装出一副吃惊的样子说："经商可是很赚钱的事啊！可蒲先生为什么衣衫不整？该不是亏了本吧？"

蒲松龄叹了口气说："大人说的一点不错，我前些天去了趟登州，见到一批从南洋运来的象牙，大都是用绫缎包裹的，也有一些是用粗布包裹的。我当时以为绫缎包的总会名贵些，就多要了一些，几乎没怎么要粗布包的。后来带回家一看，气坏我了！绫缎包的全是狗骨头，粗布包的才是真正的象牙！"满堂宾客听了，都会意地抿嘴而笑。那四位官员窘得面红耳赤。

少年的人　不患其不奋迅

杨修①之躯见杀于曹操，以②露已之长也；韦诞③之墓见伐于钟繇④，以秘已之美也。故哲士⑤多匿采以韬光⑥，至人常逊美⑦而公善⑧。

少年的人，不患⑨其不奋迅⑩，常患奋迅而成卤莽⑪，故当抑其躁心⑫；老成⑬的人，不患其不持重⑭，常患以持重而成退缩，故当振其惰气⑮。

望重⑯缙绅⑰，怎似寒微之颂德⑱。朋来海宇⑲，何如骨肉之孚⑳心。

舌存常见齿亡，刚强终不胜柔弱；户㉑朽未闻枢㉒蠹㉓，偏执岂能及圆融。

注释

❶杨修：字德祖，聪明有才，东汉建安年间被举为孝廉。后为曹操主簿，被曹操杀害。

❷以：因为，由于。❸韦诞：三国时魏国书法家，有文才。

❹钟繇（yáo）：字元常，三国时期曹魏著名书法家、政治家。

❺哲士：哲人，贤明的人。

❻韬（tāo）光：指隐藏才能，不使外露。

❼逊美：推辞好的名声。❽公善：好的行为归于公众。

❾不患：不用担忧。❿奋迅：精神振奋，行动迅速。

⓫卤莽：粗疏，鲁莽。⓬躁心：心情浮躁。

⓭老成：老练成熟，阅历多而练达世事。

⑭ 持重：行事慎重，谨慎稳重，不轻浮。
⑮ 惰气：惰性。⑯ 望重：名望大。
⑰ 缙绅（jìn shēn）：插笏于绅带间，旧时官宦的装束，指官僚或做官的人。
⑱ 颂德：歌颂功德。⑲ 海宇：海内、宇内。
⑳ 孚：符合。㉑ 户：单扇门。
㉒ 枢：门轴。㉓ 蠹（dù）：蛀虫。

解读

杨修遭曹操杀害，因为他在曹操面前显摆自己的聪明；韦诞的坟墓被钟繇盗伐，因为他在坟墓里秘藏了自己的爱物。所以，贤哲人士大多隐匿才华以韬光养晦，至德人士常常将美好的东西逊让给别人以共享。

年少轻狂的人，不用担心他们做事不急迫，而要担心他们太过急迫以致鲁莽行事，所以应当抑制他们的浮躁心情；老成持重的人，不用担心他们做事不稳重，而要担心他们过于稳重以致畏缩不前，所以应当振奋他们的惰怠习气。

名望超过高官，怎么还像寒微卑贱之人忙于歌颂功德；朋友来自四方，如何能像骨肉至亲那样贴合心意。

舌头还在而牙齿已脱落，可见刚强终究胜不过柔弱；户门朽烂却没听说门轴蛀坏，可见偏执岂能比得上圆融。

故事链接

春秋时著名的大学问家老子，本名李耳，字伯阳，楚国人，是著名的《道德经》的作者。他在周朝做官时，孔子也曾去向他请教实践的方法。

有一次，老子的老师常纵生病了，他前去探望。常纵倚在床上，张开嘴让老子看，问他道："我的舌头还在里面吗？"

老子答道："在里面呀。"

常纵又问他道："我的牙齿也还有吗？"

老子摇摇头说："牙齿是没有了！"

常纵接着又问道："你明白这是什么道理吗？"

老子回答道："舌头之所以还存在，我想那是因为它很柔软的缘故吧！牙齿之所以脱落，可能是因为它太刚强的原因吧！"

常纵听了，高兴地点头说："你说得没错，世界上的事情、道理都是这样的。"

常纵是主张仁义而鄙弃强暴的，所以他借用舌头和牙齿来说明道理：舌头因其柔而存在，牙齿因其刚而覆亡。仁义必定战胜强暴，这是坚定不移的道理。做人如此，国家亦如此。

评议篇

所谓"评议",本篇是指待到中年时期,随着阅历进一步丰富,对自我人生要有一定的评价与评判,也就是进行自我反思。不管在学习中,还是在生活、工作中,自我反思是一种很重要的能力。

通过自我反思,重新修订理想追求和人生定位等,使自己更加成熟。特别是通过自我评价,知道了自己需要什么样的生活,就会去努力追求,不会害怕别人的只言片语或者失去辨别生活方向的能力,这就是人生的一个精彩回访。

中年时期的自我评价,独立地进行自我思考,这种思考能力大于努力,是一种智慧的抉择,是人生一种前进的方向。有些时候你做事很努力,但是为什么一直不能前进呢?好好反思一下是不是自己没有先想清楚,自己努力的方向在哪里呢?需要的东西在哪里呢?

菜根谭

物莫大于天地日月

物莫①大于天地日月，而子美②云："日月笼中鸟，乾坤水上萍。"事莫大于揖逊③征诛④，而康节⑤云："唐虞揖逊三杯酒，汤武征诛一局棋。"人能以此胸襟眼界吞吐六合⑧，上下千古，事来如沤⑨生大海，事去如影灭长空，自经纶万变而不动一尘矣。

君子好名⑩，便起欺人之念⑪；小人好名，犹怀畏人之心。故人而皆好名，则开诈善之⑫门。使人而不好名，则绝为善之路。此讥⑬好名者，当严责君子，不当过求⑭于小人也。

大恶⑮多从柔处伏⑯，哲士须防绵里之针⑰；深仇常自爱中来，达人⑱宜远刀头之蜜⑲。

持身涉世，不可随境而迁。须是大火流金⑳而清风穆然㉑，严霜杀物而和气蔼然㉒，阴霾㉓翳㉔空而慧日㉕朗然㉖，洪涛倒海而砥柱屹然，方是宇宙内的真人品。

爱是万缘之根，当知割舍。识㉗是众欲之本，要力㉘扫除。

> **注释**
>
> ❶莫：没有。❷子美：唐代诗人杜甫。
> ❸揖逊：让位给贤者。❹征诛：以武力征讨夺取政权。
> ❺康节：即邵雍，字尧夫，自号安乐先生，谥康节。

⑥ 唐虞：唐尧与虞舜的并称。⑦ 汤武：商汤与周武王的并称。

⑧ 六合：上下四方，指天地间。⑨ 沤：水中浮泡。

⑩ 好名：爱好名誉，追求虚名。⑪ 欺人之念：欺骗别人的念头。

⑫ 诈善：欺诈伪善。⑬ 讥：旁敲侧击地批评。

⑭ 过求：苛求，过分要求。⑮ 大恶：重大的祸害。

⑯ 柔处伏：隐伏在平安舒适的地方。

⑰ 绵里之针：丝绵里面的针，比喻外面柔和而内藏刚硬、包藏祸心的事或人。⑱ 达人：乐观豁达、通情达理的人。

⑲ 刀头之蜜：刀头上抹着蜜，比喻外表甜蜜而内心歹毒的人。

⑳ 大火流金：流，销熔。流金，使金子熔化。形容天气非常炎热。㉑ 穆然：指柔和的样子。㉒ 蔼然：温柔可亲的样子。

㉓ 阴霾：天气阴沉，昏暗。㉔ 翳（yì）：遮蔽。

㉕ 慧日：佛家语，佛的智慧就像太阳那样普照世间。

㉖ 朗然：清澈明亮的样子。㉗ 识：见识，知识。

㉘ 力：用极大的力量，尽力。

解读

天下之物没有比天地日月还要大的，可是唐代诗人杜甫却说："日月像笼中的小鸟，天地也仅是水面上的泡沫而已。"天下之事没有比拱手把政权让给贤者或以武力夺取政权还要大的，但是北宋哲学家邵雍却说："唐尧让位给虞舜只是像喝三杯酒那样微不足道，周武王征伐商纣仅是像下一局棋那样寻常容易。"人们如果能以这样的胸怀和眼界来纵观天下万物，评论古今之事，事情到来就像水泡生成于大海，事情过去就如影子消失在天空。这样，自然能做到处理各种各样的纷繁变故而内心从容镇定。

小人追求虚名，心中难免做贼心虚；君子追求虚名，则会不惜欺骗世人。所以，人人都追求虚名，就会让欺诈、伪善大行其道。而让人们皆不贪图虚名，就会使人们失去行善施义的热情。因此，要批评那些追求虚名的人，应当对君子从严要求，而不应当过分要求小人。

巨大的祸事大多潜伏在平安安逸的地方，所以有智慧的人需要防备丝绵里藏的针刺；深仇大恨常常是从亲厚爱恋中产生，豁达的人应当远远避开刀尖上抹的蜜。

安身立命、经历世事的时候，不可以随着环境的改变而改变自己的道德品行。需要像在大火流金那样酷热的环境下，依然能如清风那般轻柔；处在严霜酷寒的环境下，依然能保持满腔和气；处在阴沉昏暗、不见天日的环境中，依然能保持清澈明朗；在怒涛汹涌、翻江倒海的环境中，能够像中流砥柱那样屹立不倒，这才是宇宙中真正优良的人品。

情爱可以生发万种因缘，不应放纵，而要学会割舍。识见可以助长各种欲念，不应张扬，而要着力清除。

故事链接

东汉时，羊续长期担任南阳太守，但是一直过着俭朴的生活，因为官清正廉洁，备受当时人们的尊敬，都称他是"清廉太守"。有个下属看到太守的生活太清苦了，一天就拿了几条鲜鱼送给羊续，请他尝尝。

羊续虽然把鱼收下了，但却没有吃，而是悬挂在庭堂上。过了些日子那个下属又送鱼给羊续，羊续指着庭堂上悬挂的干鱼说："你原先送给我的鱼，如今还挂着哪，不用再送啦！"

来人本来想趁着送鱼的机会请太守办点私事，遇到这种情况，就不好意思开口了。此事传开后，百姓无不称赞，敬称其为"悬鱼太守"。以后再无人敢给羊续送礼。明朝于谦有感此事赋诗曰："甚喜门前无贺客，绝胜厨内有悬鱼。清风一枕南窗下，闲阅床头几卷书。"

羊续不仅对下属们如此，就是对自己的至亲也是这样。他在州衙办公，妻儿希望能和羊续住在一起，生活上好有个照应。羊续领着妻子、儿子到了他住的地方。妻儿见到屋里全部财产只是一床粗布被、一件旧短衣，几斗麦子和一点盐。

羊续对儿子说："我就是这样过日子，你们要到这儿来住，叫我拿什么供养你们母子呢？还是回乡下家中住吧。"

儿子不解地说："人家父亲当官，三亲六故都受惠，可我们借不上一点光。"

还是妻子了解羊续，对儿子说："你还不了解你爹呀。你也读了些书，对清官十分敬仰。现在清官就在你面前，怎么迷惑了呢？"

儿子羞愧地低下了头，于是欣然和母亲一起回到乡下去了。

作人脱俗　不存矫俗心

作人①要脱俗，不可存一矫俗之心②；应世要随时③，不可起一趋时之念④。

宁有求全之毁⑤，不可有过情之誉⑥；宁有无妄之灾⑦，不可有非分之福⑧。

毁人⑨者不美，而受人毁者遭一番讪谤⑩便加一番修省⑪，可释回⑫而增美⑬；欺人者非福，而受人欺者遇一番横逆⑭便长一番器宇⑮，可以转祸而为福。

梦里悬金佩玉⑯，事事逼真，睡去虽真觉后假；闲中演偈谈玄⑰，言言酷似，说来虽是用时非。

天欲祸人⑱，必先以微福骄之⑲，所以福来不必喜，要看他会受；天欲福人⑳，必先以微祸儆之㉑，所以祸来不必忧，要看他会救。

荣与辱共蒂㉒，厌辱㉓何须求荣；生与死同根，贪生不必畏死㉔。

注释

① 作人：做人，指立身行事。
② 矫俗之心：纠正世俗而欲标新立异的心思。
③ 应事要随时：处事要顺应时势。
④ 趋时之念：追赶潮流的念头。

❺ 求全之毁：因苛求而产生的责备、诋毁。

❻ 过情之誉：超过实际情况的赞誉。

❼ 无妄之灾：意料之外的灾祸。

❽ 非分之福：不属于自己分内的福气。❾ 毁人：诋毁别人。

❿ 讪谤：诋毁，诽谤。⓫ 修省：修养，反省。

⓬ 释回：去除邪僻。⓭ 增美：增加美德。

⓮ 横逆：横祸，厄运。指不顺心的事情。

⓯ 器宇：度量，胸怀。⓰ 悬金佩玉：悬挂金饰，佩戴玉器。

⓱ 演偈谈玄：讲演偈颂，谈论玄理。⓲ 祸人：降祸于人。

⓳ 骄之：使他起骄傲之心。⓴ 福人：降福于人。

㉑ 儆（jǐng）之：使他警惕小心。㉒ 共蒂：本是同一根蒂。

㉓ 厌辱：厌弃羞辱。㉔ 畏死：害怕死亡。

解读

做人要从世俗中超脱出来，但又不可以心存矫正世俗的念头；处世要顺应时势，但又不可以萌生随波逐流的念头。

宁可听取别人求全责备的非议，也不要听别人超过实情的赞誉；宁可遭受平白无故的灾祸，也不要贪图非分之福。

喜欢诋毁别人的人，他的品德并不优良，而遭到别人毁谤的人每遭受一次毁谤便增加一回自我反省，这样就可以减少不良的品行，增加优良的品行；喜欢欺负别人的人没有福气，而受别人欺负的人每受一次磨难便增长一番气量，可以使祸害转变成福气。

睡梦里悬挂金饰佩戴玉器，其情形十分逼真，但这种睡梦里的逼真情形一旦醒来就觉得假；闲暇中讲演偈颂谈论玄理，其言辞酷似高人，但说得容易做时难。

菜根谭

上天要降灾祸在一个人身上时，一定会先给些许的福分滋长他的骄傲之心，所以福运来了不要高兴得太早，要看自身是否懂得接受。上天要降福运在一个人身上时，一定会先给些许的灾祸来使他警惕小心、稍做惩戒，所以灾祸来了也不要太过忧虑，要看自身是否会自救。

荣耀与耻辱紧密相连，厌恶羞辱怎可过分追求荣耀；生存与死亡同根相生，贪恋生存不能十分畏惧死亡。

故事链接

范蠡，字少伯，春秋时楚国宛人。春秋末期著名的政治家、军事家和实业家。范蠡于公元前496年前后，因不满当时楚国政治黑暗而投奔越国。

在越国，范蠡凭借自己的聪明才智，辅助越王勾践20余年，终于使勾践于公元前473年一举灭了吴国。范蠡帮助勾践灭了吴国后，全国上下都欢欣鼓舞，可他却一点都不高兴。

因为通过多年的接触，他深知越王这个人只能与人共患难，却难以与人共富贵。所以，当勾践的庆功大会开过不久，范蠡就去向勾践辞行。勾践含泪挽留说："你走了叫我靠谁呢？你留下，我可以分一半国家给你。"

范蠡坚定不移地说："主辱臣忧，主忧臣死。当年主公在会稽受到侮辱，范蠡本来就应该去死。那时不肯死，是为了替主公报仇，如今大仇已报，我的心愿也就了了。"

勾践见范蠡去意已决，只好不再阻拦。范蠡走之前只带了些细软盘缠，便和德才貌兼备的巾帼奇女西施一起乘船离去。

范蠡临走时，还留下一封书信给他的好友文种说：

鸟没有了，弓也就藏起来不用了。野兔死了，猎狗就要烹煮着吃了。越王为人只可以与他共患难，不能同他共享富贵。你为何还不离去呢？

文种一时贪恋高官厚禄，没有能像范蠡一样做到急流勇退。不久，有人诬告文种要造反，勾践就赐给他一把剑，勒令他自尽身亡。文种临死前叹道："悔不该没听范蠡的话，贪图富贵，最终落得个身首异处。"

再说范蠡离开越国，后来辗转到了齐国。他和家人开垦荒地，种粮养畜。农闲时就做生意。由于他善于经营，很快成为当地巨富。齐国人都推举他为相国。

范蠡感叹道："过日子能够拥有千金之产，当官能够达到宰相的位子，这对于一个白手起家的老百姓来说，已是到了极点。但是长久地处在尊贵的位置上，恐怕不是吉祥的征兆啊！"

他向齐王归还了宰相印，把家财全部分给朋友和乡邻，悄悄从齐国转到陶地，从此隐名匿姓，自号陶朱公。此后，他根据时节、气候、民情、风俗等，转运货物，经营贸易。过不多久，他的家产就再次达到了"巨万"。

范蠡在立下大功，身居高位的情况下，意识到"庭前生瑞草，好事不如无"，果断退出暗含杀机的官场，与美女西施泛舟五湖，经商致富，演绎了一出千古流芳的人生喜剧。

作人一味率真　踪迹虽隐还显

作人只是一味①率真②，踪迹虽隐还显③；存心若有半毫未净，事为虽公亦私④。

鹪⑤占一枝，反笑鹏⑥心奢侈；兔营⑦三窟，转嗤⑧鹤垒⑨高危。智小者不可以谋大，趣卑者不可与谈高。信然⑩矣！

贫贱骄人⑪，虽涉虚骄⑫，还有几分侠气⑬；英雄欺世⑭，纵似挥霍⑮，全没半点真心。

糟糠⑯不为彘⑰肥，何事⑱偏贪钩下饵⑲；锦绮⑳岂因牺㉑贵，谁人能解笼中囮㉒？

琴书诗画，达士以之养性灵㉓，而庸夫徒赏其迹象㉔；山川云物，高人以之助学识，而俗子徒玩其光华。可见事物无定品，随人识见以为高下。故读书穷理㉕，要以识趣㉖为先。

美女不尚㉗铅华㉘，似疏梅之映淡月；禅师不落空寂㉙，若碧沼㉚之吐青莲。

注释

❶一味：单纯，一直。❷率真：直率纯真。
❸虽隐还显：即使想隐而不露，有时还会显示自己。
❹虽公亦私：即使是为公也成了为私。

❺ 鹩（liáo）：一种体小尾短的小鸟，有黄色眉纹，捕食小虫，俗称巧妇鸟。

❻ 鹏：传说中由鲲变化而来的一种大鸟。❼ 营：营造。

❽ 嗤（chī）：嘲笑。❾ 鹤垒（lěi）：鹤的巢。

❿ 信然：确实如此。⓫ 贫贱骄人：贫穷低贱的人待人傲慢。

⓬ 虚矫：没有实力而保持自负。⓭ 侠气：侠士的气质。

⓮ 欺世：欺压世人。

⓯ 挥霍（huò）：用钱浪费。这里是指看似洒脱、豪迈。

⓰ 糟糠（zāo kāng）：酒滓、谷皮等粗劣的食物。

⓱ 彘（zhì）：猪。⓲ 何事：为什么。

⓳ 钩下饵：即诱饵，为引诱上钩而设的食物等。

⓴ 锦绮：有彩色花纹的丝织品。

㉑ 牺：古代用以祭祀的牛、羊等祭品。

㉒ 囮（é）：经过驯服后的用于引诱野鸟以便捕捉的鸟。

㉓ 性灵：内心世界，泛指精神、思想、情感等。

㉔ 迹象：不明显的现象，这里指表面、形式。

㉕ 穷理：穷究事物之理。㉖ 识趣：认识其中的意趣。

㉗ 尚：崇尚，喜好。㉘ 铅华：古代女子化妆用的脂粉。

㉙ 空寂：空虚寂寞，空洞枯寂。

㉚ 碧沼：池沼，池和沼，泛指池塘。

解读

做人如果能够一直坦率真诚，他即使隐居山林，其德行也广为人知；做事如果藏有半点私心杂念，他看似做事公正，实则巧谋私利。

鹩占据一条树枝，反过来嘲笑大鹏鸟飞翔高空的凌云壮志太宏大奢佟；兔子建造了三处窝穴，转过来嗤笑鹤筑造的巢穴过于高耸危险。智慧不足的人不可以同他们谋划大的事业，趣味低下的人不能和他们谈论高雅的事情。确实是这样啊！

贫贱之人骄傲于人，虽然有点盲目自大，但还是有几分侠气在内；英雄之辈借势欺人，即使看似豪放洒脱，也全然没有半点真心实意。

糟糠连猪都喂不肥，根本不好吃又没有营养价值，用来做诱饵却偏偏总能够引鱼吞钩；那种漂亮的丝织品其实并不是因为用了纯色的鸟羽才显得珍贵，人们却总是喜欢以拥有这样的东西而夸耀，又有谁顾及捕鸟人的笼子里用来招引其他鸟儿的那只鸟的感受呢？

琴书诗画，明理之人用它们来培养性情，而平庸之辈只会欣赏它们的外在表象；山川景物，高雅的人可以从中学到见识，而粗俗的人只会赏玩它们的光彩华美。可见事物原本没有一定的品格，由于人们识见有高低而显出高下来。所以，研读图书穷究事理，最重要的是要认识其中的旨趣。

美貌女子虽然不喜欢崇尚梳妆打扮，但却好似稀疏梅花映衬着淡淡月光；禅师打坐修禅，并不自感空虚寂寞，却如碧绿水面吐露出青色莲花。

故事链接

战国时期，各诸侯国互相征战，老百姓生活困难。这一年，齐国大旱，天上一连几个月都没下一滴雨。田地干裂，庄稼颗粒无收。穷人吃完了树叶吃树皮，吃完了草苗吃草根，眼看着一个个都要被饿死了。

可是富人家里的粮仓堆得满满的。有个富人名叫黔敖，看着穷人一个个饿得东倒西歪，他就拿出点粮食给灾民们，但又摆出一副救世主的样子。

他把做好的窝头摆在路边，施舍给过往的饥民们。每当过来一个饥民，黔敖便丢过去一个窝头，并且傲慢地吆喝："叫花子，给你吃吧！"

当过来一群人，黔敖便丢出几个窝头，让饥民们互相争抢。黔敖在一旁十分开心，觉得自己是活菩萨转世。这时，有一个瘦骨嶙峋的饥民蒙着脸走过来。只见他乱蓬蓬的头发，衣衫褴褛，脏兮兮的脚上，用草绳绑了一双破烂不堪的鞋子。

饥民一边用破旧的衣袖遮住面孔，一边摇摇晃晃地迈着步，由于几天没吃东西，他仿佛支撑不住自己的身体，走起路来东倒西歪的。

黔敖看见这个饥民的模样，特意拿了两个窝头，还盛了一碗汤，对着蒙袂大声吆喝着："喂，过来吃！"

饥民像没听见似的，没有理他。黔敖又叫道："嗟！听到没有？给你吃的！"只见那饥民突然精神振作起来，瞪大双眼看着黔敖说："收起你的东西，我宁愿饿死，也不愿吃这样的嗟来之食！"

黔敖万万没料到，饿得这样摇摇晃晃的饥民，竟然还保持着自己的人格尊严。顿时满面羞惭，一句话也说不出来。

廉官多无后　以其太清也

廉官多无后❶，以❷其太清也；痴人每多福，以其近厚也。故君子虽重廉介❸，不可无含垢纳污❹之雅量❺。虽戒痴顽❻，亦不必有察渊❼洗垢❽之精明。

密❾则神气拘逼❿，疏则天真烂漫，此岂独⓫诗文之工拙⓬从此分哉！吾见周密之人纯用机巧，疏狂⓭之士独任性真⓮，人心之生死亦于此判也。

翠筱⓯傲严霜⓰，节⓱纵孤高，无伤冲雅⓲；红蕖⓳媚⓴秋水，色虽艳丽，何损清修㉑。贫贱所难㉒，不难在砥节㉓，而难在用情㉔；富贵所难，不难在推恩㉕，而难在好礼㉖。

簪缨㉗之士，常不及孤寒㉘之子可以抗节致忠㉙；庙堂㉚之士，常不及山野之夫可以料事烛理㉛。何也？彼以浓艳㉜损志，此以淡泊全真㉝也。荣宠旁边辱等待，不必扬扬㉞；困穷背后福跟随，何须戚戚㉟。

注释

❶ 无后：没有后路。❷ 以：因为。❸ 廉介：清廉，耿直。

❹ 含垢纳污：垢，耻辱。污，污蔑。容忍耻辱和污蔑，指气度大，能包容一切。

❺ 雅量：宽宏的气度。❻ 痴顽：愚蠢顽劣。

❼ 渊：即渊鱼，比喻隐秘之事。❽ 洗垢：清洗污垢。
❾ 密：细致周密。❿ 拘逼：拘束放不开。
⓫ 岂独：难道只是，何止。⓬ 工拙：工巧与拙劣。
⓭ 疏狂：狂放不羁。
⓮ 独任性真：只注重、放任自己的纯真性情。
⓯ 翠筊（xiǎo）：青翠的竹子。⓰ 傲严霜：傲霜，不为寒霜所屈。
⓱ 节：竹节。⓲ 冲雅：虚空高雅。⓳ 红蕖（qú）：红色的荷花。
⓴ 媚：爱、喜爱。㉑ 消修：清白高雅的风范。
㉒ 所难：所难以做到的事。㉓ 砥（dǐ）节：磨练节操。
㉔ 用情：以真实的感情相待。㉕ 推恩：施恩惠给别人。
㉖ 好礼：遵守礼法，讲究礼仪。
㉗ 簪缨（zān yīng）：古代官吏的冠饰，所以用来比喻显贵。
㉘ 孤寒：指身世寒微。㉙ 抗节致忠：坚持节操，坚守忠诚。
㉚ 庙堂：宗庙明堂。
㉛ 料事烛理：预料事情，明白道理。烛，照明，照亮。这里是洞悉的意思。
㉜ 浓艳：艳丽，华丽，丰盛豪华。此处意为奢侈无度。
㉝ 全真：保全天性。
㉞ 扬扬：得意欢乐的样子。㉟ 戚戚：悲伤难过的样子。

解读

清廉的官员多不能持续做官，是因为他们太过清廉了；痴傻的呆人常常多福，是因为他们憨厚易亲近。因此，道德高尚的人虽然重视清廉耿介，也不可以没有一点忍垢纳污的气度雅量。虽然要戒除痴拙顽劣，也不必有明察深渊净洗污垢的精明。

菜根谭

　　周密的人精气神受到拘束逼迫，疏狂的人天真烂漫率性自然，这难道只是诗歌与文章工巧拙朴的分界线！我见过周到细密的人为人处世纯用机巧，疏放的人为人处世任性率真，人的心灵是生是死由此可以判别了。

　　绿竹傲立于严霜中，竹节纵然孤高，也不损伤其高雅之姿态；红莲媚放在秋水上，色彩虽然艳丽，也不损害其清洁之品位。对于贫贱之人，砥砺自己保持气节不是难事，难的是对他人用情要深；对于富贵之人，怜悯穷人广施恩惠不是难事，难的是放下身架对穷人以礼相待。

　　显达尊贵的人士，常常不如孤苦贫寒人家弟子能够坚守节操奉献忠诚；太庙明堂的人士，常常不如山岭原野的农夫能够处理事务考察事理。为什么呢？前者由于浓重艳丽损害了志向，后者由于恬淡净泊保全了天性。享受了荣耀恩宠常常难以避免羞辱之事，因此没必要得意洋洋；陷入到困厄贫穷之后有可能福运马上就到，因此没必要悲悲切切。

故事链接

　　三国时有位文学家、音乐家，叫嵇康。他作得一手好文章，并能弹琴吹笛，可以说是深通音律。更值得人敬重的是，他是个很注重气节的人，对竹子有种执着的爱。

　　嵇康认为做人应该向竹子学，挺直不弯，四季常青，不分高低，株株有节。他把竹屋修建在一片竹林中，竹屋前放了一张竹桌，竹桌上放着文房四宝和竹笛，他平常坐在竹椅里，读书写诗，弹琴吹笛，悠闲自得。

　　嵇康本人气节清高，他常常以竹量人。有一天，他正在竹林中沉思，忽听有人进了竹林，便提起笔，想写几句拒客诗，刚写好一句，听到脚步声近了，便扔下笔匆匆钻进密林深处躲了起来。

　　来人名叫阮籍，是个很有名气的诗人。他来到竹屋前一看没有人，以为嵇康不在家，转身刚要走，忽见竹桌上的诗笺上有行字，仔细一看，写的是"竹林深处有篱笆",墨迹还没有干。

阮籍见状,明白这是主人写的一句拒客诗。阮籍一笑,提笔在那句"竹林深处有篱笆"后面写了句"篱笆难挡笛声转"。然后拿起桌上的竹笛使劲地吹了起来。

这一吹可不要紧,来找嵇康的人一个个循声而来,一共又来了五个人,他们是山涛、向秀、阮咸、王戎、刘伶。这些人只见阮籍独自吹笛,不见嵇康身影,问阮籍这是怎么回事。阮籍把头摆向竹桌上的诗笺,一语不答,只顾吹他的笛子。大家读了诗句,明白了其中的原因,于是一人一句在下面联起诗来。

嵇康躲在竹林中,原想来人见不到他会回转的,没想到来人不但不走,反而越来越多,无奈只好出来相见。一见嵇康出来,阮籍哈哈一阵大笑,然后说:"未来来,以文会友。诗笺上你起了头句,看来是叫来人作联诗的,我们都各联了一句,你看看我们这些人值得一交不值?这就看你大笔一挥了。"

嵇康一看联诗每句起头之字都是竹字头,心想:来者都是崇爱竹子之人,值得一交。于是他微微一笑,拿起诗笺,便提笔在后边添了句:

竹林深处有篱笆,篱笆难挡笛声转。
笛声换来知音笑,笑语畅怀凝笔端。
笔笔述志走诗笺,笺笺录下珠玑言。
笺语共话咏篁句,篁篁有节聚七贤。

从此后,这七人成了好友,常常在竹林里述志论诗,无所不谈,后人称他们为"竹林七贤"。

古人闲适处　今人忙一生

古人闲适①处，今人却忙过了一生；古人实受处，今人又虚度了一世。总是耽空逐妄②，看个色身③不破，认个法身④不真耳。

芝草⑤无根醴⑥无源，志士当勇奋翼⑦；彩云易散琉璃⑧脆，达人当早回头。

少壮者，事事当用意而意反轻，徒汩汩作水中凫⑩而已，何以振云霄之翮⑪？衰老者，事事宜忘情⑫而情反重，徒碌碌为辕下驹⑬而已，何以脱缰锁⑭之身？

帆只扬五分，船便安。水只注五分，器便稳。如韩信⑮以勇备⑯震主被擒，陆机⑰以才名冠世⑱见杀，霍光⑲败于权势逼君，石崇⑳死于财赋敌㉑国，皆以十分取败者也。康节云："饮酒莫教成酩酊，看花慎勿至离披㉒。"旨㉓哉言乎！

附势㉔者如寄生依木㉕，木伐而寄生亦枯；窃利者如蝇蚋㉖盗人，人死而蝇蚋亦灭。始以势利害人，终以势利自毙。势利之为害也，如是夫！

注释

① 闲适：清闲安适、安逸，优游自在。
② 耽空逐妄：追求虚妄，沉溺在空洞的不切实际当中。
③ 色身：佛教语，即肉身。

❹ 法身：佛教语，成就一切功德之身。

❺ 芝草：灵芝，古人认为灵芝是瑞草。

❻ 醴（lǐ）：甜美的泉水。❼ 奋翼：奋翅，多比喻人振奋而起。

❽ 琉璃：天然有光的宝石。❾ 徒：独，仅仅。

❿ 凫（fú）：水鸟，俗称野鸭子。

⓫ 翮（hé）：羽茎，泛指鸟的翅膀。

⓬ 忘情：无喜怒哀乐之情。

⓭ 辕下驹：车辕下的小马驹，小马不善于驾车，形容人局促不大方的样子。

⓮ 缰锁：缰绳和锁链，比喻束缚，拘束。

⓯ 韩信：秦末淮阴人，与萧何、张良并称"汉兴三杰"。初从项羽，后归刘邦，封楚王。后被刘邦以谋反罪降为淮阴侯，最终被吕后所杀。

⓰ 备：谨慎、警惕。⓱ 陆机：字士衡，西晋吴郡人，以文才名噪一时。后事成都王司马颖，曾官平原内史、后将军、河北大都督，后因战败受谮，为司马颖所杀。

⓲ 冠世：超人出众，天下一流。⓳ 霍光：字子孟，武帝时为奉车都尉，在朝小心谨慎，出入宫廷二十余年。武帝死后，霍光秉政二十余年，族党满朝，权倾内外。宣帝亲政后，收霍氏兵权，并以谋反罪夷其族。

⓴ 石崇：晋南皮人，小字青奴，又字季伦。历任散骑常侍、荆州刺史等职，尝劫远使商客致富，于河阳置金谷园，奢靡无度，家财敢与国库比。后为人所谮，被赵王司马伦杀害。

㉑ 敌：相匹敌，抗衡。㉒ 离披：散乱的样子。

㉓ 旨：意思，意义。㉔ 附势：依附权势。

㉕ 寄生依木：依附树木来寄生。
㉖ 蝇蚋（dīng）：人肠内的寄生虫。

解读

　　古人闲适自在，现在的人却在忙忙碌碌中度过了一生；古人享受人生乐趣，现在的人却虚度了人生。人们总是追逐功名利禄等虚妄的东西，看不破肉身，参不透人生真谛。

　　灵芝仙草寻不到根，甘泉寻不到源头，志向远大的人应当靠自己的力量勇于奋斗；彩霞容易消散，琉璃容易破碎，通达事理的人应当及早清醒，勿沉溺其中。

　　正当年富力强的时候，应当认真对待每一件事情，却反而事事漫不经心，就像浮在水面上的野鸭子一样，这样怎么能展翅高飞呢？衰老的人应对每件事情都放得下感情，却反而事事更加执着，就像那车辕下的小马驹一样，这样怎么能摆脱自己身上的束缚呢？

　　风帆只要扬起二分之一，船就能稳稳地航行。水只要注入二分之一，容器就能稳定。这就如：韩信因为勇猛和谋略并济，招来刘邦的猜忌而被杀害；陆机因为才华横溢，名噪一时，受人谗毁被杀；霍光因为权势之大使君主觉得受到了威胁而在死后被诛灭九族，石崇因为富可敌国而死于赵王伦之手。他们都是因为达到了极限才导致败亡的。邵雍说："喝酒不能喝得酩酊大醉，看花不要看得神情散乱。"这真是金玉良言啊！

　　依附权势的人就像寄生依附树木而长，树木砍伐后寄生也必然枯萎；贪求财利的人就像蝇蚋吸食人的营养，人死后蝇蚋也必然灭亡。开始时以权势与财利损害他人，最终以权势与财利自取灭亡。权势与财利对人的危害，就是这样的啊！

故事链接

伯宗是春秋时期晋国的大夫。有一天他回到家中,很高兴地对自己妻子说:"大家说我有才华,很像从前的阳处父大夫。"

他的妻子摇头叹息说:"把你比作阳处父,你有什么可高兴的呢。阳处父华而不实,能言善辩却没有什么智谋,所以灾祸降临到他的头上。"

伯宗说:"那我就把众位大夫请到咱们家来喝酒,我和他们交谈,你来听听他们说的话吧。"

妻子答应了他。过些时候伯宗请了各位大夫到家里来,边喝酒边交谈。客人走后,伯宗问自己的妻子有何意见。妻子说:"这些大夫们都不如你,可是人们是不能长久忍受别人比他们优秀的,灾祸说不定就会降临到你的头上。还是赶快把儿子托付给能保护他的人吧。"

后来,伯宗果然遭到别人陷害。伯宗由于显露锋芒,为自己惹来祸患。由此可见,有德行的君子既要坚持自己高洁的操守,同时也需要将自己的锋芒敛藏。

失血于杯　笑猩猩之嗜酒

失血于杯中，堪笑猩猩之嗜酒①；为巢于幕上②，可怜燕燕之偷安③。

鹤立鸡群④，可谓超然无侣⑤矣。然进而观于大海之鹏，则眇然⑥自小。又进而求之九霄⑦之凤，则巍乎莫及。所以至人常若无若虚，而盛德⑧多不矜不伐⑨也。

贪心胜者⑩，逐⑪兽而不见泰山在前，弹雀⑫而不知深井在后；疑心胜者⑬，见弓影而惊杯中之蛇⑭，听人言而信市上之虎⑮。人心一偏，遂视有为无，造无作有。如此，心可妄动乎哉⑯！

蛾扑火，火焦蛾，莫谓⑰祸生无本⑱；果种花，花结果，须知福至有因。车争险道，马骋先鞭⑲，到败处未免噬脐⑳；粟喜堆山，金夸过斗㉑，临行时还是空手。

花逞春光㉒，一番雨、一番风，催归尘土；竹坚雅操㉓，几朝霜、几朝雪，傲就琅玕㉔。

注释

① 猩猩之嗜酒：比喻贪图一时享乐，使自己陷入危险之中。

② 为巢于幕上：在幕帘上筑造窝巢，比喻陷入危险的境地而不自知。

③ 偷安：只图目前的安逸，苟安。

❹鹤立鸡群：像鹤站在鸡群中一样，比喻一个人的仪表或才能在周围一群人里显得很突出。

❺无侣：无可匹比。❻眇然：弱小貌，微小貌。

❼九霄：天之极高处，高空。❽盛德：崇高的品德，深厚的恩德。

❾不矜不伐：不居功自夸，不为自己吹嘘，不居功自傲。矜、伐，自夸自大的意思。

❿贪心胜者：有强烈贪欲的人。⓫逐：追赶，追逐。

⓬弹雀：射雀。⓭疑心胜者：猜疑心很强烈的人。

⓮见弓影而惊杯中之蛇：成语有"杯弓蛇影"，比喻因疑惑不解而自相困扰。

⓯听人言而信市上之虎：比喻说的人一多，就能弄假成真。

⓰乎哉：语气助词，表感叹。⓱谓：说。

⓲无本：没有本源，没有本始。

⓳马骋先鞭：为了让自己的马快一步而快马加鞭。

⓴噬（shì）脐：自咬肚脐，比喻后悔莫及。

㉑金夸过斗：夸耀自己的财富，金银要用斗来量。

㉒逞春光：在春天竞相开放。

㉓雅操：高尚的操守。

㉔琅玕（láng gān）：像珠子样的美石，这里指美好高雅的情操。

解读

因喝酒而丧命，可笑猩猩太贪酒（有传说，一猎人用酒诱捕猩猩）；在帷幕上筑窠巢，可怜燕子苟且偷安，不知时时有危险。

79

菜根谭

仙鹤站立在鸡群中，可以说是超然出众无可匹敌。但是如让它与大海上的鹏鸟相比，就一下子显得渺小了。再进一步，让它与那九霄云外的凤凰相比，就简直是没法比了。所以，至善之人常常虚怀若谷，高德之人大多不骄矜不夸耀。

贪心过盛的人，照顾着追逐野兽，却看不见大山就在前面，弹射鸟雀不知道深井就在后面；疑心过盛的人，看见弓影就惊吓地以为是酒杯中的蛇，听到人言就相信市上有虎。心灵有了偏颇，就算是有也会当成没有，臆造没有当成有。这样，人心就为妄念所控了！

飞蛾扑火，火焰烧焦飞蛾，这不能说是灾祸没有缘由；果实种出花朵，花朵结成果实，要知道福运到来总有因缘。车辆争夺险要道路，马匹驰骋先行鞭策，等到失败的地方不免后悔不及；稻粟喜欢堆成山峰，金银夸耀用斗计量，将要离开的时候还是一无所获。

鲜花在春光中争奇斗艳虽然美好，但经过一阵风吹雨打，便很快败谢归入尘土；翠竹坚定高雅情操，虽经几多霜打雪压，仍然傲立让人备感珍贵美好。

故事链接

一次，北宋著名文学家苏东坡去拜访宰相王安石，他在宰相居所没有见到王安石，却偶然发现了王安石书桌砚台底下压着的一首没有写完的诗：

西风昨晚过园林，吹落黄花满地金。

苏东坡想：只有秋天才会刮金风，金风起处，群芳尽落，但是菊花能做霜雪，怎么花瓣四处飘落呢？王安石恐怕是"江郎才尽"了吧？于是，他乘兴挥笔续诗：

秋花不比春花落，说与诗人仔细吟。

苏东坡写完，便拂袖而去。后来，苏东坡贬官至湖北黄州府当团练副使。苏东坡到任后的当年秋天，好友陈季常请他到后花园赏菊饮酒。当时，正巧是刮了几天大风之后，园中十几株菊花枝上一朵花也没有了，只见满地铺金，落英缤纷。苏东坡一时瞠目结舌。

陈季常问："你见菊花落瓣，怎么这样惊诧呢？"

苏东坡讲了在王安石府上改菊花诗一事。苏东坡感慨万分地说："我曾给王宰相改诗，以为他孤陋寡闻，谁知孤陋寡闻的竟是我自己。这事给我的教训太深了。看来凡事要谦虚谨慎，千万不可以自恃聪明啊！"

后来，苏东坡向王安石"负荆请罪"，承认了错误。从此以后，苏东坡特别谦虚谨慎了。

菜根谭

富贵是无情之物

富贵是无情之物,看得他重,他害你越大;贫贱是耐久①之交,处得他好,他益你深。故贪商於而恋金谷者,竟被一时之显戮②;乐箪瓢③而甘敝缊者,终享千载之令名④。

鸽恶⑤铃而高飞,不知敛翼⑥而铃自息;人恶影而疾走⑦,不知处阴而影自灭。故愚夫徒疾走高飞,而平地反为苦海;达士知处阴敛翼,而巉岩⑧亦是坦途。

秋虫春鸟共畅天机⑨,何必浪生⑩悲喜;老树新花同含生意⑪,胡为⑫妄别媸妍⑬。

多栽桃李少栽荆⑭,便是开条福路;不积诗书偏积玉⑮,还如筑个祸基⑯。

万境一辙⑰原无地,着个穷通⑱;万物一体原无处,分个彼我。世人迷真逐妄⑲,乃向坦途上自设一坷坎,从空洞⑳中自筑一藩篱㉑。良足㉒慨哉!

大聪明的人,小事必朦胧㉓;大懵懂㉔的人,小事必伺察㉕。盖伺察乃懵懂之根,而朦胧正聪明之窟㉖也。

注释

❶ 耐久:能够经久。

❷ 贪商於而恋金谷者,竟被一时之显戮(lù):商於,地名,

秦孝公封卫鞅以商於十五邑。赵良劝他不要贪商於之富,将其归还秦孝公,否则会招来灾祸。卫鞅不肯,最终招来杀身之祸。金谷,地名,晋太康中石崇在此筑园,非常奢侈,后为孙秀所杀。戮,杀。

❸ 箪瓢:盛饭食的箪和盛饮料的瓢,亦借指饮食。

❹ 令名:美好的声誉。❺ 恶:厌恶。

❻ 敛翼:收拢翅膀,比喻隐退。❼ 疾走:快步走,快跑。

❽ 巉(chán)岩:险峻的山崖。巉,高峻险要的样子。

❾ 共畅天机:都使自己的天性得到发展。

❿ 浪生:无缘无故地产生。⓫ 生意:生机,生命力。

⓬ 胡为:何为,为什么。⓭ 媸妍(chī yán):丑陋与美好。

⓮ 荆:荆棘。⓯ 积玉:指积聚财货。⓰ 祸基:惹祸的根基。

⓱ 一辙:车轮碾出的痕迹相通,比喻趋向相同。

⓲ 穷通:贫困与显达。

⓳ 迷真逐妄:对真理迷惑不清,对虚妄之说追逐执著。

⓴ 空洞:空无所有,空虚。㉑ 藩篱:篱笆墙。

㉒ 良足:很值得。㉓ 朦胧:模糊不清。

㉔ 懵(měng)懂:糊涂,不明白事理。㉕ 伺察:仔细观察。

㉖ 窟:洞穴,这里指根源。

解读

富足尊贵是没有情义的事物,你把看得越重,他伤害你就越大;贫穷卑贱是耐事持久的朋友,你和他相处得越好,他就越对你有好处。所以,像卫鞅贪图商於之地,石崇贪恋金谷秀园,都因一时之显耀而遭杀戮;颜回乐于一箪食一瓢饮,甘于穿破旧衣服,最终却享得千载美名。

菜根谭

有的时候，旁观者会觉得非常可笑：鸽子厌恶铃声而展翅高飞，不知道收起翅膀铃声自然会止息；人们厌恶自己的影子而快速奔走，不知道置身阴暗处影子自然会消失。如同蠢笨的鸽子一样，世上太多的人徒然奔走好高骛远，把平地变成了苦海；可还是有明智之人知道置身暗处收拢翅膀，即使是高险的山峰也会变成平坦的大路。

秋天的虫子春天的鸟儿都显示了生命的活力，何必见秋虫生悲，见春鸟则喜；古老的树木新鲜的花儿都蕴含着生机，为什么胡乱地判定这个好那个不好。

多栽种果实甜美的桃树与李树，少栽种带刺阻塞道路的荆棘，这就是为自己打通了一条通往幸福的道路；不积攒诗书偏积攒许多财物，这就是给自己打下了一个惹祸的根基。

世界很大，走到哪里都有路，并不是这条路连着贫穷，那条路注定显达；万物同在天地间，没有必要将彼此各自分离。世人迷失真性追逐虚妄，就是在平坦道路上自设一道坎，在空旷天地里自筑一道篱。真令人感慨啊！真正聪明的人，在小事上能糊涂就糊涂；真正糊涂的人，在小事上则极力搞得很清楚。细究穷察终归要导致糊涂，而假装糊涂则蕴藏着聪明智慧。

故事链接

卢怀慎曾是唐玄宗的宰相，他一生为官清廉，从不接受贿赂。卢怀慎告老还乡后不久，就病倒在床了。

唐玄宗听说后，派了宋璟、卢从愿两位官员去看望卢怀慎。宋、卢两人来到卢家一看，简直不敢相信自己的眼睛：卢家的房子破落不堪，房间里没有一件像样的家具，卢怀慎躺在一张木板床上，垫的是旧竹席和破旧的床垫。

评议篇

两个人好不容易才找了两把四腿齐全的椅子坐下。这时,天突然下起了大雨,屋里也开始漏雨。宋、卢两人感慨万分。不久,卢怀慎病逝了,卢家竟然没钱安葬。宋、卢两人只好请求唐玄宗抚恤卢家。唐玄宗赐给卢家一些钱和粮食,卢家这才得以安葬卢怀慎。

过了一年,唐玄宗出外打猎,路过卢家,正巧那天是卢怀慎祭日。唐玄宗亲自来到这位宰相墓前,只见新修的坟墓上,除了几炷香,连墓碑都没有。唐玄宗感到十分过意不去,他亲自给卢怀慎上了一炷香。

唐玄宗回去后,立即命令中书侍郎起草碑文,由他亲自书写,御赐了一块墓碑给卢怀慎。

卢怀慎身为宰相,病逝后家里四壁空空,连安葬的钱都没有。但我们并不认为他贫穷,相反,他是精神的富翁,道德的模范。这种清廉好官永远活在人们的心中。

菜根谭

大烈鸿猷　常出悠闲之士

大烈鸿猷①，常出悠闲镇定之士，不必忙忙②；休征③景福④，多集宽洪长厚⑤之家，何须琐琐⑥。

贫士肯⑦济人，才是性天⑧中惠泽⑨；闹场⑩能学道，方为心地上工夫⑪。

人生只为欲字所累，便如马如牛，听人羁络⑫⑬；为鹰为犬⑭，任物鞭笞⑮。若果一念清明⑯，淡然⑰无欲，天地也不能转动我，鬼神也不能役使⑱我，况一切区区⑲事物乎！

贪得⑳者身富而心贫，知足者身贫而心富；居高者形逸而神劳㉑，处下者形劳而神逸。孰得孰失，孰幻孰真，达人当自辨之。

众人以顺境为乐，而君子乐自逆境中来；众人以拂意㉒为忧，而君子忧从快意㉓处起。盖众人忧乐以情㉔，而君子忧乐以理㉕也。

谢豹㉖覆面，犹知自愧；唐鼠㉗易㉘肠，犹知自悔。盖愧悔二字，乃吾人去恶迁善之门，起死回生之路也。人生若无此念头，便是既死之寒灰，已枯之槁木㉙矣。何处讨些生理㉚？

> **注释** ●●●●

①大烈鸿猷（yóu）：重大的事业和谋划。烈，功业。鸿，大。猷，谋略。

86

② 忙忙：事物繁冗，不容空闲的样子。③ 休征：吉利的征兆。
④ 景福：大福。⑤ 长厚：恭谨宽厚。⑥ 琐琐：细小卑贱的样子。
⑦ 肯：愿意，心甘情愿、乐意。
⑧ 性天：天性，指人得于自然的本性。
⑨ 惠泽：惠爱与恩泽。⑩ 闹场：指喧闹的地方。
⑪ 心地上工夫：内心深处的造诣。⑫ 羁：马笼头。
⑬ 络：像网子样的东西。⑭ 鹰犬：打猎时追捕禽兽的鹰和狗。
⑮ 鞭苔：鞭打。⑯ 清明：神志清晰，清察明审。
⑰ 淡然：淡泊，不趋名利。⑱ 役使：驱使，使唤。
⑲ 区区：小，少。⑳ 贪得：贪求财物或权益。
㉑ 形逸而神劳：身体上很轻松安逸，但精神上却非常疲劳。
㉒ 拂意：不顺意，不顺心。㉓ 快意：心情爽快舒适，称心如意。
㉔ 忧乐以情：以情感决定自己的快乐和忧愁。
㉕ 理：理智，理性。㉖ 谢豹：指一种小虫。
㉗ 唐鼠：鼠名。㉘ 易：换、改变。
㉙ 既死之寒灰，已枯之槁木：比喻毫无生气，意气消沉。
㉚ 生理：指谋生之道。

解读

宏伟的功业，远大的谋略，常常出自于悠闲镇定的人士，没必要总是那么匆匆忙忙；吉祥的预兆，齐天的洪福，多聚集于宽宏大量的人家，何必计较那些细碎琐屑的事情。

贫穷的士人能够帮助别人，这才是天性中具有的恩泽；能够在吵闹的环境中学习，这才是心灵深处的本领。

人的一生如只是被"欲"字拖累，就如马牛被人羁绊，如鹰犬任人鞭打。如果一个人能够做到心念清静明白，淡泊无欲，那么天地也不能改变他，鬼神也不能差使他，更何况那些微不足道的事物呢！

贪图钱财的人生活富有但心灵贫瘠，知足常乐的人生活贫困但心灵富足；身居高位的人外表潇洒但精神劳累，地位低下的人身体劳顿而精神闲逸。哪个算得到哪个算失去，哪个是虚幻哪个是真实，通达事理的人应当自己去分辨！

平常的人喜欢顺境，而品德高尚又有见识的人可以从逆境中寻找乐趣；平常的人因事不顺心而忧愁，而品德高尚又有见识的人会在称心如意中发现令人忧愁之处。这大概是由于平常人的忧愁欢乐源于情绪感受，而品德高尚又有见识的人的忧愁欢乐基于他所追求的义理。

传说中的谢豹自己覆盖自己的脸面，就像知道羞愧一样；传说中的唐鼠自己吐出自己的肠子以换肠，就像知道懊悔一样。而这"愧""悔"二字，是我们人类去恶迁善的门户，起死回生的道路。人生如果没有这个念头，就是已经死灭的寒冷灰烬，已经枯朽的干槁树木了。哪里还说得上生存之理？

故事链接

有一个地主，他拥有无边无际的土地，每到收获的季节，他的仓库里堆满了金黄色的小麦，他每天山珍海味，吃着别人吃不到的美味佳肴。大家都觉得他应该满足了，但是他却一直都觉得很失落，总觉得还差什么东西一样。

有一天，地主和管家在自己的土地上巡视，看到一个农夫，虽然他干活干得满头大汗，但是他却唱着歌，脸上露出非常快乐的笑容。地主问管家，这个农夫为什么会那么快乐？

管家说："这个农夫家里有两个孩子，他和他老婆每天都要辛苦地在田间劳动才能够有饭吃。不过,他们却非常容易满足,只要有饭吃,有地方住,有衣服穿,他们就会很快乐。"

地主非常不高兴,自己拥有那么多的东西都不快乐,但是这个什么都没有的农夫却可以整天笑嘻嘻的。地主对管家说:"你一定要想个办法让这个农夫不快乐!在这块土地上我不想看到比我快乐的人!"

于是,管家找地主拿了99两银子,然后放在了农夫的地里。农夫看到地里突然多了那么多的银子,非常地开心,他想,这里一定有足足100两银子呢。于是他高高兴兴地拿着银子回家了。

一到家,农夫就把银子倒出来数,但是数来数去都只有99两,他想一定是儿子拿了,但是儿子一直不承认自己拿过银子,农夫就开始打儿子。这个晚上,农夫家里都是哭喊声。

农夫没有找到那一两银子,他决定以后每天都加倍劳动,一定要完整拥有100两银子。第二天天还没亮他就出门了,但是因为天太黑了,放在门口的锄头打到了他的头,把他的头打了个大包!他心情糟糕透了。

来到地里,农夫看庄稼越来越不顺眼,他甚至觉得这些庄稼一个铜板都卖不出去。这个时候一只鸟飞到了庄稼上,农夫看到有鸟要吃自己的庄稼,就马上追去,但是没踩稳就跌倒了,压倒了一大片庄稼。他生气极了!晚上回家他看到老婆做饭打碎了一个碗,就大骂老婆,因为他认为老婆影响了他攒100两银子的心愿。

地主问管家:"这几天那个农夫怎么样了?"

管家说:"我再也没有听到他唱歌了,而且他的邻居说他们家近来总是传出哭闹声。"

地主很惊讶,他问管家怎么做到的,管家说:"只要给农夫一种欲望,让他有贪念,他就不会快乐。"

| 菜根谭

异宝奇琛　俱民必争

异宝奇琛①，俱民必争之器；瑰节奇行②，多冒不祥之名。总不若寻常历履③易简行藏④，可以完天地浑噩⑤之真，享民物⑥和平之福。

福善不在杳冥⑦，即在食息起居⑧处牖其衷⑨；祸淫⑩不在幽渺⑪，即在动静语默⑫间夺其魄⑬。可见人之精爽⑭常通于天，于之威命⑮即寓于人，天人岂相远⑯哉！

> 注释

❶琛：珍宝。❷瑰节琦行：珍奇宝贵的操守与德行。瑰，珍奇、次于玉的石头。琦，美玉、珍奇。

❸寻常历履：平常的经历，简单的行止。

❹易简行藏：平易简约的行止。行藏，多指出处或行止。易简，平易简约。

❺浑噩：混沌无知，淳朴。❻民物：指人民、万物。

❼杳冥：遥远看不见的地方。杳，无影无声。冥，迷信的人称人死之后进入的世界。

❽食息起居：饮食起居，指日常生活。

❾牖（yǒu）其衷：启迪人们的心灵。牖，窗户，此处喻指显露、暴露。

❿祸淫：祸害和邪恶。⓫幽渺：阴暗渺茫的地方。

⑫ 动静语默：指人的行动、静止、言语、沉默四种行为。
⑬ 夺其魄：夺人心魄。⑭ 精爽：精神，灵魂。
⑮ 威命：尊严。⑯ 相远：相异，差距大。

解读

奇珍异宝都是人们必定争夺的器物，持有它反而危险；盖世彰显的节操和品行大多会招引他人的嫉妒攻击，属不祥之列。不如让自己的经历更平常一些，让自己的行为举止收敛一些，以成就天地间混沌淳朴的真性，享受民情风物和美平安的幸福。

人的福运善心不在冥暗不可见的地方，就在饮食起居处启迪人们的心灵；人的灾祸淫邪不在幽渺不可知的地方，就在言谈举止间夺人心魄。可见，人的精气神通连着上天，上天的威严命令实存于人心，天和人难道相去甚远吗！

故事链接

汉武帝时，霍去病、霍光兄弟担任大将军，成了朝廷中得势的大臣。武帝死后，霍光执掌大权多年，辅佐汉昭帝，拥立汉宣帝，成为几朝重臣。朝廷上下人人对他敬畏三分。

汉宣帝登基后，为了报答霍光拥立自己做皇帝的大恩大德，竟然放手让霍光一人执掌朝政，并赐给霍光家族许多特权，从而打开了霍家骄奢的口子。

霍光一家十分骄横奢侈，简直不可一世，茂陵人徐福曾经指出："霍氏必亡，凡奢侈无度，必然傲慢不逊；傲慢不逊，必然冒犯主上，冒犯主上就是大逆不道。身居高位的人，必然会受到别人的嫉恨，霍氏一家长期把持朝政，遭到很多人的嫉恨；众人嫉恨，又做出大逆不道之事，怎么可能不灭亡呢?"

徐福对霍氏的提醒和警告,说得再清楚不过了,身居高位者,权势这样大,又好揽权弄权,就必然排斥异己,一切活动都是为了自己的权力,这样就会深受同僚及下属的嫉恨,何况又独揽朝政,傲慢侮上,所以霍氏必亡。

后来,霍光病故,汉宣帝才亲自执政,这时霍家的人不甘心交出大权,霍光的妻子和儿子们密谋策划,妄图废掉皇帝,重温朝政完全由霍家执掌的美梦。结果阴谋败露,终致霍氏全族被杀。

可见树大招风,而大风很有可能把树连根拔起。在这种警示面前,那些暂时还没有碰壁的"得意"者们,是不是应该调整调整自己的处世姿态呢?避免树大招风,这显然是现代社会为人处世的一个很重要的规则。

闲适篇

　　闲适，是一种情怀，是一种境界，也是一种生活状态，更准确地讲，就是一个人的心态。闲适不是无所事事，是有所为而有所不为，以更从容与理智的心态，有选择地去舍弃一些，承担一些，避免了从事那些盲目与毫无价值的琐事。

　　闲适，于清静舒适之中，透露出一丝与世无争、自得其乐的情怀。在这个浮躁的世界上，人们总会感到人头攒动，情欲难平，那是人性中最难降伏的一种东西。

　　本篇是讲人到了晚年功成名就之时，可以放松身心，返璞归真。特别是当人们经历了风雨沧桑、感悟了人情事理之后，就会慢慢平静下来，懂得世间的一切，其实都是心神的驰逐，所费甚多而所得无几罢了。

昼闲人寂 听鸟语悠扬

昼[1]闲人寂，听数声鸟语[2]悠扬，不觉耳根尽彻[3]；夜静天高，看一片云光舒卷[4]，顿令眼界俱空。

世事如棋局，不著的[5]才是高手；人生似瓦盆[6]，打破了方见真空[7]。

龙可豢[8]非真龙，虎可搏非真虎，故爵禄可饵[9]荣进之辈[10]，必不可笼[11]淡然无欲之人；鼎镬[12]可及宠利之流[13]，必不可加飘然远引之士。

一场闲[14]富贵，狠狠争来，虽得还是失；百岁好光阴，忙忙过了，纵寿[15]亦为夭[16]。

高车[17]嫌地僻[18]，不如鱼鸟解亲人。驷马[19]喜门高，怎似莺花能避俗。

红烛烧残，万念自然厌冷；黄粱梦破，一身亦似云浮。

千载奇逢，无如[20]好书良友；一生清福，只在碗茗炉烟[21]。

注释

①昼：白天。②鸟语：鸟鸣声。

③耳根尽彻：耳边格外清静透彻。④舒卷：舒展和卷缩。

⑤不著的：不参与、在旁边观看的。⑥瓦盆：陶瓦制的敞口盛器。

⑦真空：佛家语，佛家认为一切事物都是虚幻的，所以称超出一切色相意识的真实境界为真空。

⑧豢（huàn）：喂养。⑨饵：诱惑。

⑩ 荣进之辈：追求荣华富贵的人。

⑪ 笼：装入笼中，比喻用荣华富贵笼络束缚人。

⑫ 鼎镬（huò）：两种烹调的器物，鼎有足，镬无足。古代酷刑，用鼎镬烹煮人。

⑬ 宠利之流：追求恩宠利禄的人。

⑭ 闲：指毫无意义。⑮ 寿：长寿。⑯ 夭：夭折，未成年的人死去。

⑰ 高车：车盖高大的车，指高官显贵所乘的车，指高官。

⑱ 僻：偏僻，偏远，很少有人去的（地方）。

⑲ 驷马：四匹马拉的车，也为高官显贵所乘的车，指显贵。

⑳ 无如：不如，比不上。

㉑ 碗茗炉烟：炉中点着烟，碗中泡着茶，形容闲适自在的生活。

解读

闲暇的白天，人声寂静，听到几声悠扬清脆的鸟鸣声，不禁让人感到耳边格外清净透彻；宁静的夜晚，天空晴朗，看见一片白云在夜色中缓缓飘动，顿时令人觉得眼前特别空灵。

世上的事犹如棋盘局势，不参与的人才是高手；人的一生好似陶瓦盆罐，打破了才见真正空无。

龙如果可以喂养，那就不是真正的龙；虎如果可以被人轻易捕获，那就不是真正的虎。所以名利可以引诱贪图名利的人，必然不能笼络淡然无欲、不追求名利的人；鼎镬之祸可以落到那些追求恩宠利禄的人身上，必然不能加害那些超脱俗世、不追求名利的人。

看似闲适的富贵，费尽心机拼命争夺得来，虽有所得，失去的更多；长寿百年可享美好岁月，匆匆忙忙地荒度人生，纵然长寿，也如同早亡。

高官总是嫌平常人家地方偏僻，车马难至，不如饲养的鱼鸟能理解

菜根谭

人性、与人相亲；显贵喜欢攀附高贵的门庭，怎比得上黄莺和鲜花能超脱俗气。

红烛残尽，青春已逝，万种念想逐渐冷淡；黄粱梦醒，仕途无望，恍然释负身轻似云。

千年难遇的好东西，都比不上好书与好朋友；一生清闲自在地生活，就在碗中茶与炉中轻烟之中。

故事链接

天宝元年，李白被皇上下旨召进京城，多少年来的政治抱负终于有了实现的机会，自然高兴万分。在长安暂住、等待召见期间，李白有幸认识了大诗人、秘书监贺知章老先生。两人一见如故，李白拿出自己写的《蜀道难》请贺知章指教。贺知章读罢，惊叹不已，说："此诗真是惊风雨、泣鬼神啊！你莫非是天上下来的谪仙人？"

由于贺知章的举荐，唐玄宗亲自召见了李白，并封他为供奉翰林。见完皇上，还得去见宰相。当时的李林甫是个陷害忠良、阴险狠毒的奸臣，李白对他深恶痛绝，但又不得不去拜见他。于是，在求见李林甫时，李白自称为"海上钓鳌客"。

李林甫见李白出言不逊，心中不快，但又不好发作，便笑嘻嘻地问道："先生临沧海，钓巨鳌，但不知用什么作钩？用什么作线？"

李白冲口而出："用虹霓作线，明月为钩。"

"好，好，有气魄。线、钩都有了，但不知先生用什么作饵？"李林甫说。

"以天下无义气的男人为饵！"李白朗声答道。

李林甫听罢，不禁吸了口凉气，心想李白这不是在有意骂我吗？但他一时间一句话也说不出来。

闲适篇

李白好饮，这是大家都知道的。有一次，唐玄宗在勤政殿召李白起草征讨西蕃的诏书。恰好这时李白又喝得大醉。到了殿上，李白东倒西歪，勉强跪拜行礼，请求皇帝让他随便一些，方能写好诏书，玄宗只好答应。

李白洗完手脸，一边构思，一边摘掉帽子，脱下皮袍，抬腿就要上御榻，这才发现靴子还没脱。恰好此时高力士站在下边，李白坐在御榻边上把脚向高力士一伸，说："费心，请把靴子给我脱下。"

高力士怎么也没有想到李白会让他干这种事。高力士是皇帝身边的大太监，深得皇帝宠信，朝廷上下文武百官没有一个不怕他三分的。然而此时此刻，不知是被李白"谪仙人"的风度和气派震慑住了，还是他已习惯于当奴才了，居然下意识地乖乖替李白脱去双靴。李白随即挥笔疾书，代皇帝草拟完诏书，玄宗看罢龙颜大悦，而高力士却怀恨在心。

天宝三年春，厌倦了宫廷里这种颓靡生活的李白，不愿再与奸臣恶相周旋，于是自请还山，玄宗准奏。李白得以自由，从此饮酒赋诗，仗剑云游，足迹遍布大江南北。

诵诗读书 与圣贤晤语

蓬茅①下诵诗读书，日日与圣贤晤语②，谁云贫是病？樽罍③边幕天席地④，时时共造化氤氲⑤，孰谓非禅？

兴来醉倒落花前，天地即为衾枕⑥。机息⑦坐忘⑧磐石⑨上，古今尽属蜉蝣⑩。

昂藏⑪老鹤虽饥，饮啄⑫犹闲，肯同鸡鹜⑬之营营⑭而竞食？偃蹇⑮寒松纵老，丰标⑯自在，岂似桃李之灼灼⑰而争妍！

吾人适志⑱于花柳烂漫之时，得趣于笙⑲歌腾沸之处，乃是造化之幻境，人心之荡念⑳也。须从木落草枯之后，向声希味淡㉑之中，觅得一些消息㉒，才是乾坤的橐籥㉓，人物的根宗㉔。

静处观人事，即伊吕㉕之勋庸㉖、夷齐㉗之节义，无非大海浮沤㉘；闲中玩物情㉙，虽木石之偏枯㉚、鹿豕㉛之顽蠢，总是吾性真如㉜。

花开花谢春不管，拂意事休对人言；水暖水寒鱼自知，会心㉝处还期独赏。

> [!注释]
>
> ❶ 蓬茅：蓬草和茅草，这里指茅草屋。❷ 晤语：见面交谈。
> ❸ 樽罍：樽和罍都是古代盛酒器。
> ❹ 幕天席地：把天当幕，把地当席，形容心胸开阔。

⑤ 氤氲（yīn yūn）：烟雾弥漫的样子，气与光混合动荡的样子。

⑥ 衾（qīn）枕：被子和枕头。 ⑦ 机息：各种智巧机诈都停止。

⑧ 坐忘：平心静气，进入物我两忘的境界。

⑨ 磐（pán）石：大石头。

⑩ 蜉蝣（fú yóu）：一种寿命很短的小虫。古人常用以比喻人生的短促，时间的短暂。

⑪ 昂藏：神态轩昂的样子。 ⑫ 饮啄：饮水啄食。

⑬ 鸡鹜（wù）：鸡和鸭，比喻小人或平庸的人。

⑭ 营营：往来盘旋的样子。 ⑮ 偃蹇（yǎn jiǎn）：弯曲。

⑯ 丰标：丰满优美的风貌神态。 ⑰ 灼灼：色彩鲜艳的样子。

⑱ 适志：寄托自己的心志。 ⑲ 笙：管乐器名。

⑳ 荡念：放纵的欲望。 ㉑ 声希味淡：没有音乐，没有美食佳肴。

㉒ 消息：消长，增减，盛衰。

㉓ 橐籥（tuó yuè）：古代冶炼时用以鼓风吹火的风箱，比喻动力源泉。橐，外面的箱子。籥，送风管。

㉔ 根宗：根本的宗旨。

㉕ 伊吕：即伊尹与吕尚，并称伊吕，泛指辅弼重臣。

㉖ 勋庸：功勋与业绩。

㉗ 夷齐：伯夷与叔齐，商末孤竹君的两个儿子。

㉘ 浮沤：水面上的泡沫。因其易生易灭，常比喻变化无常的世事和短暂的生命。

㉙ 物情：事物的情态。 ㉚ 偏枯：残缺枯槁。 ㉛ 鹿豕：鹿和猪。

㉜ 真如：永恒常在的实体或实性。 ㉝ 会心：心领神会。

菜根谭

解读

茅草屋下诵读诗书，每天都能和古代圣贤对话交谈，谁能说贫穷是一种病呢？以天为幕，以地为席，举杯畅饮，时时都能和天地自然融为一体，谁能说醉酒不是静思悟道呢？

兴趣来了酣醉倒卧在飘落的花瓣面前，天地就是被子和枕头；独坐巨石，各种心机消失遗忘，看古往今来，不过都像蜉蝣小虫短命而逝。

神态轩昂的老鹤虽然饥饿，但在饮水啄食时还悠闲自得，怎肯像鸡鸭那样奔来奔去地争相啄食呢？枝干弯曲的寒松虽然苍老，但风貌神采依然优美潇洒，怎肯像桃李那样色彩鲜丽，争奇斗艳呢？

人们若是在花红柳绿、春光明媚的时候寄托自己的心志，在笙歌沸腾、歌舞并作的地方享受乐趣，这实是天地间的虚幻梦境，人心中的放荡邪念。所以人们必须在寒风凛冽、叶落草枯之后，从没有音乐、没有美食佳肴的处境中寻求一些做人的道理，这才是推动天地运转的动力源泉，人与事物生存的根源。

静下心来观察人与事，即使伊尹、吕尚那样的功勋伟绩，伯夷、叔齐那样的节操义行，也不过是大海中的泡沫；清闲之中玩味事物之情，虽是树木山石的偏斜枯败，鹿、猪的顽劣愚蠢，才是人的本性之所在。

花的开放与败落与春天没有关系，遇到不顺心意的事情不要对别人说；水的冷暖鱼儿自然知道，遇到心领神会的地方还望能独自赏玩。

故事链接

杜甫长期住在洛阳，对这儿的豪官富商勾心斗角的风气十分反感。可是，杜甫却在这儿遇到一位他的终身好友、伟大诗人李白。那时李白44岁，杜甫只有32岁。李白在京师受到高力士、杨玉环等人谗毁，很不得志。两人初见面，杜甫被李白的风采吸引住了。李白对杜甫的才华也很欣赏。当时，他们俩都对现实不满，因此一见如故。两人的志趣相同，时常在一起吟诗作赋，自得其乐。

那时候，社会上有一种求仙访道的风气。杜甫与李白相约结伴而行去寻找瑶草。两人渡过波涛汹涌的黄河，尽管路途艰险，但他们互助互爱，常常吟诗作句，以苦为乐。他们走到山上的小有清虚洞天，去参拜道士华盖君。可是华盖君已经死去。他们凄凉地望着寥廓的四野，尽管彼此心中有不尽怅然与失望，但他们都互相劝慰对方，最后不得不按原路回去。

这年秋天，他们和另一诗人高适遇在一起了。这三个朋友经常在城里的酒楼饮酒赋诗，各叙心中的愤懑，也谈论着当时的国事，讽刺唐玄宗的醉心声色。渐渐地，杜甫和李白更加了解对方，他们之间的关系更加密切了。不久，这三位朋友都先后离开长安，各奔前程。

第二年秋天，杜甫和李白又在兖州相遇。他们白天携手同行，寄情于山水之乐。晚上，常常一边饮酒，一边仔细讨论文学上的问题，有时喝得大醉，同床酣睡。他们两人共同度过一段美好的日子，彼此都从对方身上学到了许多宝贵的东西，学业上也有了很大的进步。

不久后，他们又分别了，怀着恋恋不舍的心情踏上人生的新路。杜甫在别后常常想起李白，回忆起往昔与李白在一起的快乐日子，便感慨地写了一首五律：

> 白也诗无敌，飘然思不群。清新庾开府，俊逸鲍参军。
> 渭北春天树，江东日暮云。何时一尊酒，重与细论文。

杜甫住在渭水之滨的长安，把自己比作春天的古树，把漫游江东的李白比作日暮的浮云，诗句充分表达了对远方朋友的思念。

| 菜根谭

闲观扑纸蝇　笑痴人自生障碍

闲观扑纸蝇①，笑痴人自生障碍②；静觇③竞巢鹊④，叹杰士空逞英雄。

看破有尽⑤身躯，万境之尘缘⑥自息；悟入无坏境界⑦，一轮之心月⑧独明。

土床石枕⑨冷家风，拥衾时魂梦亦爽；麦饭豆羹⑩淡滋味，放箸⑪处齿颊⑫犹⑬香。

谈纷华⑭而厌者，或见纷华而喜；语淡泊而欣⑮者，或处淡泊而厌。须扫除浓淡⑯之见，灭却欣厌之情，才可以忘纷华而甘淡泊也。

"鸟惊心""花溅泪"⑰，怀此热肝肠，如何领取⑱得冷风月⑲；"山写照""水传神"⑳，识吾真面目，方可摆脱得幻乾坤。

富贵得一世宠荣，到死时反增了一个恋字，如负重担；贫贱得一世清苦，到死时反脱了一个厌字，如释重枷㉑。人诚㉒想念㉓到此，当急回贪恋之首而猛㉔舒愁苦之眉矣。

> 注释

❶扑纸蝇：扑向捕蝇纸的苍蝇。❷障碍：佛家语，指烦恼。
❸觇（chān）：暗中察看。❹竞巢鹊：竞相筑巢的喜鹊。
❺有尽：有限。❻万境之尘缘：世上各种能使人产生欲念的缘由。

❼ 无怀境界：淳朴的境界。

❽ 一轮之心月：心中犹如有一轮明月。❾ 石枕：石制的枕头。

❿ 麦饭豆羹（gēng）：指粗劣食品，用来比喻生活水平低下。

⓫ 箸（zhù）：筷子。⓬ 齿颊：牙齿与腮颊。

⓭ 犹：还，仍然。⓮ 纷华：繁华热闹。

⓯ 欣：高兴。⓰ 浓淡：繁华与淡泊。

⓱ "鸟惊心""花溅泪"：听到鸟叫会心惊，见到花谢会落泪。语出唐杜甫《春望》。

⓲ 领取：得到，获得。⓳ 冷风月：淡泊恬静的风光。

⓴ "山写照""水传神"：写照传神，描绘出人和物的神韵和精神。出自《晋书·顾恺之传》。

㉑ 枷：枷锁。㉒ 诚：确实，的确。㉓ 想念：念头，想法。

㉔ 猛：急忙。

解读

悠闲地观看扑打纸窗的苍蝇，想那些愚痴的人自设障碍也很可笑；静静地观看竞抢窠巢的喜鹊，感叹那些杰出人士也是凭空自逗英雄。

看破有限的身体，各种尘世因缘自然息灭；悟到无坏的境界，心中犹如明月照耀，清澈敞亮。

土床石枕，家境虽然清贫，但睡着时梦里的灵魂也清爽；麦饭豆羹，滋味虽然清淡，但放下筷子时牙齿与腮颊仍留有余香。

谈及繁华而讨厌的人，或许真见到繁华时反而会欢喜；说起淡泊而高兴的人，或许真处于淡泊时反而会厌烦。所以人们必须除去对繁华与淡泊的见解，灭掉高兴与厌烦的情绪，这样，才可以忘掉繁华而甘心淡泊。

"感时花溅泪，恨别鸟惊心"，似此情感热烈，如何欣赏领悟冷风

菜根谭

月;用大山作人格写照,用清水作品德表白,自己若能做到这样,才可摆脱虚幻世界的迷惑。

富足尊贵获得一辈子的恩宠荣耀,到了死亡的时候反而增添了一个"恋"字,犹如担负着沉重的担子;贫穷卑贱得到一辈子的清贫困苦,到了死亡的时候反而摆脱了一个"厌"字,犹如释放了沉重的枷锁。人们如果真想拿到这些,应当及时回转贪恋的念头,猛然舒展愁苦的眉头了。

故事链接

裴侠生活在北魏孝文帝到西魏、北周时期。他原名裴协,因在战斗中身先士卒,冲锋陷阵而声名大振。为了嘉奖他,西魏文帝替他改了一个名字为"侠"。

裴侠所处的时代,战事连绵,政治腐败。做官的人,追求功名利禄,吃喝玩乐,而裴侠,仕途生涯几十年,却一贯勤俭朴素,从不为财物所诱。

裴侠憎恶贪官，清苦自守，住的是破屋漏房，吃的是粗茶淡饭。他晚年病重时，人们去探望他，见他仍住在不能防御风霜雨露的破房里，无不深深感动。

裴侠任河北郡守时，人们称他"躬履素俭，爱人如子，所食惟菽麦盐菜而已"。当地群众是很怀念他的。当时郡内有个规定，在郡内抽取渔猎夫30人，只供郡守役使，历任郡守都因此而大发其财。

可是，在裴侠上任郡守后，他立即废除这个规定，并把他们的劳动所得，日积月累，购买了成群的马匹，供郡内公事使用。他还采取措施，建立法规，整治贪官污吏。

对利用职权隐藏、贪污钱财的官吏，严格清查，从重处理。对自首认罪的，给予宽大处理。以后，人人畏法，贪污之风大大收敛。

裴侠有两个堂弟，一个叫裴伯凤，一个叫裴世秀，都在朝廷做官。他们见裴侠为官多年，家无余财，很不理解，曾劝他说："人生一世，草木一秋，功名利禄该享受的都要享受，像你这样清贫，不是自讨苦吃吗？"

裴侠听了严肃地说："清廉是做官的本分，节俭是立身的基础。我之所以清廉自守，并不是为了猎取美名，目的在于修身养性，同时也害怕有损前辈廉洁的清名啊！"一席话，说得两个堂弟非常惭愧，哑口无言。

裴侠节俭立身，两袖清风，他的事迹留下了美名，人们怀念他的恩惠，作词歌颂，广为传唱。西魏文帝对裴侠也是十分地钦佩，称赞他"清慎奉公，为天下之最"。裴侠获得了天下"独立使君"的美称。

菜根谭

人之有生　如太仓米

人之有生也，如太仓①之粒米，如灼目之电光，如悬崖之朽木，如逝海②之一波③。知此者如何不悲？如何不乐？如何看他不破而怀贪生④之虑？如何看他不重而贻⑤虚生⑥之羞？

鹬蚌相持⑦，兔犬共毙⑧，冷觑⑨来令人猛气全消；鸥凫共浴，鹿豕同眠，闲观去使我机心⑩顿息。

迷则乐境成苦海⑪，如水凝为冰；悟则苦海为乐境，犹冰涣⑫作水。可见苦乐无二境，迷悟非两心，只在一转念间耳。

遍阅人情，始识疏狂⑬之足贵；备尝⑭世味⑮，方知淡泊之为真。

地宽天高，尚觉鹏程⑯之窄小；云深松老，方知鹤梦⑰之悠闲。

两个空拳握古今，握住了还当放手；一条竹杖⑱挑风月⑲，挑到时也要息肩⑳。

注释

① 太仓：古代京师储存粮食的官仓。
② 逝海：流向大海。逝，逝去、流向。
③ 一波：一浪，亦以喻事端变化。
④ 贪生：过分眷恋生命，多含贬义。
⑤ 贻：遗留。

❻ 虚生：徒然活着，白活，也就是虚度一生。

❼ 鹬（yù）蚌（bàng）相持：比喻双方争执不下，两败俱伤，让第三者得到了好处。

❽ 兔犬共毙：比喻事情成功以后，把出过大力的人杀掉。语出《战国策》："兔极于前，犬废于后，犬兔俱罢，各死其处。"

❾ 觑（qù）：窥视，偷偷地看。

❿ 机心：机巧的心思，机巧功利之心。

⓫ 苦海：佛家语，比喻世俗，认为人间烦恼苦深如海。

⓬ 涣：融解。⓭ 疏狂：狂放不羁。⓮ 备尝：受尽，尝尽。

⓯ 世味：等同于世情，指人世间的滋味。

⓰ 鹏程：比喻前程远大。传说我国古代有一种鹏鸟，是一种名叫鲲的大鱼变成的。它的背长达几千里，一下子能飞越九万里的高空。⓱ 鹤梦：谓超凡脱俗的向往。

⓲ 竹杖：竹制的手杖。⓳ 风月：清风明月，指美好的景色。

⓴ 息肩：让肩头得到休息，比喻卸除责任或免除劳役，栖止休息，停止。

解读

人的生命，就好像大粮仓里的一粒米那般渺小，像耀眼的一道闪光那般短暂，像悬崖边上的朽木那般脆弱，像波涛汹涌大海里的波涛那般飘浮不定。明白这些道理的人，怎么能不悲哀？又怎么会不喜悦呢？为什么还要看不透人生的真谛而怀有贪恋生命的想法呢？又为什么不看重自己的生命而留下虚度光阴的羞耻呢？

鹬和蚌相争持渔人得利，兔子捕获了猎犬就被烹食，冷眼看这些，让人心灰意冷勇气全无；鸥鸟和野鸭子共同沐浴，鹿和猪一起睡眠，悠闲地

菜根谭

看它们和睦相处,争名夺利的心机顿时止息。

人如果执迷不悟,那么喜悦的境界也会变为痛苦的深渊,就像水凝结成冰一样;如果能清醒觉悟,那么即使身处痛苦的深渊也会变为快乐的境界,就像冰融化成水。由此可见,苦与乐本来就不是两种不同的境遇,迷与悟本来也不是两种不同的心境,其区别只在于念头转变的一瞬间。

经历了各种人情世故,才明白率性狂放十分珍贵;体验了各种人生滋味,才知道恬静淡泊最为真实。

知道了地宽广,天高远,才感到大鹏展翅的距离是多么的狭小;知道云深厚,松柏苍老,才明白仙鹤的梦是多么的悠闲。

两个空拳可以握住古今,但握住了还应当放下手歇歇心思;一条竹杖可以挑起风月,但挑到了也要停下来息息肩头。

故事链接

陶渊明,又名潜,字元亮,号"五柳先生",出身于没落仕宦家庭,大约生于365年。曾任江州祭酒,建威参军,镇军参军,彭泽县令等,做彭泽县令八十多天,因不喜欢对上司阿谀奉承便弃职而去,从此归隐田园。

陶渊明辞去官职,回归故里,过着"躬耕自资"的生活。夫人翟氏与他志同道合,安贫乐贱,"夫耕于前,妻锄于后",共同劳动,维持简朴生活。在《归园田居》《饮酒》等诗中,陶渊明对自己归隐后的生活作了描写:

白日掩柴扉,对酒绝尘想。
时复墟里人,披草共往来。
相见无杂言,但道桑麻长。

闲适篇

结庐在人境，而无车马喧。

问君何能尔，心远地自偏。

采菊东篱下，悠然见南山。

这些别人都瞧不上眼的、平凡的事物、乡间生活，在陶渊明的笔下却显得那样的优美、宁静、亲切。

从古至今，有很多人喜欢陶渊明固守寒庐，寄意田园，超凡脱俗的人生哲学，以及他淡薄渺远，恬静自然，无与伦比的艺术风格。

他辞官回乡二十二年一直过着贫困的田园生活，而固穷守节的志趣，老而益坚。元嘉四年（427年）九月中旬，他神志还清醒的时候，给自己写了《拟挽歌辞》三首，在第三首诗中末两句说："死去何所道，托体同山阿。"表明他对死亡看得平淡自然。

公元427年，陶渊明走完了他六十三年的生命历程，与世长辞。

飞翠落红　无非诗料

阶下几点飞翠①落红②,收拾来无非诗料③;窗前一片浮青映白,悟入处尽是禅机④。

忽睹天际彩云,常疑好事皆虚事;再观山中古木⑤,方信闲人是福人。

东海水曾闻无定⑥波,世事何须扼腕⑦?北邙山⑧未省留闲地⑨,人生且自⑩舒眉。

天地尚无停息,日月且有盈亏⑪,况区区人世能事事圆满而时时暇逸⑫乎?只是向忙里偷闲,遇缺处知足,则操纵⑬在我,作息自如,即造物不得与之论劳逸较亏盈矣!

"霜天闻鹤唳⑭,雪夜听鸡鸣",得乾坤清纯之气⑮;"晴空看鸟飞,活水⑯观鱼戏",识宇宙活泼之机。

闲烹山茗⑰听瓶声⑱,炉内识阴阳之理⑲;漫履楸枰⑳观局戏,手中悟生杀之机。

注释

① 翠:绿叶。② 红:红花。③ 诗料:写诗的素材。

④ 禅机:佛家语,领悟佛法的机缘。

⑤ 山中古木:比喻人生在世,才与不才皆受累,只有悠闲的人

才不为物所支使。

❻ 定：静止。❼ 扼腕：表示愤怒或者惋惜的情绪。

❽ 北邙（máng）山：在今河南洛阳东北。汉魏以来，王公贵族死后多葬于此。

❾ 未省留闲地：意思坟茔密布，看不到空地。比喻人都不免一死。

❿ 且自：暂且，只管。⓫ 盈亏：指日月的圆缺。

⓬ 暇逸：安闲舒适。⓭ 操纵：收与放，引申为控制、掌握。

⓮ 唳（lì）：鹤、雁等鸟高亢的鸣叫。

⓯ 清纯之气：干净纯洁的气息。⓰ 活水：有源头常流动的水。

⓱ 山茗：山茶。⓲ 瓶声：瓶内水沸声。

⓳ 阴阳之理：宇宙间阴阳变化运转的道理。阴，指瓶中之水。阳，指炉内之火。

⓴ 漫履楸枰（qiū píng）：漫不经心地下棋。漫，漫不经心。履，走，移动。楸枰，以楸木做的棋盘。

解读

台阶下飘落的几片绿叶，几朵红花，收拾起来无非是作诗的素材；窗前飘过的一片青云，一阵白雾，都是能感悟人心、领会禅理的机缘。

忽然看到天边的彩云，转眼间便飘然而去，由此常使人怀疑世上那些美好的事物都是虚幻的事物；再看山中的古树，因没有用处而得以保存下来，由此使人相信世上那些清闲的人才是有福的人。

东海之中，波澜起伏，从来没有静止不动的波浪，人世的事情也同样有不平，那么对待人世的事情何必常感到愤怒或惋惜呢？北邙山上，坟墓密集，已看不到空闲的地方，由此可知人生都不免一死，那么对待人生应该舒展眉头，乐观超脱。

天和地不停地运转永无止息，日和月有盈又有亏，较天地日月渺小的人世间怎能企求事事圆满时时安逸？只不过要学会忙里偷闲，遇到缺欠的地方知道满足，如此则能自我做主，自己调整劳作与休息，这样，即使造物主也不会计较你是辛劳还是安逸，是亏损还是盈满！

"霜天里听闻鹤的鸣叫，雪夜里听闻鸡的啼鸣"，此种境界可得天地清纯的气息；"晴空中观看鸟儿飞翔，流水中观赏鱼儿嬉戏"，此种境界可识天地活泼的生机。

安闲地煮山茶，听瓶中水沸之声，从水与火中认识到宇宙阴阳变化运转的道理；漫不经心地随着棋步的变化观看弈棋游戏，从下棋的手中感悟到世间生存与杀伐的动机。

故事链接

汉桓帝时，有个情愿过贫穷生活而不愿当官的人，他的名字叫范冉，字史云，是陈留郡外黄人。

汉桓帝曾派范冉到莱芜去做官，他因为母亲去世没有同意，可仍有些人称他为"范莱芜"。后来，朝廷又准备让他当官，范冉干脆躲藏起来。从此，他开始过着一种贫困的生活。

范冉的贫穷在当时是有名的。他经常断炊，炊具长期不用也不洗，以致"甑中生尘，釜中生鱼"。意思是甑里积了灰尘，锅里生了蠹鱼。而范冉对这些却并不在乎，总能泰然处之。因此，他的家乡流传着这样两句歌谣："甑中生尘范史云，釜中生鱼范莱芜。"

芳菲园林看蜂　觑破尘情世态

芳菲①园林看蜂忙，觑破几般②尘情世态；寂寞衡茅③观燕寝④，引起一种冷趣⑤幽思⑥。

会心不在远，得趣不在多。盆池拳石⑦间，便居然有万里山川之势，片言只语⑧内，便宛然见万古圣贤之心，才是高士的眼界，达人的胸襟。

心与竹俱空⑨，问是非何处安脚？貌偕松共瘦⑩，知忧喜无由⑪上眉。

趋炎⑫虽暖，暖后更觉寒威；食蔗⑬能甘，甘余便生苦趣。何似养志于清修而炎凉不涉，栖心⑮于淡泊而甘苦俱忘，其自得⑯为更多也。

席拥飞花落絮，坐林中锦绣团裀⑰；炉烹白雪清冰，熬⑱天上玲珑液髓⑲。

逸态闲情，惟期自尚⑳，何事㉑处修边幅㉒；清标㉓傲骨，不愿人怜，无劳㉔多买胭脂。

注释

① 芳菲：花草盛美。② 几般：几回，几种。
③ 衡茅：以横木为门，以茅草盖房，指简陋的房屋。
④ 燕寝：泛指闲居之处。
⑤ 冷趣：冷，清冷，指人的风神俊秀或心地清洁。
⑥ 幽思：深思，沉思。

菜根谭

⑦ 盆池拳石：如盆之地，如拳之石，比喻空间狭小。
⑧ 片言只语：零零碎碎的话语，形容语言文字数量极少。
⑨ 心与竹俱空：人心像竹子那样空虚而无杂念。
⑩ 貌偕松共瘦：容貌和松树一样清瘦。
⑪ 无由：没有门径，没有办法。⑫ 趋炎：喜暖，奔向火焰。
⑬ 蔗：甘蔗。⑭ 养志：保摄志气，指培养、保持不慕荣利的志向，多指隐居。
⑮ 栖心：寄心。⑯ 自得：从中得到的乐趣。
⑰ 锦绣团裀（yīn）：锦绣花纹色彩鲜艳的丝织品。
⑱ 熬：煎干，炒干。
⑲ 玲珑液髓（suǐ）：清澈的玉液。
⑳ 惟期自尚：只是希望自我欣赏。
㉑ 何事：为何，何故。
㉒ 边幅：本来指布帛的边缘，借以比喻人的仪表、衣着。
㉓ 清标：清高的神态。㉔ 无劳：犹无须，不烦。

解读

在花草芬芳的花园，只是观看忙碌采蜜的蜜蜂，也可以从中看破一些人情世态；在寂静冷清的茅屋，只是观看回巢栖息的燕子，也能让人产生一种清雅的情趣和深沉的幽思。

会心会意不在距离远近，获得情趣不在东西多少。一盆清水中置几块拳头大小的石头，就可以造出万里山川的气势，短短的几句话，就能看出万古圣贤的心怀，这才是高尚人士的眼界，通达事理之人的胸怀。

人心如果像竹子那样空虚而无杂念，请问是非能在何处落脚？思绪如同大山那样沉静安稳，可知忧虑与喜悦便不会在眉梢出现。

依附炎热虽能得到温暖，但得到温暖后更会感到寒冷的严厉；咬甘蔗虽能尝到甜味，但尝到甜味后便会产生苦涩的趣味。人们还不如在清静安闲中修养心志，而与炎热和寒冷都不相干，在恬静寡欲中安定心性，而将甘甜和苦涩皆忘掉。如能这样，人们自己从中得到的乐趣就更多了。

席地而坐身边满是飞花落絮，如同坐在山林中的锦绣褥垫上；用白雪清冰之水烹煮新茶，如同熬炼天上的玲珑液髓。

安逸的神态悠闲的心情，只是让自己崇尚满足，何必要处处修饰刻意打扮；清新的姿态高傲的风骨，并不希求别人的怜爱，无须涂脂抹粉。

故事链接

唐代孟浩然出生于一个传统的书香门第之家，"家世重儒风"，世代读诗和遵礼，总是以"君子当自强不息"为勉。孟浩然在词赋方面的造诣很高。

在40岁以前，孟浩然一直在襄阳砚山附近的涧南园过着隐居生活。后来上京投考落第，游吴越后他再度归隐，并投入修炼的生活中。除了晚年在朋友张九龄帐下做过几年官外，他的一生都是在隐居中度过的。

孟浩然特别喜欢山水，游览山水和陶冶性情，是他一生中生活的基本内容，他住的地方左右都是空旷的林野，听不到城里那种喧闹。他有时去林野北边的山涧旁钓一钓鱼，偶尔打开南面的窗户，听一听樵夫们打柴时的"樵唱"。

孟浩然把隐居过程中心里的想法写下来，找那些善于静思的朋友一起讨论；他过着神仙般的生活，在白云飘浮的山上，自我怡悦，登高望远，心境随着远飞的大雁渐入空寂。

菜根谭

天地景物 如山之空翠

　　天地景物，如山间之空翠①，水上之涟漪②，潭中之云影，草际之烟光③，月下之花容④，风中之柳态⑤。若有若无，半真半幻，最足以悦人心目而豁⑥人性灵⑦。真天地间一妙境⑧也。

　　"乐意相关禽对语⑨，生香不断树交花"，此是无彼无此得真机⑩。"野色更无山隔断，天光常与水相连"，此是彻上彻下得真境⑪。吾人时时以此景象注之心目，何患心思不活泼，气象⑫不宽平！

　　鹤唳、雪月、霜天、想见⑬屈大夫⑭醒时之激烈；鸥眠、春风、暖日，会知陶处士⑮醉里之风流。黄鸟⑯情多，常向梦中呼醉客；白云意懒，偏来僻处媚幽人⑰。

　　栖迟⑱蓬户⑲，耳目虽拘⑳而神情自旷㉑；结纳山翁㉒，仪文㉓虽略㉔而意念常真。满室清风满几㉕月，坐中㉖物物㉗见天心㉘；一溪流水一山云，行处㉙时时观妙道㉚。

注释

① 空翠：指青色的潮湿的雾气。② 涟漪：水面的微波。
③ 烟光：云霭雾气。
④ 花容：比喻女子美丽的容貌，亦借指女子面容。
⑤ 柳态：柳丝轻拂的媚人情态。⑥ 豁：开通，开启。

闲适篇

⑦ 性灵：内心世界，泛指精神、思想、情感等。
⑧ 妙境：绝妙的境界。
⑨ 乐意相关禽对语：意趣相投，禽鸟也会交谈。
⑩ 无彼无此得真机：不分你我的真机趣。
⑪ 彻上彻下得真境：上下贯通的真境界。
⑫ 气象：气度，气局。⑬ 想见：推想而知。
⑭ 屈大夫：指屈原，战国时楚人，又名平，为楚之上大夫，故称。⑮ 陶处士：指陶渊明。处士，本指有才德而隐居不仕的人，后亦泛指未做过官的士人。
⑯ 黄鸟：黄莺。
⑰ 幽人：隐士。⑱ 栖迟：隐居。
⑲ 蓬户：简陋的茅屋。⑳ 拘：受到局限。
㉑ 自旷：自，自然。旷，旷逸，谓心胸开阔，性情超脱。
㉒ 山翁：本意指晋山简，时人亦称山公。㉓ 仪文：礼节。
㉔ 略：粗疏。㉕ 几：矮而小的桌子。㉖ 坐中：座席之中。
㉗ 物物：各种物品，各样事物。㉘ 天心：天意。
㉙ 行处：随处，到处。㉚ 妙道：至道，精妙的道理。

解读

天地间的景物，比如山间谷地空旷中透出的青翠，水面上微风激起的波纹，水潭中倒映的云影，草丛边蒸腾的云烟，月光下依然娇艳的花容，清风中婀娜多姿的柳丝。这类景致似有似无，半真半幻，最能够愉悦人的心灵，让人感到心胸豁达。这真是天地间绝妙的境界。

"禽鸟相互鸣叫唱和，一副快乐景象；树木花枝交攀，散发出的香气连绵不断。"这是不分彼此而得真正的生机。"旷野景色无边，不受山岭

菜根谭

阻隔；天光映照在水面上，似是天水相连。"这是上下透彻而得真正的意趣。我们人类如果常常欣赏这类景致，怎会担心心情不开朗活泼，气度不宽宏大量！

野鹤清唳、雪夜明月、严霜天空，想象而知屈原大夫觉醒时的激昂猛烈；沙鸥休眠、春天和风、和暖日光，领会而知陶潜处士醉梦里的风流洒脱。黄鸟情多，常在树上啼叫，唤醒梦中的醉客；白云意懒，随风飘浮，偏要到边远的地方来讨好幽居的隐士。

隐居简陋的茅屋，耳目虽然受到局限，但神情自然开朗；结交山居的老翁，礼节虽然粗疏，但意念常常纯真。独坐室内，清爽的风吹满房间，月光洒满几案，此时看室内物件都尽显天意；野外漫步，一条山溪流过，又见山头漂浮薄云，漫步之中时时都会悟到精妙禅理。

故事链接

唐代诗人王维不仅诗写得好，画也画得好，他的诗往往诗中有画，他的画也往往画中有诗。王维晚年在终南山过着隐居生活，终日种花绘画，饮酒赋诗，往往喝得酩酊大醉这才开始提笔作画。

当地的太守是个不学无术的势利小人，听说王维隐居在山中，很想让王维为自己作幅画好挂在厅堂，卖弄一番风雅，但王维拒绝了。

几天后，王维收到山下张员外派人送来的大红请帖，请王维去赴宴。王维自从来到终南山后，常与张员外在一起谈古论今，有了几分交情，接到邀请，不便拒绝，就如期下山去赴宴了。

王维来到张员外家门口，见张员外陪着太守和师爷出来迎接他，心中有点不快，但也不好说什么，只好将就着喝起酒来。酒过三巡，菜过五味，王维已有了三分醉意，脑海中闪出一幅幅画儿来，急得他甩手。张员外知道王维的这个习惯,便把他让到客厅的套间里。

一进房间,看见桌上铺好的纸和磨好的墨,王维作画的兴致更浓了,正当他抓过大笔就要动手画时,猛然想起太守曾求他作画的事。他想,莫非今天是赚我给太守画画吗?当他看到室内白墙如粉,洁净照人,就决定把画画在墙上。只当是给张员外作幅画,谁也休想拿走。

在墙上作画,手中的笔显得太小。他索性脱下一只布鞋,饱蘸浓墨,在墙上抹了起来。不大一会儿,就作好了,他也没去向张员外告别,径直回山上去了。

张员外陪太守、师爷进来后,发现桌上的纸上并无墨迹,可墨却差不多用完了,正诧异间,猛然看见墙上有幅绝妙的画:一弯新月发出柔和的光,照着一条小溪;小溪边有架葡萄,枝条左缠右绕,杂而不乱,一串串葡萄又肥又大,水灵灵的,馋得人直流口水。

太守和师爷原想用一桌酒席就换来一幅王维的画,不想画是有了,可画在墙上无法拿走,气得太守双手打颤,差一点失足摔倒。

菜根谭

炮凤烹龙　与齑盐无异

炮凤烹龙①，放箸时与齑盐②无异；悬金佩玉，成灰处共瓦砾③何殊。

"扫地白云来④"，才着工夫便起障⑤。"凿池⑥明月入"，能空⑦境界自生明⑧。

造化⑨唤作小儿，切莫受渠⑩戏弄；天地丸⑪为大块⑫，须要任我炉锤⑬。

想到白骨黄泉⑭，壮士之肝肠自冷；坐老清溪碧嶂⑮，俗流⑯之胸次⑰亦闲。

夜眠八尺⑱，日啖⑲二升，何须百般计较；书读五车⑳，才分㉑八斗㉒，未闻一日清闲。

注释

❶ 炮凤烹龙：炮，烧。烹，煮。形容菜肴极为丰盛、珍奇。

❷ 齑（jī）盐：切碎的咸菜和盐。齑，捣碎的姜、蒜、韭菜。

❸ 瓦砾：破碎的砖头瓦片，比喻无价值的东西，形容荒废颓败的景象。

❹ 扫地白云来：刚扫干净地面，白云就飘了过来。

❺ 起障：产生障碍。❻ 凿池：开凿池塘。

❼ 能空：这里指能保持境界的虚幻。

⑧ 自生明：自然产生智慧。⑨ 造化：天地、自然、命运。
⑩ 渠：他。⑪ 丸：捏，抟。⑫ 大块：大自然，大地。
⑬ 炉锤：锤炼。⑭ 黄泉：指葬身之地。
⑮ 碧嶂，青绿色如屏障的山峰。⑯ 俗流：指庸俗之辈。
⑰ 胸次：胸间，亦指胸怀。⑱ 八尺：指八尺之床。
⑲ 啖（dàn）：吃饭。⑳ 五车：形容读书多，学问渊博。
㉑ 才分：才能，天资。㉒ 八斗：比喻高才。

解读

即使烹炒龙凤而食，放下筷子之后也觉与粗茶淡饭没什么差异；生前悬金佩玉好风光，死后化作灰烬，这些金玉同瓦砾又有何区别？

扫地时，若有一缕阳光照进来，便能够看到尘埃飞起，就像白云骤起，才下点工夫马上又产生了新障碍。在地上凿个水池，皓月当空时，便可以在池子里看到月亮。能保持境界的虚幻，自然会产生智慧。

命运被人称作喜怒无常的孩子，千万不要被他戏弄；把天地捏成一个大土块，究竟该是什么样子，可以任我们锤炼。

总想着死后白骨黄泉景象，即使壮士也会心灰意冷；面对绿水青山长坐修持，即使庸俗之辈也会终有所悟心胸豁达。

夜晚睡觉八尺床，白天吃饭二升米，这些何必百般计较；勤奋读书超五车，才分过人达八斗，这些人却又不肯得享一日清闲。

故事链接

东汉时代有个叫梁鸿的读书人，字伯鸾，是太学的学生，博学多才；学成以后，因为家贫，在上林苑里养猪为业，但为人很有志气。不久，梁鸿的名气大起来，一些有钱人愿意将他招为女婿，他全都拒绝了。

菜根谭

同县有一个姓孟的富家女儿,生得又丑又黑,力气却大得惊人。虽然她相貌丑陋,却有古代女子所应具备的美德,所以仍有很多人向她求婚,但她不肯随便嫁人。一直到30岁,父母问她对自己的婚姻大事有什么打算,她说:"要我嫁人,除非像梁伯鸾这样的人才合我的心意。"

梁鸿听说了,倒很有知己之感,就把她娶了回来。但婚后七天梁鸿一直不肯理睬她,因她仍然穿着绫罗,一派富家小姐的装束。妻子知道以后,脱下绫罗,穿上粗布衣服,辛勤劳作。

这时,梁鸿才高兴地说:"这样才真正是梁鸿的好妻子。"

两人先隐居在霸陵的深山里面,丈夫耕地,妻子织布。梁鸿每次干完活回家,他的妻子预备了饭食,总是恭恭敬敬把饭盘举得齐着眉毛送给他吃,梁鸿对他的妻子也非常尊重。空闲下来,他们就在一起读书弹琴,你敬我爱,过着幸福愉快的生活。

概 论 篇

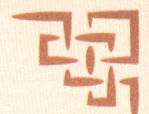

  本篇"概论"是指人生的大总结。人生老矣,面对过去的工作、学习或思想情况等进行回顾、分析,并做出客观评价。对已走过的人生进行回顾、分析,并提到理论高度,肯定已取得的成绩,指出应汲取的教训,使自己活得明明白白,也会感觉没有枉此一生。

  生命属于每个人的只有一次,但是对于人生这并不是最主要的,最主要的是如何享受生命,享受这个过程。人这一生既不能被功名所伤,也不能为情利所困,更不能糊里糊涂过一生。人要想得开,看得开,无论任何,都要坦然面对,一切顺其自然。宠辱不惊看庭前花开花落,去留无意望天上云卷云舒。

  人生,走过山山水水,脚下高高低低,经历了风风雨雨,要把人生看得清清楚楚。重要是开开心心,活得明白。没活明白的人,往往一生浑浑噩噩,糊里糊涂,自以为聪明,待蓦然回首,却发现一切已经过去,幡然悔悟已无济于事。活得明白的人,往往通晓世事,大智若愚,积极进取,又藏巧于拙,人生事业有成,能独善其身,淡泊明志,荣辱不惊。

菜根谭

君子之心事　天青日白

君子之心事①，天青日白②，不可使人不知；君子之才华，玉韫珠藏③，不可使人易知。

耳中常闻逆耳④之言，心中常有拂心之事，才是进德⑤修行的砥石⑥。若言言悦耳，事事快心，便把此生埋在鸩毒⑦中矣。

疾风怒雨，禽鸟戚戚；霁⑧月光风，草木欣欣，可见天地不可一日无和气，人心不可一日无喜神⑨。

醲⑩肥⑪辛甘非真味，真味⑫只是淡；神奇卓异⑬非至人⑭，至人只是常。

夜深人静独坐观心⑮；始知妄穷⑯而真独露⑰，每于此中得大机趣⑱；既觉真现而妄难逃，又于此中得大惭忸⑲。

恩里由来生害，故快意时须早回头；败后或反成功，故拂心处切莫放手。

藜口苋肠⑳者，多冰清玉洁；衮衣玉食㉑者，甘婢膝奴颜㉒。盖志以淡泊明，而节从肥甘㉓丧矣。

注释

① 心事：心中所思念或期望的事。
② 天青日白：青天白日，比喻君子心胸坦荡。

③ 玉韫（yùn）珠藏：像收藏珠玉宝物那样收藏才华。

④ 逆耳：刺耳难听。⑤ 进德：增进道德。⑥ 砥石：磨刀石。

⑦ 鸩（zhèn）毒：毒酒。⑧ 霁：雨后天晴。

⑨ 喜神：吉祥喜庆的神，这里指人心神愉悦的样子。

⑩ 醲（nóng）：这里指酒味醇厚。⑪ 肥：肥美的食物。

⑫ 真味：真正的美味。⑬ 卓异：突出，出众。

⑭ 至人：道家指超凡脱俗，达到无我境界的人。

⑮ 观心：观察心性，指自我反省。

⑯ 妄穷：虚妄的念头消失。妄，虚妄。

⑰ 真独露：本真显现。⑱ 机趣：事物变化的乐趣。

⑲ 惭忸（niǔ）：惭愧，不好意思。

⑳ 藜（lí）口苋肠：指吃粗茶淡饭。藜，一种植物，嫩苗可蒸煮吃。苋，也是一种植物，茎叶可食。

㉑ 衮（gǔn）衣玉食：指权贵。衮衣是古代帝王所穿的龙服，此处比喻华服。

㉒ 婢膝奴颜：也作奴颜婢膝，比喻自甘堕落而没骨气的人。

㉓ 肥甘：美味，比喻物质享受。

解读

君子的心地光明磊落，日月可鉴，没有不可以告人的事；君子不会轻易显露才华，而是把才华像珍藏珍珠美玉一般深藏不露。

一个人如果能经常听些不中听的话，经常想些不如意的事，这才算是修炼德行有益身心的好教训。假如每句话都很中听，每件事都很顺心，那就等于把自己的一生葬送在毒药中了。

在狂风骤雨的天气中，飞禽都感到哀伤；在晴空万里的日子里，草木

菜根谭

都欣欣向荣。所以，天地之间不可一天没有祥和之气，人间不可一天没有欢乐之气。

夜深人静，独坐省察内心，才发现自己的妄念全消而真心流露，当此真心流露之际，皓月当空、精神舒畅，感觉体会到了毫无杂念的细微境界；然而已经感到真心偏偏难以全消妄念，于是心灵上会感觉不安，在此中感到悔悟的意念。

在受到恩惠时往往会招来祸害，所以在得意的时候要早回头；遇到失败挫折或许反而有助于成功，所以在不顺心的时候，不要轻易放弃追求。

醉心于粗茶淡饭的人像水一般清纯、玉一般洁白；讲究锦衣玉食的人甘愿作出卑躬屈膝的奴才面孔。一个人的志气往往在清心寡欲中表现出来，而一个人的节操常常在贪图享受中丧失殆尽。

故事链接

东汉时期，扶风有个人叫马融。他年轻时跟着当时很有声望的挚恂学习。挚恂有个女儿，名叫碧玉，一天，她提出要和马融比比学问，两人便一起来到挚恂面前。

挚恂在地上写了句"一牛生两尾"的字谜叫他们猜。马融半天想不出，但碧玉却不假思索地在地上写了个"失"字。融不服，要求再出一谜。挚恂又在地上写了"牛嫌天热不出头"。

马融冥思苦想后抢着说："是'伏'字。"

挚恂摇摇头。碧玉不慌不忙地在地上写了个"午"字，挚恂微笑着点点头。马融心里很不是滋味，要求再考一次。

于是，挚恂又出了个题：有一个妇女，在兵荒马乱时与丈夫、孩子走散，寄宿在庵堂里。一天晚上，她做了一个梦，梦见庵内尼姑让她推磨磨麦子。这位妇女累得浑身无力，越想越伤心，就跳河寻死了。这时河中荷花花瓣全部落下。这个梦该怎样解释呢?

马融好半天才硬着头皮说:"恐怕是妇女思念丈夫、孩子心切,精神有毛病了吧。"

挚恂很生气,严厉地瞪了马融一眼,转身叫女儿回答。碧玉想了想:"磨麦,可见夫面,莲花落瓣,则可见子,妇女此梦,当和丈夫、孩子重逢。"

三个题目,马融都没有回答对,他一气之下,独自一人来到仙游寺旁,劈石筑室,发奋读书。从此,他的才思更加敏捷,写起文章来妙笔生花,成了名噪一时的通儒,挚恂见马融才华出众,便把碧玉嫁给了他。

菜根谭

面前田地要放宽

面前的田地①要放得宽，使人无不平之叹②；身后③的惠泽④要流得长，使人有不匮之思⑤。

路径⑥窄处，留一步与人行；滋味浓的，减三分让人食。此是涉世一极乐法。

作人⑦无甚高远的事业，摆脱得俗情⑧便入名流⑨；为学无甚增益⑩的功夫，减除得物累⑪，便臻圣境⑫。

宠利⑬毋居人前，德业⑭毋落人后；受享⑮毋逾分外⑯，修为毋减分中⑰。

处世让一步为高，退步即进步的张本⑱；待人宽一分是福，利人实利己的根基。

盖世⑲功劳，当不得⑳一个矜㉑字；弥天㉒罪过，当不过一个悔字。

完名美节不宜独任，分些与人可以远害全身㉓；辱行污名㉔不宜全推，引些归己可以韬光㉕养德。

注释

① 田地：耕种的土地。这里指心田、心胸。
② 不平之叹：对事情有不平之感时发出的怨言。
③ 身后：死后。④ 惠泽：恩泽，德泽。

❺ 不匮之思：无穷无尽的思念。匮，缺乏，穷尽。

❻ 路径：道路。❼ 作人：做人，指立身行事。

❽ 俗情：世俗的情感，不高尚或不高雅的情态。

❾ 名流：知名人士，名士之辈。❿ 增益：增加，积累。

⓫ 物累：心遭受到外物等欲望的干扰。

⓬ 臻（zhēn）圣境：达到至高无上的境界。臻，达到。

⓭ 宠利：恩宠与利禄。⓮ 德业：德行与功业。

⓯ 受享：享受，享用。⓰ 分外：本分以外。⓱ 分中：分内。

⓲ 张本：强大、扩大的基础、根本，指为事态的发展预先做的安排、准备。

⓳ 盖世：指压倒当世。⓴ 当不得：禁不住，拗不过。

㉑ 矜（jīn）：自负、骄傲自大。

㉒ 弥天：满天、滔天，极言其大。

㉓ 远害全身：远离祸事，保全自身。

㉔ 辱行污名：耻辱的行为和坏的名声。

㉕ 韬光：敛藏光采，隐藏才华。韬，隐藏、隐蔽。

解读

目光看得远点，心地放得宽点，才能使别人没有不平的感叹；活着的时候多做好事，死后给人留下的恩惠德泽就会如水流不息，使人永远怀念。

在道路狭窄的地方走路，要留一步给别人行走；当享受美味佳肴的时候，要分出三成给别人食用。这是人生在世得到最大快乐的一种好方法。

做人不一定都要做顶天立地的大事，如果摆脱了世俗的观念，便可加入名士的行列；做学问也没有什么增加才华智慧的办法，心里到了不受外

菜根谭

界诱惑的地步，便可以达到最高思想的境界。

功名利禄不要抢在别人的前面，自身德行和事业不要落在别人后面；享受生活不要超过自身的承受能力，修养身心，陶冶情操应该努力去做，不可以偷懒。

为人处世谦让一些为妙，退步是为进步创造条件；待人宽厚是自己的福气，乍一看有利于别人，实际上是为自己打下了获得别人尊敬的基础。

世间最伟大的丰功伟绩，也承受不了一个骄矜的"矜"字所起的抵消作用；即使犯了滔天大罪，只要能做到一个懊悔的"悔"字，就能赎回以前的过错。

完美的名气和节操，不要一个人独占，需要分一些给旁人，这样才不会惹起他人的怨恨而招来灾害；不论如何耻辱的行为和名声，也不可完全推到他人身上，自己一定要承担几分，这样才能掩藏自己的才智而多一些修养。

故事链接

子思是孔子的孙子，曾子的学生。有一次，子思到卫国去做客。他看到卫侯在说话或处理事情时不管对不对，他的群臣都异口同声地附和。

于是，子思就对他的学生公丘懿子说："我看卫国可真算是'君不君，臣不臣'了。"

公丘懿子说："您为什么这样说呢？"

子思说："当人君的如果不谦虚，认为自己一贯正确，那么别人就是有再好的意见、再好的办法，他也听不进去。即使事情办得对，也应当听听别人的意见，何况是让别人称赞自己做坏事、助长自己作恶呢！"

子思又说："凡事如果自己不考虑是非，只是乐意让别人称赞自己，这样的人再没有什么人比他更糊涂的了。听别人的话如果不考虑有没有道理，只是随声附和，一味阿谀奉承，这样的人，再也没有比他更无耻的了。当国君的糊涂，当人臣的无耻，这怎么能领导百姓呢？我得找时间和卫侯谈谈。"

有一天，子思见到了卫侯，对卫侯说："您国家的风气应当改变，否则的话，您的国家将要每况愈下了。"

卫侯惊讶地说："您说说，是什么原因呢？"

子思说："您察觉到没有，您说出话来，自己认为是对的，您的卿大夫没有敢矫正其中不对的地方的。您的卿大夫说出话来，也都认为自己对，而那些士人和百姓没有敢矫正其中不对的。这样一来，你们当君的、当臣的都已经自命是贤明的人了，下边的群众也随声附和。赞扬、顺从的人，就会得到好处；矫正、不顺从的人，就会有祸患。像这样，您想想，好事从哪儿能生出来呢？"

卫侯听完子思的话，起来说："谢谢先生的教导，我今后一定谦虚谨慎，以礼待人，改变风气。"

事留有余　造物不忌

事事要留个有余①，便造物②不能忌③我，鬼神不能损我；若业必求满，功必求盈④者，不生内变，必召外忧⑤。

家庭有个真佛⑥，日用⑦有种真道，人能诚心和气，愉色⑧婉言，使父母兄弟间形骸两释⑨，意气交流⑩，胜于调息观心⑪万倍矣。

攻⑫人之恶⑬毋⑭太严，要思其堪受⑮；教人以善毋过高，当使其可从⑯。

粪虫⑰至秽，变为蝉而饮露⑱于秋风；腐草无光，化为萤⑲而耀采于夏月。因知洁常自污出，明每从晦生也。

矜高倨傲⑳，无非客气，降服得客气㉑下，而后正气伸；情欲意识，尽属妄心㉒，消杀得妄心尽，而后真心现。

饱后思味，则浓淡之境都消；色后思淫，则男女之见尽绝。故人当以事后之悔悟㉓，破临事之痴迷㉔，则性定㉕而动无不正。

注释

① 有余：有剩余，超过足够的程度。
② 造物：又称造物主和造物者，指创造万物的神，大自然。
③ 忌：憎恨。④ 求盈：追求完满。
⑤ 外忧：外来的攻讦、忌恨，外患。

⑥ 真佛：真正的佛，此当信仰讲。⑦ 日用：日常，平时。

⑧ 愉色：脸上的快乐神色。

⑨ 形骸两释：人我之间没有身体外形的对立，即人与人之间和睦相处。

⑩ 意气交流：彼此的意态和气概互相了解、互相影响。

⑪ 调息观心：取静坐和坐禅调理呼吸，保持内部肌体运转自如的意思。

⑫ 攻：责备、指责。⑬ 恶：缺点、过失。⑭ 毋：不要。

⑮ 堪受：能够忍受。堪，能承当或忍受。⑯ 可从：可以听。

⑰ 粪虫：粪土中所生的蛆虫，这里指能蜕化成蝉的蛣蜣。

⑱ 饮露：蝉饮露水。古时以为高洁的象征。

⑲ 化为萤：腐草能化为萤火虫是传统说法。

⑳ 矜高倨傲：矜持傲慢，自夸自大。

㉑ 客气：虚夸浮泛，言行虚矫。㉒ 妄心：狂乱、虚妄的心。

㉓ 悔悟：对自己行为后悔并从中受到一定教训和启示，醒悟改过。

㉔ 痴迷：沉迷不悟。㉕ 性定：本性安定，把持得住。

解读

不论做任何事都要留点儿余地，这样即便是造物者也不会妒忌我，鬼神也不会伤害我。假如一切事业都要求达到尽善尽美的地步，一切功劳都想达到登峰造极的境界，即使不为此而发生内乱，也必然为此而招致外患。

家庭里应该有一位明白人当家，处理日常事情应该讲道理，使每个家庭成员都能做到内心诚实、态度和蔼、神情愉悦、语言文雅，使父母兄弟

菜根谭

之间和睦融洽、亲密无间，感情像水乳交融那样，这样便可胜过坐禅修炼身心千万倍了。

批评别人的错误不要太严厉，要想一想对方是否能够接受；教导别人做好事要求不要太高，应当使他能够做得到。

粪土里的虫化为蝉而饮秋天洁净的露水；腐败的野草孕育成萤火虫在月色中发出光彩。由此而知，洁净的东西常常从污秽中产生，明亮的事物常常在黑暗中出现。

骄矜高傲是因为受外来虚矫言行的影响，只要把这种外来虚矫言行消除后，光明正大的气概才会出现；一个人的所有欲望和想象，都是由于虚幻无常的妄心所造成的，只要能消除这种虚幻无常的妄心，善良的本性就会显现出来。

酒足饭饱之后再回想美酒佳肴的味道，浓淡滋味已无处寻觅。交欢之后再回想淫邪之事，那种男欢女爱的念头已经荡然无存。如果事后能经常这样思考，就能破除做事之前对它的痴迷，那么心性就能得定，一切行为自然都中正。

故事链接

中山君是战国时期一个小国的国君。有一次，他为了拉拢士大夫，巩固他的统治地位，便请在国都住的士大夫来参加宴会。

其中，有个叫司马子期的士大夫也应邀赴宴。酒过三巡，上羊肉汤了，每人一碗，唯独到司马子期座前，羊肉汤没有了。司马子期坐在席间，觉得很难堪，于是大为恼怒，退席而走，投奔楚国，劝楚王讨伐中山君，自己做楚王的向导。

楚兵一到，中山君匆匆逃跑了。在仓皇逃跑途中，有两个手持武器的人，紧紧跟随中山君左右保护着他。中山君并不认识这两个人，就问：

"你是什么人,为什么要保护我呢?"

这两个人回答说:"大王您还记得吗?有一年夏天,麦子歉收,我们的父亲饿得躺在大路旁的桑树下边,眼睛都睁不开,马上就要死了。这时您从这儿路过,看到我们父亲的惨状,赶紧下车拿出一壶稀饭,很有礼貌地给父亲喝了,父亲才免于饿死。后来父亲在临终时嘱咐我兄弟说:'中山君救我一命,你们俩要记住,在中山君有难时,一定要以死守卫中山君。'我们俩要与您共患难啊!"

中山君听完后,仰天叹息说:"给予人家的东西不论多少,主要是在他真正有困难的时候。失礼得罪人,怨恨不在深浅,在于使人伤心啊。我因为一碗羊肉汤失礼了,结果失掉了国家;因为一壶稀饭救了一个人,在危难之时得到了以死相报的两个人啊。"

居轩冕　不可无山林气味

居轩冕①之中，不可无山林的气味②；处林泉③之下，须要怀廊庙④的经纶⑤。

处世不必邀⑥功，无过便是功；与人⑦不要感德⑧，无怨便是德。

忧勤⑨是美德，太苦则无以⑩适性怡情⑪；淡泊是高风⑫，太枯⑬则无以济人利物⑭。

事穷势蹙⑮之人，当原其初心；功成行满⑯之士，要观其末路。

富贵家宜宽厚，而反忌刻⑰，是富贵而贫贱其行矣，如何能享？聪明人宜敛藏⑱，而反炫耀，是聪明而愚懵⑲其病矣，如何不败？

人情反覆⑳，世路㉑崎岖。行不去㉒，须知退一步之法；行得去，务加让三分之功。待小人㉓不难于严，而难于不恶；待君子不难于恭，而难于有礼。

注释

❶ 轩冕：古时大夫以上官员的车乘和冕服。古时大夫以上的官吏，每当出门时都要穿礼服坐马车，马车就是轩，礼服就是冕，比喻高官。

❷ 气味：比喻意趣或情调。

❸ 林泉：山林与泉石，指幽静宜于隐居的地方。

④ 廊庙：殿下屋和太庙。比喻在朝从政做官，能担负国家重任者，有参政的心愿。

⑤ 经纶：整理过的蚕丝，比喻筹划治理国家大事。

⑥ 邀：求取。⑦ 与人：施恩于人。⑧ 感德：感激他人恩德。

⑨ 忧勤：忧愁而劳苦，费心尽力地去做事。

⑩ 无以：没有什么可以拿来，无从。

⑪ 适性怡情：使心情快乐舒畅。⑫ 高风：高卓的风范。

⑬ 枯：树木失去生机为枯。这里含有不近人情的意思。

⑭ 济人利物：帮助别人，益于万物。

⑮ 势蹙（cù）：势态紧迫。意指穷途末路。

⑯ 功成行满：事业有所成就，一切都如意圆满。

⑰ 忌刻：刻薄不厚道。忌，猜疑、嫉妒。刻，刻薄。

⑱ 敛藏：隐藏起来。敛，收，敛束。

⑲ 愚懵（měng）：亦作"愚瞢"，愚昧不明。

⑳ 人情反覆：也叫"反复"，是指人的情绪欲望反复变化无常。㉑ 世路：人世间的道路。指人们一生处世行事的历程。

㉒ 行不去：行不通。

㉓ 小人：泛指无知的人，此处指品行不端的坏人。

解读

身居朝廷要职，不能没有住在山林的闲情逸趣；居住在清泉山林之中，必须常怀忧国忧民的大计。

为人处世不必想方设法去追逐名利，只要不犯错误就是功劳；施舍恩惠给别人不必要求对方感恩，只要别人不怨恨自己，就是最好的回报。

全心全意做事是一种良好的品德，但是假如过分认真而使心力交瘁，

菜根谭

就会使精神受到折磨而丧失生活乐趣；把功名利禄都看得很淡本来是一种高风亮节的情操，但是如果过分清心寡欲，对整个社会以及整个人类也就不会有什么贡献了。

事业失败、运势穷迫的人，应该检查一下开始的想法，找出失败的原因；事业成功、万事顺利的人，应当认真审视一下事情发展的结局，用来避免灾祸。

富贵的家庭本应当宽容厚道，然而常常待人虚伪刻薄，这真是身在福中不知福，他的行为比乞丐沿街乞讨还要下贱，这样又如何能享受到富贵呢？聪明的人本应该收敛自己的聪明才智，然而常常到处炫耀，这真是聪明反被聪明误，其做法比愚蠢的人还要愚蠢，这样又怎么能不失败呢？

人情冷暖是变化无常的，人生道路是崎岖不平的。当遇到走不了的路时，必须明白退一步的做人方法；事业一帆风顺时，要有把好处让三分给他人的胸襟。对待品行不端的人，严厉地指责他的不正派行为并不困难，难的是仅憎恨其不正派的行为而不憎恨这种人；对待有修养的君子，难的不是谦逊恭敬，而是既要谦逊恭敬，又不失礼节。

故事链接

春秋时期有个人叫钟无盐，本名钟离春，生于河北无盐，以见识高远而著名。无盐相貌丑陋，她稀疏的黄发高挽头顶，大额头，深眼窝，高鼻梁，还有两颗嘴唇掩不住的大门牙。她年过四十，还流离失所，无容身之处。

这天，无盐鼓足勇气，前往临淄求见齐宣王。无盐见到齐宣王，大声地说："倾慕大王美德，愿执箕帚，听从差遣！"

齐宣王见了无盐，禁不住哈哈大笑。

无盐一本正经地说："大王，你太危险了，太危险了。"

齐宣王令她说说为什么。无盐抬眼四顾，咬牙切齿，挥手抚膝。大家都愣了，不解何意。

无盐说："抬眼四顾是看四周烽火，自孙膑用兵魏国以来，大王却忘了秦兵不日必出函谷关；咬牙切齿是代王张口纳言，不绝谏阻之路，诸大臣屡次觐见而不能用，齐国必亡；挥手是代大王去除小人；抚膝是代大王拆除奢靡的渐台。大王啊，不深谋远虑，齐国何以强大？人民何以为安？无盐言尽，得罪大王，愿正死以明天下。"

齐宣王听后大吃一惊，立即娶了无盐，并把她立为王后。在无盐的指教之下，齐宣王下令拆除渐台，罢去女乐，斥退小人，摒弃浮华，励精图治。后来任用田忌、孙膑等大将，齐国成为实力最强的"千乘之国"，国都临淄成了战国时期的文化中心。

宁守浑噩而黜聪明

宁守浑噩[1]而黜[2]聪明，留些正气还天地；宁谢[3]纷华而甘淡泊，遗个清名在乾坤。

降魔者先降其心，心伏则群魔退听；驭横[4]者先驭其气，气平则外横不侵。

教子弟如养闺女，最要严出入、谨交游[5]。若一接近匪人[6]，是清净田中下一不净的种子，便终身难植嘉禾[7]矣。

欲路上事[8]，毋乐其便而姑[9]为染指[10]，一染指便深入万仞[11]；理路[12]上事，毋惮[13]其难而稍为退步，一退步便远隔千山。

念头浓者自待[14]厚，待人亦厚，处处皆厚；念头淡[15]者自待薄，待人亦薄，事事皆薄。故君子居常[16]嗜好，不可太浓艳，亦不宜太枯寂[17]。

彼富我仁，彼爵[18]我义，君子故不为君相所牢笼[19]；人定胜天，志一动气[20]，君子亦不受造化之陶铸[21]。

立身[22]不高一步立，如尘里振衣[23]，泥中濯足[24]，如何超达？处世不退一步处，如飞蛾投烛，羝羊触藩[25]，如何安乐？

注释

[1] 浑噩：浑厚朴实。[2] 黜（chù）：抛弃。[3] 谢：推辞，不要。
[4] 驭横：驭，驭制，驾驭控制。横，横逆，横暴不顺理。控制

强横无理的外物。

⑤ 交游：交往。⑥ 匪人：行为不端正的人。

⑦ 嘉禾：生长奇异的禾，古人以之为吉祥的征兆。

⑧ 欲路上事：有关欲望的事情。⑨ 姑：姑且、暂且。

⑩ 染指：比喻窃取自己不应得到的东西。

⑪ 万仞：仞，古时以八尺为一仞。万仞，是形容非常深。

⑫ 理路：指研习理学的道路。⑬ 惮（dàn）：畏惧，害怕的意思。

⑭ 自待：看待自己。⑮ 淡：浅薄。⑯ 居常：日常生活。

⑰ 枯寂：寂寞到极点之意，此处为吝啬的意思。

⑱ 爵：爵位，此处当高官厚禄讲。⑲ 牢笼：约束、限制。

⑳ 志一动气：志向专一就可以撼动自然万物的精华。

㉑ 陶铸：烧制瓦器和熔炼金属。比喻造就、培育。

㉒ 立身：指一个人在社会上确立自己的思想、地位及与他人的关系。

㉓ 振衣：振，挥、摇。振衣，就是抖动衣服。

㉔ 濯（zhuó）足：洗脚。

㉕ 羝（dī）羊触藩：羝，公羊。藩，篱笆。触，顶。比喻向毫无希望的绝路上死撞。

解读

人宁愿保持淳朴的本性而摒弃后天的聪明，才能留一点正气给大自然；人宁愿抛弃荣华富贵而过恬静的生活，才能留一个纯洁高尚的美名给天地。

制服邪恶必须先制服自己内心的邪恶，这样其他邪恶都不起作用。控制横逆事件，必须先控制容易浮动的情绪，这样所有外来的横逆之事自然不会侵入。

菜根谭

教导子弟要像养育女孩，必须严格管束她们的出入和交往的朋友。如果不谨慎结交了坏人，就像在良田之中播下了坏的种子，从此这个孩子就一辈子没出息了。

不要因为能从欲念中得到快乐就接触，一旦接触，便如同堕入万丈深渊；求学识理，不要害怕难做而畏惧退缩，一旦退步，就像远隔千山万水了。

别人富而我仁，别人为官而我有道，因此君子不会因为高官厚禄而受束缚；人力必定战胜自然，志向坚定如一可撼天动地，所以君子当然不会受到命运的摆布。

立身处世不能站得高，就像在泥土里打扫衣服，在泥水里洗脚，怎能出头？处理事情若不多留余地，就像飞蛾扑火，公羊用角顶撞篱笆，哪里会感到愉快？

故事链接

唐朝宰相狄仁杰年轻时，相貌英伟。他在赴京应考途中投宿旅店，一位美艳少妇来到他房里。原来这位美艳少妇是旅店主人的媳妇，结婚不久，丈夫去世，白天见狄仁杰俊秀非凡，晚间以借火为由向狄仁杰调情。

狄仁杰知道她的来意，却丝毫不动心，而是友善地说："见你如此艳丽动人，使我回忆起一位老和尚的话。"

少妇好奇地追问是什么话，狄仁杰借机开导她说："赴京前在寺中寄居读书，寺中老和尚曾经警戒我说：'当你见到美貌艳姿时，如果将美女想象为吸血的狐狸精、毒蛇鬼怪，想象人临死的时候，面目青黑，七孔抽搐那样的丑恶难看，倘若能这样设想，你就会静止得如清凉的寒冰了。'老和尚的教诲，我一直谨记于心。你能够励志守节，难能可贵，切勿因一时冲动，而败坏你的名节，况且你上有年老的公婆，下有年幼的儿子，都

需要你一人承担照顾。"

少妇听了狄仁杰这番话之后，感动得泪流满面，拜谢说："感谢恩公大德，不但保全我的贞节，从今以后，我一定心如止水，坚守妇节，以报恩公今日教诲。"然后再三拜谢而别。

后来这位少妇，坚守妇节，而显名邻里，为人称颂。狄仁杰赴京应考，高中状元，官至宰相，辅助唐朝安邦定国，爱民如子，销毁淫书，提倡伦理道德，成为历史上著名的宰相，流芳百世。

| 菜根谭

学者要收拾精神并归一处

　　学者要收拾精神①并归一处②。如修德而留意于事功名誉，必无实诣③；读书而寄兴于吟咏风雅④，定不深心。

　　人人有个大慈悲，维摩屠刽⑤无二心也；处处有种真趣味，金屋⑥茅檐⑦非两地也。只是欲闭情封⑧，当面错过，便咫尺⑨千里矣。

　　进德修道，要个木石的念头，若一有欣羡⑩便趋欲境⑪；济世经邦⑫，要段云水⑬的趣味，若一有贪着便堕危机。肝受病则目不能视，肾受病则耳不能听。病受于人所不见，必发于人所共见。故君子欲无得罪于昭昭⑭，先无得罪于冥冥⑮。

　　福莫福于少事，祸莫祸于多心。惟少事者⑯方知少事之为福；惟平心者⑰始知多心之为祸。

　　处治世⑱宜方⑲，处乱世当圆，处叔季之世⑳当方圆并用。待善人宜宽，待恶人当严，待庸众之人宜宽严互存。

注释

① 收拾精神：指收拾散漫不能集中的意志。
② 并归一路：指合并在一个方面，也就是专心研究学问。
③ 实诣：实在造诣。
④ 吟咏风雅：吟咏也作咏育，原指作诗歌时的低声。后世以此

比喻诗文。

❺ 维摩屠刽：维摩，即维摩诘，是佛经中所载的一位重要的菩萨。以智辩著称。此句是以他的名字来泛指菩萨。屠刽，就是宰杀牲口的屠夫和执行死刑的刽子手。

❻ 金屋：指金碧辉煌、富丽豪华的宫室，这里是比喻富贵人家的住宅。

❼ 茅檐：指简陋的茅草房，比喻贫寒清苦人家的房屋。

❽ 欲闭情封：即被欲望和情感所封闭。

❾ 咫尺，比喻距离很近。

❿ 欣羡：羡慕。

⓫ 欲境：指贪婪的思想境界。

⓬ 济世经邦：济是救助，经是治理。济世经邦，就是救助天下，治理国家。

⓭ 云水：比喻那种四海为家、以苦为乐、淡泊寡欲的情操。

⓮ 昭昭：明亮，明白。此处指明显可见之处。

⓯ 冥冥：晦暗，此处指看不见的地方。

⓰ 少事者：少有事端、琐事的人。

⓱ 平心者：心情平和的人。

⓲ 治世：安定太平之世。

⓳ 方：正直，此处指品行方正。

⓴ 叔季之世：指国家衰乱将亡的时代。

解读

求取学问一定要集中精神、专心致志。假如一面修养道德，一面在乎功名利禄，这个人肯定没有什么造诣；读书仅仅因为兴趣在于吟诗作赋，学问肯定很浅薄。

人人都有一颗善良的心，就连维摩和屠夫、刽子手也是一样；世间到处都有真正的生活情趣，就连高楼大厦和简陋的茅草屋也没什么差别。可惜人心经常为情欲所限制，因而就使真正的生活情趣错过，结果造成差之毫厘失之千里的局面。

进德修道要有比木石还坚硬的意志，对荣华向往就会被困惑；治国安邦须有行云流水般的情趣，如有贪恋名利的念头，就会陷入危机四伏的深渊。肝有病，眼睛就看不见，肾有病，耳朵就听不清。病虽生在看不见的内脏，却表现在看得见的地方。君子要想少犯过错，必须从看不见的细微处下功夫。

最大的幸福是少是非，最大的灾祸是多猜疑。唯有通情达理才会懂得少是非就是幸福的道理；唯有平心静气的人，才知道多猜疑就是招惹祸害的原因。

身处太平之世适合于行得端正，人在混乱之世适合于言行圆通，人在衰落之世应当做到方正与圆通并用；对待善良的人应该宽厚仁慈，对待凶恶的人应该严厉无情，对待平庸之辈则应该宽厚与严厉兼而有之。

故事链接

郭德成，元末明初人，性格豁达，十分机敏，特别喜爱喝酒。在元末战乱的时代里，他和哥哥郭兴一起，随朱元璋转战沙场，立了不少战功。有一次，郭德成在皇家后花园陪朱元璋喝酒。眼见花园内景色优美，桌上美酒香味四溢，他忍不住酒性大发，连声说道："好酒，好酒。"随即陪朱元璋喝起酒来。

杯来盏去，最后喝得醉眼朦胧，依然一杯接一杯，喝个不停，直至语无伦次，醉态十足，头发纷乱。朱元璋见此笑道："看你头发披散，语无伦次，真是个醉鬼疯汉。"

郭德成摸了摸散乱的头发，脱口而出："皇上，我最恨这乱糟糟的头发，要是剃成光头，那才痛快呢。"

朱元璋一听此话，脸涨得通红，心想，这小子怎么敢这样大胆地侮辱自己。他正要发怒，看见郭德成仍然傻乎乎地说着，便沉默下来，转而一想：也许是郭德成酒后失言，不妨冷静观察，以后再整治他不迟。想到这里，朱元璋虽然闷闷不乐，还是高抬贵手，让郭德成回了家。

郭德成酒醉醒来，一想到自己在皇上面前失言，恐惧万分，冷汗直流。原来，朱元璋少时，在皇觉寺做和尚，最忌讳的就是"光""僧"等字眼，郭德成怎么也想不到，今天这样糊涂，这样大胆，竟然戳了皇上的痛处。

郭德成知道朱元璋对这件事不会轻易放过，自己以后难免有杀身之祸。怎么办呢？郭德成深深思考着：向皇上解释，不行，更会增加皇上的忌恨；不解释，自己已经铸成大错，难道真的为这事赔上身家性命不成。郭德成左右为难，苦苦地为保全自身寻找妙计。

过了几天，郭德成继续喝酒，狂放不羁，和过去一样，只是进寺庙剃光了头，真的做了和尚，整日身披袈裟，念着佛经。朱元璋看见郭德成真做了和尚，心中的疑虑、忌恨全消，还向宁妃赞叹说："德成真是个奇男子，原先我以为他讨厌头发是假，想不到真是个醉鬼和尚。"说完，哈哈大笑。

以后，朱元璋猜忌有功之臣，原先的许多大将纷纷被他找借口杀掉，而郭德成竟保全了性命。这是由于他能够从小的祸事看到以后事态的发展，提前避祸，而其他的功臣则远不如郭德成明白要忍对祸福的道理。因祸进庙，因祸保住了性命，谁又能说这不是福呢？

菜根谭

心地干净　可读书学古

我有功于人不可念❶，而过❷则不可不念；人有恩于我不可忘，而怨❸则不可不忘。

心地干净，方可读书学古。不然，见一善行❹窃以济私❺，闻一善言❻假以覆短❼，是又藉寇兵而赍盗粮❽矣。

奢❾者富而不足，何如俭者贫而有余。能者劳而俯怨❿，何如拙者逸而全真⓫。

读书不见圣贤，如铅椠佣⓬。居官不爱子民，如衣冠盗⓭。讲学不尚躬行，如口头禅。立业不思种德⓮，如眼前花⓯。

人心有部真文章，都被残编断简⓰封固了；有部真鼓吹⓱，都被妖歌艳舞湮没了。学者须扫除外物直觅本来，才有个真受用⓲。

苦心⓳中常得悦心之趣；得意时便一失意之悲。

富贵名誉自道德来者，如山林中花，自是舒徐⓴。繁衍自功业来者，如盆槛中花㉑，便有迁徙㉒兴废。若以权力得者，如瓶钵中花㉓，其根不植，其萎可立而待矣。

注释

❶ 念：指叨念或挂念，念念不忘。

❷ 过：过错，此处泛指对不起他人的事。

❸怨：怨恨，仇恨。此处指他人对不住自己的事。

❹善行：美好的行为，好事。❺济私：谋图个人的私利。

❻善言：高妙的言论。❼假以覆短：借名言佳句掩饰自己的过失。

❽藉寇兵而赍盗粮：资助敌人兵器而且送给强盗粮食。藉，借。寇，敌军。兵，兵器。赍，持物赠人。盗，强盗。

❾奢：奢侈，不节俭。❿劳而府怨：劳累费力而且招来许多埋怨。

⓫逸而全真：安逸而且保持本性。

⓬铅椠（qiàn）佣：铅是古时用来涂抹简牍上错字用的一种铅粉。椠是不易捣坏的硬板，铅椠佣就是写字匠。

⓭衣冠盗：偷窃俸禄的官吏。⓮种德：布行德惠。

⓯眼前花：瞬即凋谢的花朵，比喻一时的荣华。

⓰残篇断简：把书写在竹片上叫简，指古代遗留下残缺不全的书籍。此处指物欲杂念。

⓱鼓吹：泛指音乐。⓲真受用：真正的好处。

⓳苦心：困苦之心，此处指困苦的境遇。

⓴舒徐：舒是展开，徐是缓慢，舒徐指从容自然。

㉑盆槛（jiàn）中花：指栽在花盆和栅栏中的花。

㉒迁徙：变易。㉓瓶钵中花：指插在花瓶中的鲜花。瓶钵是僧人用具，瓶盛水，钵盛饭。

解读

如果我对别人有功不该念念不忘，但我对别人有过失则不可以不记在心上；如果别人对我有恩一定不能忘记，但是别人对我有怨仇则不可以不忘记。

只有高尚的人才能读古人的道德文章。不然看到一件好事就视为自己的见解，听到一句好话就拿来掩饰过错，就等于是资助兵器给敌人，送粮食给强盗。

挥霍无度的人，钱再多也不够，哪比得上虽然贫穷却节俭的人呢？聪明能干的人由于心力交瘁而招致怨恨，怎能比得上虽然愚笨却安逸无事而保全本性的人呢？

读书时看不出古今圣贤的哲学道理，就好像成了抄书的佣工；当官不能爱抚百姓，就如同披着官服的强盗；讲授学问不亲自去实践，就好像是口头禅；建立功业如果不想施恩于天下百姓，积累德行，就像过眼的昙花，一现即败。

人人内心的好文章，都被内容不健全的杂乱文章封闭了；人人内心的美妙乐曲，都被妖邪的歌声和艳丽的舞蹈埋没了。所以有学问的读书人，必须排除一切外来的引诱，直接寻求本性，才能求得一生受用不尽的真学问。

困苦时坚持下去，问题最终会得到解决，心里会十分快乐，这才是人生的真正乐趣，如果得意时过分狂妄，常常会因此而结下怨仇，种下悲剧的根苗。

富贵名誉倘若是凭借仁义道德获得的，就好像山林中的鲜花，自然是根深叶茂；倘若是凭借功名事业获得的，就好像花盆中的花朵，由于时常迁移，一时盛，一时衰；倘若是凭借手中的权力得来的，就好像花瓶中被采摘下来的花朵，其根已断，很快就会凋谢枯萎。

故事链接

南宋有个学者王次翁，是山东济南人。他学识渊博，五经六艺、诸子百家无不通晓。他家里十分贫穷，请不起教书先生，也没钱进学馆学习，读书全靠自学。学习需要书籍、课本，买不起就向左邻右舍的读书人家借着看，借来之后就连夜抄写下来，然后赶紧把书还给人家。

功夫不负苦心人，不到二十岁的王次翁，学问已经很渊博了。而且他刻苦读书、自学成才的名声也在济南传开了，于是很多读书人都主动向他请教。

有许多希望孩子成材的家长，也主动来拜访王次翁，恳请他教育子女。盛情难却，王次翁就开始设立学馆教学。由于他教书教得好，名气越来越大，因此不但当地的来向他求学，还有很多不远千里背着书籍行李来向他求学的。他的学生越来越多，遍及全国各地，真是桃李满天下。

王次翁虽然学问很深，可是毫不满足，仍锐意进取，后来他放弃了教学这一职业，又考进了京师太学学习。当时京师太学是全国最高学府，王次翁希望自己在太学获得更多的文化知识。

他进太学学习靠的是几年来教书积攒的一点钱交纳学费，然而学费很贵，外加自己的吃穿与零花钱，他教书得来的那点钱很难维持，只能节衣缩食，把省下来的钱用在买学习用品和书籍上。

晚上，他连点灯用的油都舍不得花钱买，就到邻舍太学生的房间里去与人家共用一盏灯读书。他一读书就到半夜。人家困了，想休息，可是看他读书那专心致志的样子又不忍心撵他走，只好陪着他读。时间长了，两个人在学习上相互切磋，倒成了很要好的朋友。王次翁在太学毕业以后，终于考中了第一名进士。

菜根谭

栖守道德　寂寞一时

栖守①道德者，寂寞一时；依阿②权势者，凄凉万古。达人观物外之物③，思身后之身④，宁受一时之寂寞，毋取万古之凄凉。

春至时和，花尚铺一段好色⑤，鸟且啭⑥几句好音。士君子⑦幸列头角⑧，复遇温饱，不思立好言、行好事，虽是在世百年，恰似未生一日。

学者有段兢业⑨的心思，又要有段潇洒的趣味。若一味敛束清苦⑩，是有秋杀⑪无春生，何以发育万物？

真廉⑫无廉名，立名⑬者正所以为贪；大巧⑭无巧术，用术⑮者乃所以为拙。

心体⑯光明，暗室中有青天；念头暗昧⑰，白日下有厉鬼。

人知名位⑱为乐，不知无名无位之乐为最真；人知饥寒为忧，不知不饥不寒之忧为更甚⑲。

为恶⑳而畏㉑人知，恶中犹有善路；为善而急人知，善处即是恶根。

注释

① 栖守：栖，本意为居住，停留。栖守，这里是指坚守不变的意思。

② 依阿：依附、奉承的意思。

③ 物外之物：泛指世俗物质生活之外的精神生活。所谓观物外

之物，就是追求超凡脱俗的精神修养。

❹身后之身：身后，即死后。身后之身，就是人死之后留下的名誉和气节。

❺好色：美好的景色。❻啭：鸟婉转啼鸣。

❼士君子：有学问且道德高尚的人。泛指读书人。

❽头角：人的气概和才华。

❾兢业：也可作兢兢业业，小心谨慎、尽心尽力之意。

❿敛束清苦：指过束手束脚清寒刻苦的生活。敛束，收敛约束。

⓫秋杀：秋天气象凛冽，毫无生机。杀，谢。

⓬真廉：真正廉洁的人。

⓭立名：树立名望，这里指沽名钓誉，虚伪矫饰来获取名誉。

⓮大巧：最大的智巧，真正聪明。

⓯用术：弄权术，耍花招。术即手段。

⓰心体：宋代儒学以心为性的本体，故有心体之称，此处指心地、思想。

⓱暗昧：阴暗。⓲名位：名誉和地位。此处泛指功名利禄。

⓳甚：厉害，过分。⓴为（wéi）恶：作恶。㉑畏：畏惧，害怕。

解读

坚守道德的人，只会是一时的寂寞，最终总会通达；而依附权贵的人，只会是一时的喧嚣，最终会万古凄凉。心胸豁达宽广的人能看到眼前以外的东西，想到死后的名声，宁可忍受一时的寂寞，而不愿依附权贵，为后人所鄙视。

春天到来时，花儿争鲜斗艳，鸟儿婉转啼鸣。读书人如果能通过努

菜根谭

力有幸出人头地，又能够过上丰衣足食的生活，如果不思考著下不朽的篇章，为世间多做几件善事，那么他即使能活到百岁，也宛如没有在世上活一天一样。

做学问的人既要思考细密，又要行为谨慎，同时还要有潇洒脱俗情趣。假若一味过极端清苦的生活，就像只有秋天没有春天，这怎能培育万物的成长呢？

真正廉洁的人决不扬名显廉，反之就不是廉洁而是贪图名利了；同样，真正的巧妙不在于技巧、方法，而在于顺其自然，依圆就方，巧夺天工。

心里光明磊落，即使身处黑暗也像站在晴空之下；念头邪恶，即使生活在光天化日，也像被魔鬼缠身一样惶惶不可终日。

一般人以名誉和地位为乐事，却不知无名无位才是真乐趣。一般人以饥饿寒冷为痛苦，却不知道那些达官贵人的患得患失的精神折磨才是最痛苦的。

如果做坏事怕别人知道，那么邪恶中还有善念；如果做好事想让人知道，那么就是坏事又将开始。

故事链接

明朝大臣徐溥常说："造就一个人才不容易，不能以一些小过就弃而不用。"他凡见人有小过，总是谆谆教导，耐心教育。一遇到有些官员因进谏而被逮捕，总尽力相救，使大多数人得以幸免。

徐溥在朝为官多年，没有在北京城里建造府第，直到将要告老回乡时，才由家人在故里建造一所住宅。后来，徐溥因年逾七十，向皇帝请退，九月，徐溥以"四朝元老"的殊荣奉旨南归。

到家后，他不顾双目失明，首先命两僮搀扶着他在整个宅第转了一

遍,并用双手抚摸着每面墙壁和每根楹柱。

家人问:"相爷何必如此?"

他说:"我是怕儿辈们把宅第造得太华丽啊!只要能住就可以了。"

一日,徐溥由家人扶着在门外散步,问道:"门外原是东南山乡上城大路,怎么听不到车履之声?"

家人告诉他:"是怕影响相爷不能够安静休息,故把大路迁到河的对面去了。"

徐溥听了,勃然大怒,喝问:"这是谁的主意?怎能为我个人的安逸,而劳乡亲们绕道而行呢?"他即命恢复大路于相府门前,民众无不赞叹。

菜根谭

天之机缄不测

天之机缄①不测②,抑而伸、伸而抑③,皆是播弄④英雄、颠倒豪杰处。君子只是逆来顺受⑤、居安思危,天亦无所用其伎俩矣。

福不可徼⑥,养喜神以为召福之本而已;祸不可避,去杀机以为远祸⑦之方而已。

十语九中⑧,未必称奇;一语不中,则愆尤⑨骈集⑩。十谋九成,未必归功;一谋不成,则訾议⑪丛兴⑫。君子所以宁默毋躁,宁拙毋巧⑬。

天地之气,暖而生,寒则杀⑭,故性气⑮清冷者,受享亦凉薄。唯和气热心之人,其福亦厚,其泽亦长。

天理路上甚宽,稍游心⑯,胸中便觉广大宏朗;人欲路上甚窄,才寄迹⑰,眼前俱是荆棘泥涂⑱。

一苦一乐相磨练⑲,练极而成福者,其福始久;一疑一信相参勘⑳,勘极而成知者,其知始真。

注释

① 机缄:本指推动事物运动的造化力量,后用于指人的运气。
② 不测:难以预料。
③ 抑而伸、伸而抑:抑,遏止。伸,伸展。此处意为有时使人陷入困境,有时使人飞黄腾达。

④ 播弄：戏弄、耍弄。

⑤ 逆来顺受：遭遇到不顺心的事也不积极地反抗或者试图有所改变，甘愿忍受。

⑥ 徼（jiǎo）：祈福，求取。喜神，喜气洋洋的神情，也就是乐观精神。

⑦ 远祸：远离、避免灾祸。

⑧ 中：不偏不倚，无过不及，叫中。这里指符合、合用。

⑨ 愆（qiān）尤：指罪过、过失。

⑩ 骈（pián）集：骈，本指两马并驾一车，后指并列，对偶，骈集意为成双成对地来，接二连三地到来。

⑪ 訾（zǐ）议：说人坏话，议论人的短处。⑫ 丛兴：不断地生出来。

⑬ 宁默毋躁，宁拙毋巧：可沉默也不要躁动不安，宁可显得笨拙也不要展现聪明智巧。

⑭ 杀：肃杀，没有生机。⑮ 性气：性格气质。

⑯ 游心：注意，留心。⑰ 寄迹：寄托踪迹，托足，涉足。

⑱ 泥涂：污泥。涂也是泥。⑲ 磨练：锻炼。

⑳ 参勘：参酌比较，比照检验。参，交互考证。勘，仔细考察。

解读

上天的奥秘是无法猜测的，有时使人先受挫而后再得意，有时先让人得意而后受挫折，这都是在捉弄自命为英雄的人。君子不如意时或如意时都要适应环境，在平安时要想到危难，这样，就连上天也无法捉弄人了。

人生的幸福靠祈求是得不到的，只有培养乐观的精神才是获得幸福的根本。人世间的灾祸是很难避免的，只有消除自己心头怨恨他人的念头才是远离灾祸的唯一的方法。

说十句话有九句话对，算不上稀奇；如果有一句说错了，那就会招致许多人的责备。十个谋划有九个成功了，并不一定归功于你，有一个谋划没能成功，就会引起别人的责难。因此君子应该保持沉默而不急躁，应该坚守淳朴而不虚浮不实。

自然界气候温暖的时候就会催生万物，寒冷的时候就会使万物萧条沉寂。做人的道理也一样，性情高傲的人，所得的福分也比较淡薄。只有那些性情温和的人，他所得到的回报才会深厚，福分才会绵长，留下的恩泽也会长久。

自然真理的路非常宽广，稍微用心追求，就会感觉心胸坦荡开阔；追求个人欲望的邪道非常狭窄，刚把脚踏上去，就发现眼前布满了荆棘泥泞，寸步难行。

在人生路上经过艰难困苦的磨炼，就会获得幸福，这样的幸福才会长久；对知识的学习和怀疑交替验证，探索到最后而获得的知识，才是千真万确的智慧。

故事链接

司马迁是西汉史学家、文学家、思想家，他早年遍游南北，考察风俗，采集传说。初任郎中。

公元前108年，司马迁继承父职，任太史令。公元前104年，他与大中大夫公孙卿、壶遂等，共订《太初历》，对历法进行改革。

司马迁后来因为替李陵军败投降匈奴一事辩护，得罪了汉武帝，被下狱，并受了宫刑。

当时，李陵担任骑都尉，率领五千人马和匈奴打仗，结果被单于率领的三万骑兵团团围困住。尽管李陵和士兵们奋勇战斗，杀了五六千名匈奴骑兵，但终因寡不敌众而失败。李陵被俘而降。

李陵投降匈奴的消息震动了朝廷。汉武帝把李陵的母亲和妻儿都下了监狱，并且召集大臣，要他们议一议李陵的罪行。

大臣们都谴责李陵不该贪生怕死，向匈奴投降。

汉武帝问司马迁，想听听他的意见。

司马迁说："李陵带去的步兵不满五千人。但他深入到敌人的腹地，打击了几万敌人。李陵不肯马上去死，一定是想将功赎罪来报答皇上。"

司马迁的话让汉武帝勃然大怒，于是，汉武帝以对抗朝廷的罪名将司马迁下了大狱。司马迁入狱后因拿不出钱来赎罪，结果被施以最难堪、最残酷的"宫刑"。

当时，他几乎想到了自杀。但他又想到自己有一件极其重要的工作没有完成，不应该死。因为他正在用全部精力写一部书，这就是我国古代最伟大的历史著作《史记》。他在给好友任安的信中说："我的《史记》一书刚刚开始，为什么不能含垢忍辱将它写完呢？"

司马迁出狱后，降任中书令，发奋要继续完成所著史籍。为了完成《史记》这项伟大的著书工程，他终于以坚强的隐忍精神活了下来，鼓起勇气投入到忘我的写作中去。

他将难堪、耻辱、愤怒，统统凝聚到笔上，将自黄帝时代到公元前122年这段时间的历史，写入了这部五十二万字的巨著中。

此书创立纪传体史书的形式，书中不少传记，语言生动，形象鲜明，是优秀的文学作品，对后世史学与文学都有着深远的影响。

面对宫刑这样的奇耻大辱，司马迁忍辱负重，穷毕生之心血，终于完成了历史巨著《史记》。没有面对苦难的巨大勇气和毅力，是完不成这部巨著的。

地之秽多生物　水之清常无鱼

地之秽①者多生物，水之清者常无鱼。故君子当存含垢纳污②之量，不可持好洁独行③之操④。泛驾之马⑤可就驰驱，跃冶之金⑥终归型范⑦。只一优游⑧不振，便终身无个进步。白沙⑨云："为人多病未足羞，一生无病是吾忧。"真确论⑩也。

人只一念⑪贪私，便销刚为柔⑫，塞智为昏⑬，变恩为惨⑭，染洁为污，坏了一生人品，故古人以不贪为宝，所以度越⑮一世。

耳目见闻为外贼⑯，情欲意识为内贼。只是主人翁惺惺⑰不昧⑱，独坐中堂⑲，贼便化为家人矣！图⑳未就之功㉑，不如保已成之业；悔既往㉒之失，亦要防将来之非㉓。

气象㉔要高旷，而不可疏狂；心思要缜密，而不可琐屑㉕；趣味要冲淡，而不可偏枯；操字要严明，而不可激烈。

风来疏竹㉖，风过而竹不留声；雁度寒潭㉗，雁去而潭不留影。故君子事来而心始现，事去而心随空。

注释

① 秽（huì）：脏东西，此处指腐草败叶、粪肥等物。

② 含垢纳污：包容肮脏和丑恶的事物，也就是宽宏大量、包容一切的意思。

❸好（hào）洁独行：洁身自好、独善其身。❹操：操守、志向。

❺泛驾之马：性情凶悍不易驯服控制的马。

❻跃冶之金：当铸造器具熔化金属往模型里灌注时，金属有时会突然爆出模型外面，比喻不守本分而自命不凡的人。

❼型范：铸造时用的模具。❽优游：悠闲自得，也指游玩。

❾白沙：明朝学者陈献幸，字公甫，由于隐居白沙里，因此世人就称他为"白沙先生"。

❿确论：精当确切的言论。⓫一念：瞬间所起的意念。

⓬销刚为柔：将刚直变为懦弱。销，化、消。

⓭塞智为昏：阻碍聪明才智的发挥，变得昏庸。塞，堵住。

⓮变恩为惨：将有情有义之人变得残忍狠毒。⓯度越：超过。

⓰外贼：来自外部的侵害。⓱惺惺：警觉清醒。

⓲不昧：不昏聩不糊涂。⓳中堂：中厅。⓴图：谋划、计划。

㉑未就之功：尚未成就的功业。㉒既往：以前，以往。

㉓非：错误，不对。㉔气象：气质、气度。㉕琐屑：琐碎繁杂。

㉖疏竹：稀疏的竹林。㉗寒潭：清冷的潭水。

解读

有污物的地方往往滋生众多生物，而极为清澈的水中反而没有鱼儿生长。所以真正有德行的君子应该有容纳度量，绝对不能自命清高，孤芳自赏。

把车驾翻了的马也可使它驯服，驰骋千里；溅出炉外的金属最终还是要被放入模具里，铸成器物。人如果一生只是游手好闲，不求进取，便永远得不到进步。白沙先生说："做人有很多缺点并不值得去自卑自贱，一辈子都没有毛病才是我最担忧的。"这真是十分精辟的论断。

菜根谭

人只要有一丝贪图私利的杂念，那么就会由刚直变为懦弱，由聪明变为昏庸，由慈善变为残忍，由高洁变为污浊，结果损坏了他一生的品格。所以古人把不贪作为修身的宝贵品质，从而超凡脱俗地度过一生。

耳朵听到的，眼睛看到的，都是外来的盗贼，情感和欲念都是内心中潜藏的盗贼。只要灵魂保持正直清醒，守中拒邪，不受诱惑，保持一片纯净的心境，那么这些使人受到诱惑的感受和心理都能化作帮助自己培养正直品德的好帮手。谋划尚未完成的功业，不如先保持已经成功的事业；后悔已往的过失，不如防止将来可能发生的错误。

气质要恢弘广阔，不可流于粗野狂放；思想要缜密周详，不可繁杂纷乱；情趣要清静恬淡，不可过于枯燥单调；言行要光明磊落，不可流于偏激刚烈。

清风吹拂竹林就会发出声响，阵风吹过后，竹林便会静寂无声；大雁飞临清冷的水潭就会倒映出影子，一旦大雁飞过，潭中也就没有了大雁的影子。因此君子要等到事物出现了，心才开始活动，而等到事情过去后，心又立刻平静下来。

故事链接

子罕是春秋时齐国的一名大夫。他虽身为京城中的官员，却从不恃权营私，贪恋钱财。不管是亲朋好友，还是素不相识的陌生人，凡别人送来礼物，子罕都一概拒收。

有一天，子罕正在府中处理政务，忽然差役进来禀报说，门外有个人求见。子罕急忙放下手中的事务，示意有请。不一会儿，差役把那人请了进来。

子罕向身边的差役们挥了挥手，让他们退下。那人见厅内别无他人，走到子罕跟前，低声地说："小人仰慕大人已久，今日得以相见，我这里有一块刚得到的宝玉,要是雕琢好了,它是无价之宝啊!现在我奉献给你,请大人笑纳。"

说着,那人从袖中把那块碧玉取了出来,双手递给了子罕。子罕接过那玉细看,确实是块宝玉。他放在手上翻来覆去看了几遍。然后,把那玉又递还给了那人。那人一看,急了,他以为子罕怀疑那玉不是真宝,忙说:"小人已请玉匠鉴定过了,的确是块价值连城的宝玉啊!你看这纹理多么华美,这色泽多么斑斓,这形态……"

子罕见那人如此百般殷切,笑着解释说:"我并非怀疑它不是宝,我不收,是因为它是你的宝,而不是我的宝。对你来说它是无价之宝,而它对我来说就不是宝。你把碧玉作为宝,我把不贪作为宝。如果我收了你的宝,岂不是你也丢了宝,我也丢了宝。我看还是我们各自守住自己的宝好啊!"听了子罕的这一番话,那人只得收起那块玉,灰溜溜地走了。

清能有容　仁能善断

清能有容①，仁能善断②，明不伤察③，直不过矫④，是谓蜜饯不甜、海味不咸⑤，才是懿德⑥。

贫家净扫地，贫女净梳头。景色虽不艳丽，气度自是风雅。士君子当穷愁寥落⑦，奈何辄⑧自废弛⑨哉！

闲中不放过，忙中有受用⑩；静中不落空，动中有受用；暗中不欺隐⑪，明中有受用。

念头起处，才觉向欲路⑫上去，便挽⑬从理路⑭上来。一起便觉，一觉便转，此是转祸为福，起死回生的关头，切莫轻易放过。

天薄我以福，吾厚吾德以迓⑮之；天劳我以形⑯，吾逸吾心以补之；天厄⑰我以遇⑱，吾亨⑲吾道以通之。天且奈我何哉？

贞士无心徼福，天即就无心处牖⑳其衷㉑；术士㉒着意避祸，天即就着意中夺其魄。可见天之机权㉓最神，人之智巧何益？

注释

① 清能有容：自己清正而又能宽容他人。
② 仁能善断：性情仁厚又能当机立断。
③ 明不伤察：精明强干而又不失于苛求。
④ 直不过矫：性情耿直而又不过于较真儿。过矫，矫枉过正之意。

⑤ 蜜饯不甜，海味不咸：指其甜、咸恰到好处，不过分，并非一点儿也不甜、不咸。

⑥ 懿（yì）德：美好的品德。

⑦ 寥落：寂寞。此处指不得志，未施展。

⑧ 辄：就，总是。

⑨ 废弛：废，不再继续，放弃不做。弛，放松。

⑩ 受用：好处，利益。⑪ 欺隐：做自欺欺人，见不得人的事。

⑫ 欲路：私欲，欲望，这里指邪路。⑬ 挽：挽回。

⑭ 理路：理论，道理，这里指正路。⑮ 迓（yà）：迎接。

⑯ 形：指身体。⑰ 厄：困厄。⑱ 遇：境遇，遭遇。

⑲ 亨：畅达，顺畅。⑳ 牖（yǒu）：诱导、启发。

㉑ 衷：内心。㉒ 术士：行为不正的小人。

㉓ 机权：机，灵巧。权，变通。灵活变化。

解读

清廉的人能包容一切，有仁义和判断力，能洞察一切，正直又不矫饰，就像蜜饯虽由蜜粮炮制却不太甜，海水虽然含盐但不太咸一样，这是一种高尚的美德。

贫穷的家庭把地扫得干干净净，贫家的女子把头梳得清清爽爽。景物与形象虽不艳丽华美，但气质与风度自是清雅不俗。因此饱学之士在穷困潦倒的时候，应当奋发图强，一定不能自暴自弃、忧虑一生！

闲暇时不浪费时间，繁忙时就会有所受用；安静时不要陷入空虚无聊，做事情的时候就用得上安静时的修养了；背地里不欺骗隐瞒，人前便能光明磊落。

在念头刚产生时发觉是个人欲望，便马上将它拉回正道上来。邪念一起时发觉就转变方向,就能将祸害转变为幸福,将死亡转变为生机,不要轻易放过。

上天给我福分不多,我就多做些善事来培养我的福分;上天用劳苦来困乏我,我就用安逸的心情来保养我的身体;假如上天用穷困来折磨我,我就开辟我的求生之路来打通困境。假如我能做到以上各点,上天又能把我如何呢?

一个志节坚贞的人,虽然并不用心去为自己求取福分,可是上天却在他无意之间引导他完成自己的心愿;阴险邪恶的小人虽然用尽心机去躲避灾祸的惩罚,可是上天却偏在他着意逃避之处夺走他的魂灵使其蒙受灾难。由此可见,上天的玄机极其奥妙、神奇莫测,人类平凡无奇的智慧在上天面前实在无计可施。

故事链接

班超一行在西域联络了很多国家与汉朝和好,但龟兹恃强不从。班超便去结交乌孙国。乌孙国王派使者到长安来访问,受到汉朝友好的接待。使者告别返回,汉章帝派卫侯李邑携带不少礼品同行护送。

李邑等人经天山南麓来到于阗,传来龟兹攻打疏勒的消息。李邑害怕,不敢前进,于是上书朝廷,中伤班超只顾在外享福,拥妻抱子,不思中原,还说班超联络乌孙,牵制龟兹的计划根本行不通。

班超知道了李邑从中作梗,叹息说:"我不是曾参,被人家说了坏话,恐怕难免见疑。"

他便给朝廷上书申明情由。汉章帝相信班超的忠诚,下诏责备李邑说:"即使班超拥妻抱子,不思中原,难道跟随他的一千多人都不想回家吗?"

李邑与班超会合,并受班超的节制。汉章帝又诏令班超收留李邑,与他共事。李邑接到诏书，无可奈何地去疏勒见了班超。班超不计前嫌，很好地接待李邑。他改派别人护送乌孙的使者回国，还劝乌孙王派王子去洛阳朝见汉帝。乌孙国王子启程时，班超打算派李邑陪同前往。

有人对班超说："过去李邑毁谤将军，破坏将军的名誉。这时正可以奉诏把他留下，另派别人执行护送任务，您怎么反倒放他回去呢？"

班超说："如果把李邑扣下的话，那就气量太小了。正因为他曾经说过我的坏话，所以让他回去。只要一心为朝廷出力，就不怕人说坏话。如果为了自己一时痛快，公报私仇，把他扣留，那就不是忠臣的行为。"

李邑知道后，对班超十分感激，从此再也不诽谤他人。由此看来，在处理复杂的人际关系时，宽容不失为一剂利人亦利己的良药。

声妓从良　一世无碍

声妓①晚景②从良③，一世之烟花④无碍；贞妇白头失守，半生之清苦俱非。语云："看人只看后半截。"真名言也。

平民肯种德施惠⑤，便是无位的卿相⑥；士夫⑦徒贪权市宠⑧，竟成有爵的乞人。

问祖宗之德泽⑨，吾身所享者是，当念其积累之难；问子孙之福祉⑩，吾身所贻⑪者是，要思其倾覆⑫之易。

君子而诈善⑬，无异小人之肆恶⑭；君子而改节⑮，不及小人之自新⑯。

家人有过，不宜暴怒，不宜轻弃。此事难言，借他事隐讽⑰之；今日不悟，俟⑱来日再警之。如春风解冻，如和气消冰，才是家庭的型范⑲。此心常看得圆满，天下自无缺陷之世界；此心常放得宽平，天下自无险侧⑳之人情。

注释

① 声妓：宫廷及贵族家中的歌舞妓。泛指风尘女子。
② 晚景：晚年。此处指后半生。③ 从良：脱离乐籍嫁人。
④ 烟花：风尘女子的代称，指妓女生涯。
⑤ 种德施惠：播种德行施舍恩惠，意即积德行善。

⑥无位的卿相：没有职位的公卿将相。

⑦士夫：即士大夫，居官有职位的人。

⑧贪权市宠：贪图权势谋取宠信。市为购买之意。

⑨德泽：恩惠。⑩福祉：幸福、利益。⑪贻：遗留。

⑫倾覆：颠覆，破坏。

⑬诈善：假装的善。诈是欺骗、假装的意思。

⑭肆恶：恣行凶恶。肆是放纵之意。

⑮改节：改变志节，改变操守。⑯自新：自己悔悟，重新做人。

⑰隐讽：借用其他事物来暗示，婉转劝人改过。⑱俟：等待。

⑲型范：典型模范。⑳险侧：指邪恶不正，邪僻。

解读

歌妓、舞女在晚年时能够嫁人从良，那么过去的生涯对她的正常生活就不会有妨害；一个坚守节操的妇女，如果在晚年不自爱的话，那么她前半生的守节都白费了。所以俗语说："观察一个人主要是看他的后半生。"这真是至理名言啊。

普通百姓如果愿意施恩惠去积德，他就会像没有官爵职位的王公将相那样富有；身居高位的士大夫如果贪图权势、卖弄恩宠，就会成为有官职爵位的乞丐。

如果要问祖宗遗留下多少好的教养，我自身所拥有的便是，应当牢记祖宗创业的艰难；如果要问子孙今后的福分，我自身所留下的便是，应当考虑到这些福分要失去是多么的容易。

身为君子却具有伪善的恶行，那么他们的行为与邪恶的小人作恶多端没有什么两样；行仁义的正人君子如果放弃自己的志向落入浊流，那还不如一个改过自新的小人。

菜根谭

家里有人犯了过错，不能大发脾气，也不能够放弃不管。如果这件事不好直接说明其错误，可以借其他的事来提醒暗示，使他知错改正；今天不能使他醒悟，可以过一些时候再耐心劝告。就像温暖的春风化解大地的冻土，暖和的气候使冰融化一样，这样才是处理家庭琐事的典范。心中把万事万物都看得美好，人间的万事万物就会显得美好；只要我们经常保持一种宽容大度的襟怀，所有的人情世态就会显得正常而毫无邪恶。

故事链接

西汉末年，王莽政权被推翻后，各路豪杰为争皇位，打得不可开交，这其中有一支由刘秀领导的队伍。

刘秀采纳了部下邳彤的建议，向天下宣告说："王郎冒充刘氏宗室，诱惑人民，大逆不道。大司马刘公从东方调百万大军前来征伐。一切军民人等，反的，既往不咎；抗拒的，决不宽容！"

刘秀率领四千精兵，接连打下了好几座县城，声势越来越大。没过多少日子，又有不少地方首领，看到了通告，率兵前来投靠刘秀。

不久，刘玄也派兵来了，两路大军联合起来，刘秀留下一部分人马围攻巨鹿，自己带领大军去攻打邯郸。王郎的军队支持不住，就献城投降。刘秀率领大军进入邯郸，杀了王郎。

刘秀住进了王郎在邯郸修建的宫殿，命令他手下的人检点朝中的公文。对这样的文书，刘秀看也不看，全都堆在宫前的广场上，烧掉了。

有人提醒刘秀说："反对咱们的人都在这些公文里，现在连他们的名字都查不着了。"刘秀对他们说："我烧掉这些，就是要向所有的人说明，我不计较过去的恩怨，好让大家都安心，让更多的人拥护我们。"

刘秀的举动赢得了人心，得到了更多人的支持，最后终于成为东汉的开国皇帝。

淡泊之士　为浓艳者所疑

　　淡泊❶之士，必为浓艳者❷所疑；检饰❸之人，多为放肆者所忌。君子处此，固不可少变其操履❹，亦不可太露其锋芒。居逆境中，周身皆针砭药石❺，砥节砺行❻而不觉；处顺境内，满前尽兵刃戈矛，销膏糜骨❼而不知。生长富贵丛中的，嗜欲❽如猛火，权势似烈焰。若不带些清冷气味，其火焰不至焚人，必将自烁❾矣。

　　人心一真，便霜可飞❿，城可陨⓫，金石可镂⓬。若伪妄⓭之人，形骸⓮徒具，真宰⓯已亡，对人则面目可憎，独居则形影自愧。文章作到极处⓰，无有他奇，只有恰好；人品做到极处，无有他奇，只是本然⓱。

　　以幻境言，无论功名富贵，即肢体亦属委形⓲；以真境言，无论父母兄弟，即万物皆吾一体。人能看的破，认的真，才可以任天下之负担，亦可脱世间之缰锁⓳。

注释

❶ 淡泊：恬静寡欲。
❷ 浓艳者：指身处富贵荣华、权势名利之中的小人。
❸ 检饰者：言行谨慎、不浮华表现的人。
❹ 操履：操是节操、品行，履是实践，操履是操行的意思。
❺ 针砭药石：针砭是指在古代以砭石为针的治疗方法。药石是

药物的泛称，这里用来比喻纠正不良行径，促人上进的外部条件。

❻ 砥节砺行：砥、砺都是磨刀石。此处的意思是磨砺人的品行和气节。

❼ 销膏靡骨：膏，脂肪，亦为古代医学所指的心下部位。靡，毁伤、腐烂。粉身碎骨的意思。

❽ 嗜欲：嗜好和欲望，多指贪图身体感官方面享受，如酒色财气等的欲望。

❾ 自烁：自我销融，自我毁灭。烁：通"砾"，熔化，销毁。

❿ 霜可飞：比喻心灵的真诚可以感动上苍，使世间"五月下霜"不可能成为现实。

⓫ 城可陨：这里指真诚的内心可产生一种神秘的力量，使坚固的城墙崩溃。

⓬ 镂：雕刻。⓭ 伪妄：虚伪，不真实。⓮ 形骸：指人的形体。

⓯ 真宰：想象中的宇宙主宰者。⓰ 极处：指最高境界。

⓱ 本然：指自然本性。

⓲ 委形：古代道家用语，意思是说人的肢体并不是人自己的所属物，而是由上天赐予的。

⓳ 缰锁：缰绳和锁链，比喻束缚、拘系。

解读

淡泊名利而又有才华的人，必定会受到一些热衷于名利人的猜疑；一个生活俭朴谨慎的人，往往会遭受那些邪恶放纵之辈的妒嫉。一个坚守正道的君子，固然不应该因此而稍稍改变自己的操守，但是也不能够过于锋芒毕露。人处在不顺利的境况中，周围的事物都像治病的石针和药那样，不知不觉地在磨砺人的品德意志；人处在顺利的境况中，眼前的事物都像伤害人的兵刀戈刃那样，不知不觉地腐蚀糜烂人的节操与气节。生长在富贵环境中的人，他的贪欲就像烈火，权势如同炽焰。假如不加一些清静恬淡之气来调节制约，那么他的欲火势焰即使不焚伤别人，也终将焚伤自己。

人的心地一旦真诚，就可以使盛夏里霜雪飞舞、城墙崩毁、金石贯穿。若是虚伪诈妄的人，虽然具有一副形体骸骨，真正主宰的灵魂却早已死亡，面对他人就面目可憎惹人讨厌，单独居住身体和影子就会自相羞愧。文章写到登峰造极的境界时，并没有什么特别的地方，只是表达得恰到好处；修养达到炉火纯青的境界时，和普通的人并没有什么不同，只是回归到了纯真的本性。

从虚幻的现象来看，除了功名富贵是假象，就连四肢五官也都是上天给予的躯壳；从真实的境界来看，不要说父母兄弟，就是万事万物也和我同为一体。人要看得透彻，认得真切，才能担负天下重任，也才能摆脱世间功名利禄的束缚。

故事链接

北宋初年，大将曹彬率兵讨伐割据江南的南唐，俘获了南唐后主李煜的一位宠姬。这位宠姬一见到点着的油灯，就娇气地闭上眼睛，叫道："烟气！"

有人把油灯换成了蜡烛，这个女人还叫："烟气更大了！"

于是人们觉得非常奇怪，问她："你在南唐宫里就没有点过蜡烛吗？"

她答道："在宫内我住的内室，每到夜晚，就在室内悬挂一颗大明珠，宝珠的光亮照亮整个屋子，如同白天的阳光一样明亮。"

通过李后主宠姬的言行，足见当时南唐的繁华，宫中的奢靡，李后主沉浸在声色之中，身处顺境，不思忧患，导致亡国之恨。

菜根谭

爽口之味　烂肠腐骨之药

爽口之味，皆烂肠腐骨之药①，五分便无殃②；快心之事，悉败身丧德③之媒④，五分便无悔。不责人小过，不发⑤人阴私⑥，不念人旧恶⑦；三者可以养德，亦可以远害。

天地有万古⑧，此身不再得；人生只百年，此日最易过。幸生其间者，不可不知有生之乐，亦不可不怀虚生⑨之忧。老来疾病，都是壮时招得；衰得罪孽，都是盛时作得。故持履满⑩，君子尤兢兢⑪焉。

市私恩⑫，不如扶公议⑬；结新知，不如敦⑭旧好；立荣名⑮，不如种阴德⑯；尚⑰奇节⑱，不如谨庸行⑲。

公平正论不可犯手⑳，一犯手则贻羞㉑万世；权门私窦㉒不可著脚㉓，一著脚则玷污㉔终身。曲意而使人喜，不若直躬而使人忌；无善而致人誉，不如无恶而致人毁。

注释

① 烂肠腐骨之药：形容美味吃多了可以伤肠胃。
② 无殃：没有灾祸。殃，灾祸。
③ 败身丧德：使身败名裂，名誉、德行都受到严重败坏。
④ 媒：媒介。　⑤ 发：揭发，告发。　⑥ 阴私：隐私。
⑦ 旧恶：过去的仇恨，也指以往的过失、过错。

⑧万古：千年万代。⑨虚生：虚度一生。

⑩持盈履满：盈，圆满，丰满。履，通"禄"。全句是福禄盈贯，幸福美满的意思。

⑪兢兢：小心谨慎。⑫市私恩：指收买人心。市，买。

⑬扶公议：用光明正大的行为来争取社会声誉。扶：扶持。公议：社会舆论。

⑭敦：诚恳。⑮荣名：美名。⑯阴德：施德于人而不为人所知。

⑰尚：尊崇，崇尚。⑱奇节：奇特的行为。

⑲庸行：平常的行为。⑳犯手：沾手，触犯，违反。

㉑贻羞：为人耻笑而感到羞愧。

㉒私窦（dòu）：私门，这里指个人营私的地方。窦，壁间的小门。

㉓著脚：落脚，涉足，踏进去。㉔玷污：美誉受到污损。

解读

清爽可口的美味，说来都是溃烂肠胃腐蚀筋骨的毒药，吃个半饱就不会伤害身体；畅快舒心的事情，说来都是败坏身体丧失德行的媒介，适度控制才不会后悔。不要责备别人的小错，不要揭发别人的隐私，不要记着别人以往的恶事；人们假如能做到这三点，既可以修养德行，又可以避开祸害。

天地万古长存，而人一生是很短暂的；活得长只有百年，而一天的日子最容易度过。有幸生活在这百年中的人，既不可不知道人生的乐趣，也不可不怀有虚度一生的忧虑。年老时所得的疾病，都是壮年时留下的病根；衰败所受的罪孽，都是有权势时留下的祸根。所以有德行的人身处富足兴盛的时候，尤其要小心谨慎。

用小恩小惠收买人心，不如广施恩德而得到公众的赞扬；去结交新的朋友，不如加深与老朋友的情谊；博取荣耀名誉，不如悄悄做好事积累自身的德行；追求高风亮节，不如注重自己平常的言谈举止。

不可违背公正、客观的规律去评价别人，一旦违背就会遗留下万世的臭名；权贵显要的私门不可轻易走动，一旦沾边便会玷污一世的清白。

与其违心地奉承让别人高兴，不如坦率正直而使人嫉妒；与其自己没有做好事而得到别人赞扬，不如自己没有做恶事而无故遭到别人的污蔑。

故事链接

战国时期，魏国吞并了临近的一个诸侯国，魏国国君魏文侯把它封给了自己的儿子，而不是按照惯例，分给有战功的弟弟。

魏文侯这样做，也自知有些心虚，怕别的臣子议论，就故意在召集大臣们时说："我是个什么样的君主呢？你们说一说吧！"

大多数大臣都恭维地说："您当然是仁君。"

但是有一位叫任座的大臣却表示不同意，他说："君主夺取了中山之后，不封给有战功的弟弟，却封给了自己的儿子，这怎么能称为仁君呢？"

魏文侯听了，顿时满脸怒气。任座见状，急忙离座而去。这时，魏文侯又问身边的大臣翟璜，自己究竟是个什么样的国君。

翟璜平静地回答说："我认为您是位仁君。"

魏文侯又问："你为什么这样认为呢？"

翟璜说："我听说，哪个国家的君主贤明仁厚，哪个国家的大臣就耿直，不隐瞒自己的观点，刚才任座说话十分坦率，我就是根据他的举动，认为您是位贤明仁厚的国君。"

这种含着批评的赞扬，使魏文侯内心有所触动。于是，他叫翟璜立即把任座请回来，并亲自下堂迎接，还把他待为上宾。

概 论 篇

处父兄骨肉之变　宜从容

处父兄骨肉之变，宜从容①，不宜激烈；遇朋友交游之失，宜剀切②，不宜优游③。

小处不渗漏④，暗处不欺隐，末路不怠荒⑤，才是真正英雄。

惊奇⑥喜异者，终无远大之识；苦节⑦独行⑧者，要有恒久⑨之操。

当怒火欲水正腾沸⑩时，明明知得，又明明犯着。知得是谁，犯着又是谁？此处能猛然转念，邪魔便为真君子⑪矣。

毋偏信，而为奸所欺；毋自任⑫，而为气⑬所使。毋以己之长，而形⑭人之短；毋以己之拙，而忌人之能。

人之短处，要曲⑮为弥缝⑯，如暴而扬⑰之，是以短攻短；人有顽的，要善为化诲⑱，如忿而嫉⑲之，是以顽济⑳顽。

遇沉沉㉑不语之士，且莫㉒输心㉓；见悻悻㉔自好之人，应须防口㉕。

念头昏散㉖处，要知提醒；念头吃紧㉗时，要知放下。不然恐去昏昏㉘之病，又来憧憧㉙之扰矣。

注释

① 从容：镇静不慌乱。② 剀（kǎi）切：切实、直接了当。
③ 优游：柔和、模棱两可。
④ 小处不渗漏：小的地方不发生渗漏事故。比喻做事小节上也

不粗心大意。

⑤怠荒：丧失了勇气，没有了进取心。

⑥惊奇：对奇异的事物感到吃惊。

⑦苦节：苦苦恪守名节。⑧独行：独自走路。⑨恒久：持久，长久。

⑩腾沸：水波涌起的样子。这里指人心中充满了强烈的愤怒和欲念的样子。

⑪真君子：指心灵的主宰，即不受外物扰乱的天然本性。

⑫自任：自信、自负、刚愎自用。

⑬气：发扬于外的精神，此处指一时的意气。

⑭形：对比，比较。⑮曲：迂回婉转的意思。

⑯弥缝：弥补修合。⑰暴扬：暴露传扬。⑱化诲：感化教诲。

⑲忿疾：忿怒憎恶。⑳济：救助。㉑沉沉：表情阴冷。

㉒且莫：千万不要。㉓输心：交流感情。

㉔悻悻：生气、愤恨不平的样子。比喻人的傲慢，固执己见。

㉕防口：谨防话多有失。㉖昏散：迷惑。㉗吃紧：切中要害。

㉘昏昏：糊涂的样子。㉙憧憧：心意摇摆不定。

解读

遇到父兄亲人之间的矛盾，应该心平气和，不应过于激烈而有失偏颇；遇到朋友过失，应该诚恳坦率地指出来，不应该因顾及朋友的面子而犹豫不决。

对待小的事情不疏漏，别人看不到的地方也不隐瞒，落难失意时不怠惰，如果能够做到这三点，才算得上一个真正的英雄。

喜欢惊奇怪异的人，肯定没有高深的见识；坚守气节、不与世俗同流合污的人，应该具有永恒持久的情操。

当心中怒气冲冲的时候，明明知道不对，但又往往控制不住而任其发泄，事后去想一想，就知道不对的是谁，而让其发泄的又是谁。在这个时候如果能猛然醒悟，改变了观念，平息怒火，那么邪恶的欲念也会变成上天赋予人的良好本性。

不偏信一面之词，而被奸诈小人欺骗；不放任自己，而为个人意气所指使；不以自己的长处和别人的短处相比；不拿自己的笨拙去妒忌别人的灵巧。

对别人的缺点要善意弥补，揭露和宣扬就是以自己的缺点攻击别人的缺点；有不肯悔改的应善意教育，气愤而讨厌他就是以自己的顽劣去助长他的顽劣。

假如遇到沉默不语、高深莫测的人，不要轻易向他表明自己的真心；假如见到固执己见、自以为是的人，不要随便地与他交谈。

意念头绪昏沉散乱的时候要知道提拨警醒，意念头绪紧张的时候要知道放弃；否则恐怕去除了昏昏沉沉的毛病，又会到来憧憧扰扰的困扰中了。

故事链接

春秋战国时期，齐国想要讨伐燕国，采用了田子的计谋。齐桓公保持两国的往来，禁止守边的将士抢夺财物，释放了战争中的俘虏，并且还去慰问那些失去家园和遭遇到不幸的百姓。

燕国的老百姓觉得齐国君主好，都争相归顺。这一来，燕王害怕了，这不是一点一点地侵吞燕国，收拢人心吗？燕王十分害怕这个计谋，但一时也没有办法。

这时大臣苏厉对燕王讲："齐王并不是真的能行仁义的人，肯定是有人给他出谋划策，他才这么做。事实上，齐王是个急功近利，而且爱猜疑的人，不可能安心受指教，而齐国的军队也是很贪婪的，不可能长期地受禁令和纪律的制约，我们不要着急，使个计谋就能破他这一计。"

于是暗中派人装扮成齐军，在途中要挟燕国投降的人，抢占妇女，掠夺燕人的财物，这样一来，投降齐国的燕人都十分害怕，不敢向齐国前进了。而齐国兵将，实际上早就耐不住性子了，只是害怕国君的禁令，借着燕人进退不定的时候，派人向齐王进言说："我们对他们这么好，而燕人却背叛我们了。"

齐王左等右等不见有更多的燕人来投降，也就相信了兵士们的话，下令全部没收、拘留降民的家财和家属。田子怎么劝他不要这样做，齐王都不听，而将士们更因为有上边的支持，而大肆抢夺，燕国百姓从此也就不再想投到齐国去了。田子的计策功亏一篑。

霁日青天　倏变雷电

霁日①青天，倏②变为迅雷震电；疾风怒雨，倏转为朗月晴空。气机③何当一毫凝滞？太虚④何当一毫障塞⑤？人心之体，亦当如是。

胜私制欲⑥之功，有曰识不早力不易⑦者，有曰识得破忍不过⑧者，盖识是一颗照魔的明珠，力是一把斩魔的慧剑⑨，两不可少也。

横逆⑩困穷，是锻炼豪杰的一副炉锤⑪。能受其锻炼者，则身心交⑫益；不受其锻炼者，则身心交损。

害人之心不可有，防人之心不可无，此戒疏于虑⑬者；宁受人之欺，毋逆⑭人之诈，此儆⑮伤于察⑯者。二语并存，精明浑厚矣。

毋因群疑⑰而阻⑱独见⑲，毋任己意而废人言，毋私小惠而伤大体⑳，毋借公论以快私情。

善人未能急亲，不宜预扬，恐来谗谮㉑之奸；恶人未能轻去，不宜先发，恐招媒孽㉒之祸。

注释

① 霁日：雨停天晴的意思。② 倏：突然，忽然，形容时间短暂。
③ 气机：指万物的运行。④ 太虚：宇宙。⑤ 障塞：障碍阻塞。
⑥ 胜私制欲：战胜私情，克制物欲。
⑦ 识不早力不易：没有及时发现欲望的害处，没有克制欲望的

菜根谭

意志。易，改变。这里指去除心中的欲念。

⑧ 识得破忍不过：对欲望的危害有清醒的认识，但是不能够克制欲望，抵制不了诱惑。

⑨ 慧剑：比喻智慧如利剑，能斩断一切烦恼。

⑩ 横逆：泛指不顺心的环境或事情。

⑪ 炉锤：犹锤炼，比喻磨练人心性的东西。 ⑫ 交：一起，同时。

⑬ 疏于虑：考虑不周到。这里指与人交往时警惕性不高。

⑭ 逆：预先推测。 ⑮ 儆：让人自己觉悟而不犯过失。

⑯ 伤于察：观察过于细致。这里指与人交往时警惕性过高。

⑰ 群疑：众人的疑惑。 ⑱ 阻：推却，拒绝。

⑲ 独见：独到的发现，独特的见解。

⑳ 大体：重要的义理，有关大局的道理。

㉑ 谮谮（zèn）：说坏话的意思。

㉒ 媒孽：比喻挑拨是非，陷人于罪。

解读

万里无云的天空，忽然变成电闪雷鸣；暴风骤雨的天气，忽然转为明月当空；气候变化的自然机能什么时候有丝毫停止运转？广漠无际的天空什么时候曾发生丝毫障碍堵塞？人的心灵形体，也应当如此。

战胜私情克制物欲的功夫，有人说认识不及时而人不能控制，有人说认识私欲危害而忍受不了物欲吸引，因为意识是一颗照亮魔鬼的明亮珠宝，意志力是一把斩伐魔鬼的智慧利剑，这两者都不可缺少。

灾祸和穷困就是锻炼英雄豪杰心性的熔炉。只要能够经受这种锻炼，那么身心才会有质的飞跃；相反，承受不了这种锻炼，那么对身心来说会是一种损害。

伤害人的心不可以有，防备人的心不可以没有，这是告诫疏忽于思考的人；宁可忍受他人的欺骗，不要事先猜疑他人欺诈，这是告诫过于细致观察的人。这两种心态并存，才算是精干聪明而淳朴宽厚的为人之道。

不要因为人疑惑就阻碍自己的见解，不要用自己意见废弃他人的良言，不要因个人小利益就伤害大的整体利益，不要借助公众舆论来释放自己的私人情绪。

善良人不能急切和他亲近，不要先宣扬其善行，怕招来恶言中伤的小人；邪恶人不要轻易离开他，不要首先主动与其分离，唯恐遭受谋划罪孽的报复灾祸。

故事链接

西汉时期，平原君以为人刚正敢言而出名。当时很得吕太后宠幸的辟阳侯想结识他，平原君一直不肯见他。后来平原君的母亲死了，没有钱发丧，正在四下借钱。这时，陆贾急急火火地向辟阳侯祝贺，辟阳侯不理解，别人家死了人，自己有什么可高兴的呢。

陆贾说："从前您想结交平原君，平原君出于大义不与您相见，这是因为他母亲的缘故。相知者应当在对方危难的时候帮助他，现在他母亲死了，您若能真诚地送厚礼为他母亲发丧，那么他将会为您献出生命而在所不惜！"

辟阳侯就送给平原君一百两银子，列侯贵人们也因为辟阳侯的原因，纷纷前去赠银，一共有五百多两呢。过了不久，有人揭发辟阳侯的隐私，汉孝惠帝大怒，不但罢了他的官，扬言还要诛杀他。

吕太后内心羞愧无法为他说情，大臣们大多数受到过辟阳侯的伤害，巴不得他早点死去呢。辟阳侯感到万分危急，这时他想到了自己曾经周济过的平原君，就派人向平原君求救。

菜根谭

平原君说:"他犯了死罪,我不敢同他见面。"

平原君表面这么说,实际上立即去求见孝惠帝的宠臣闳孺,向他施展起自己的辩才,说道:"您能得到皇帝宠幸的原因,天下没有不知道的。现在辟阳侯被罢官,街谈巷议都认为是因为您进了谗言,想杀害他。如果辟阳侯被诛杀,日后吕太后也会杀了您。您何不脱去上衣找皇帝为辟阳侯求情呢。皇帝听从您的意见把人放出,吕太后一定也会非常喜欢您的。您就会得到两个主子的宠幸,那您的高贵定会翻一番的。"

闳孺听后,既高兴又恐惧,高兴的是自己从此可以官运亨通了,恐惧的是差一点自己就糊里糊涂地成了刀下之鬼。他听从平原君的意见,立刻向皇帝进言,果然释放了辟阳侯。辟阳侯出狱后,起初还十分怨怒平原君,等知道了真实情况后,感动得热泪横流。

青白节义　漏室中来

青天白日①的节义②，自暗屋漏室③中培来；旋乾转坤的经纶，自临深履薄④处缫⑤出。

父慈子孝，兄友弟恭，纵做到极处⑥，俱是合当⑦如是，著不得一毫感激的念头。如施者任德⑧，受者怀恩，便是路人⑨，便成市道⑩矣。

炎凉⑪之态，富贵更甚于贫贱；妒忌之心，骨肉尤狠于外人。此处若不当以冷肠⑫，御以平气，鲜不日坐烦恼障⑬中矣。

功过不宜少混，混则人怀惰隳⑭之心；恩仇不可太明，明则起携贰⑮之志。

恶忌阴⑯，善忌阳⑰。故恶之显者祸浅，而隐者祸深；善之显者功小，而隐者功大。

德者才之主，才者德之奴。有才无德，如家无主而奴用事矣，几何不魍魉⑱猖狂？

注释

① 青天白日：光明磊落。② 节义：名节义行，此处指人格。
③ 暗室漏屋：指简陋、别人不易发现的地方。
④ 临深履薄：面临深渊脚踏薄冰，比喻做事特别小心谨慎。
⑤ 缫（sāo）：通"缫"，抽茧出丝，此处作整理领悟解。

⑥ 极处：程度上不能再超过的界限。⑦ 合当：应该。
⑧ 任德：以施惠于人而自任，受人感激。⑨ 路人：彼此无关的人。
⑩ 市道：指市场交易场所。⑪ 炎凉：比喻人情的冷暖。
⑫ 冷肠：态度冷淡，此处是冷静的意思。
⑬ 烦恼障：佛家语，烦扰苦恼，心绪不宁的意思。
⑭ 惰隳（duò huī）：疏懒堕落。
⑮ 携贰：怀有二心，也就是有叛逆之心。
⑯ 阴：隐藏、遮掩的意思。⑰ 阳：暴露、张扬的意思。
⑱ 魍魉（wǎng liǎng）：泛称山川木石的精灵怪物。

解读

光明磊落的伟大人格和节操，都是在蓬门荜户的艰苦环境中磨练出来的；治国平天下的伟大政治韬略，都是从小心谨慎的做事态度中磨练出来的。

父母慈爱子女孝顺，兄长友爱弟妹，即使做到最完美也都是应当的，用不着感激。如果布施的任负恩德，接受的人怀感恩泽，这样就成路人，也就是市井小人了。

炎凉冷暖的世态，富裕显贵的人家更是胜过于贫穷微贱的人家；嫉妒猜忌的心理，骨肉至亲之间尤其狠毒于外界的陌生人。这种场合如果不能以冷静态度面对，以平和之气控制，很少不是终日停留在烦恼氛围中了。

功劳与过错不应该有少许的混淆不清，功过混淆就会使人产生不思上进怠惰之心；恩德与怨仇不可分得太清，恩仇分得太清就会使人怀有二心，产生背叛之意。

罪恶忌讳隐藏，善念忌讳显示。所以罪恶显露的人灾祸浅，而隐藏的人灾祸深；善事显露的人功劳小，而隐藏的人功劳大。

道德是才干的主人，才干是道德的奴隶。有才干没有道德，就像家庭没有主人而奴隶当家了，有多少不是精灵鬼怪为所欲为呢？

故事链接

西汉时，有个叫姜诗的人很孝敬母亲，他的妻子庞氏勤劳笃厚，对待婆婆尤其恭敬孝顺。姜母喜欢饮用沱江的水，庞氏便常常到江边打水给婆婆喝。而沱江离他们家六七里远，这样庞氏每天都得往返十几里路，但她风雨无阻，从不间断。

有一天，狂风暴雨肆虐，天气十分恶劣。庞氏仍如往常一样前往沱江担水。但风雨实在太大了，瘦小的庞氏被风吹昏倒在江边。好不容易才醒过来，又赶忙提起桶，重新打了江水往回赶。

因为回家太晚，婆婆责骂了她，但她毫无怨言，反而侍奉得更殷勤了。婆婆终于意识到自己的不是，从此一家人更加恩爱和睦。

婆婆还有一个爱好，就是非常喜欢吃鱼，并要人陪着吃，声称那样吃才有味道。夫妇俩尽力满足老人的嗜好，每天都烧鱼给母亲吃，并请来邻家的老大娘陪着她一块儿吃。

三五天无所谓，时间长了可就麻烦了，庞氏每天又要担水，又要烧鱼，忙都忙不过来，而且还要经常买鱼，经济也承受不了，可又不敢怠慢母亲，这可怎么办呢？

说来也就奇了，正当他们一筹莫展时，他们家屋后突然冒出了一股泉水来，泉水如同沱江水一样清澈、甘甜，而且每天清晨，泉水里一定会冒出两条大鲤鱼，活蹦乱跳的。

夫妻俩高兴极了，每天用新鲜的泉水和鲜嫩的鲤鱼孝敬母亲。

锄奸杜幸　放他一条路

锄奸杜①幸②，要放他一条去路。若使之一无所容，便如塞鼠穴者，一切去路都塞尽，则一切好物都咬破矣。

士君子贫不能济物③者，遇人痴迷④处，出一言提醒之；遇人急难处，出一言解救之，亦是无量⑤功德。

反⑥己者，触事皆成药石；尤⑦人者，动念即是戈矛。一以辟众善之路，一以浚⑧诸恶之源，相去⑨霄壤⑩矣。

事业文章随身销毁⑪，而精神万古如新⑫；功名富贵逐世转移，而气节千载一日。君子信⑬不当以彼易此也。

鱼网之设，鸿则罹⑭其中；螳螂之贪，雀又乘其后。机里藏机⑮，变外生变，智巧何足⑯恃哉！

作人无点真恳⑰念头，便成个花子⑱，事事皆虚；涉世无段圆活机趣，便是个木人，处处有碍。

事有急之不白⑲者，宽⑳之或自明，毋躁㉑急以速其忿㉒；人有切㉓之不从者，纵之或自化㉔，毋躁切以益其顽㉕。

注释

① 杜：堵塞，断绝。② 幸：指投机取巧宠信于人的人。
③ 济物：用东西救助别人。④ 痴迷：沉迷不悟。

⑤ 无量：无法计算，指数量极多。⑥ 反：检讨，反省。
⑦ 尤：怨恨。⑧ 浚：疏通。⑨ 相去：相距，相差。
⑩ 霄壤：天和地。比喻差别很大。⑪ 销毁：销熔毁灭。
⑫ 万古如新：时间虽久，仍和新相识一样。⑬ 信：的确，确实。
⑭ 罹（lí）：受困，遭到不幸。⑮ 机：玄机。
⑯ 何足：哪里值得。⑰ 真恳：真诚恳切。
⑱ 花子：古时妇女贴画在面颊上的装饰。也指乞丐。这里指华而不实、虚伪狡猾的人。
⑲ 白：清楚，明了。⑳ 宽：松缓。㉑ 躁：急躁。㉒ 忿：愤怒。
㉓ 切：急迫。㉔ 自化：自我觉悟，开化。㉕ 顽：顽钝，愚妄。

解读

铲除邪恶杜绝小人，要放他一条出路。如使得他没有一个地方容身，就好比堵塞老鼠洞穴，一切出路都堵塞殆尽，那么一切好东西也都被老鼠撕咬破坏了。

品德高尚的人不能用财物救济他人，遇到他人迟钝迷惑的地方说一句话提醒他；遇到他人危急困难时说一句话解救他，也算是大有益于他人的功劳恩德。

反省自己的人，接触事物都成为药剂砭石；怨天尤人的人，萌动念头就是操戈执矛。一种开辟行善道路，一种浚发恶行源泉，两者相差真是天壤之别。

事业文章跟随身体消亡毁灭，而精神却万古长存永不朽败；功名富贵随着时代转换迁移，然而气节却千载不变永留人间。有道德的读书人要坚信，不应当以放弃精神气节去交易随时毁灭变幻的东西。

张网捕鱼，不料鸿雁误落其中；螳螂捕食，不料黄雀在后。这正是所

菜根谭

说的机关里面又藏着机关，变故之后又生变故，因此人的智慧和技巧又怎么靠得住呢！

做人如果没有一点真诚恳切的念头，就会像个一无所有的乞丐，做任何事都很虚伪；处世如果没有一些随机应变的技巧，那么就成了一个没有生命的木头人，时时处处都会碰到阻碍。

事情有紧急而又不明白的，宽缓一些或许会自然明白。不要急躁以免造成更加紧张；他人操纵而有人不服从的，纵缓一步或许会自我感化，不要躁切以免促使他益加顽固。

故事链接

有一次，庄子在林中打猎，看见一只奇异的鹊鸟由南方飞来，碰着庄子的额头飞过去，停在树林里。庄子很纳闷："这是什么鸟？有这么大的翅膀，可是却不高飞；眼睛这么大，却连人都看不见。"

于是，他便跟随鹊鸟进了树林。仔细一看，他发现鹊鸟在树荫里对准了一只螳螂，而这只螳螂正举起臂膀准备捕捉一只在枝头鸣叫的蝉。螳螂与鹊鸟都被眼前的利益所蒙蔽，而没有觉察自身面临的危险。

庄子见状心惊道："唉！凡是互相求利的事物，必然互相拖累；有心谋害他物，就招引别物谋害自己。"

这就是"螳螂捕蝉，黄雀在后"这句成语的由来。这个寓言提示我们，欲望不可过大，当你的欲望对准了某个事物时，一定要审时度势，防止出现"黄雀在后"的局面。一个人要想快乐地生活，最好不要有过多的奢求。

节义傲青云　文章高白雪

节义傲青云❶，文章高白雪❷，若不以德性陶镕❸之，终为血气之私，技能之末。

谢事❹当谢于正盛之时；居身宜居于独后❺之地。谨德❻须谨于至微❼之事；施恩务施于不报之人。

德者事业之基，未有基不固而栋宇❽坚久者；心者后裔❾之根，未有根不植而枝叶荣茂者。

道❿是一重公众物事，当随人而接引⓫；学是一个寻常家饭，当随事而警惕。

念头宽厚的如春风煦⓬育，万物遭之而生；念头忌刻⓭的如朔⓮雪阴凝⓯，万物遭之而死。

勤者敏⓰于德义，而世人借勤以济其贫；俭者淡于货利，而世人假俭以饰⓱其吝。君子持身之符⓲，反为小人营私之具⓳矣。惜哉！

人之过误⓴宜恕㉑，而在己则不可恕；己之困辱㉒宜忍，而在人则不可忍。

注释

❶青云：比喻达官显贵。❷白雪：比喻高雅的乐曲。
❸陶熔：陶铸熔炼，比喻培育、造就。

④ 谢事：辞职引退，免除俗事。

⑤ 独后：独自一人在后面，指不和别人相争而居后。

⑥ 谨德：戒慎小心，无有失德之行。

⑦ 至微：指极微细的物类，极微妙的事理。

⑧ 栋宇：泛指房屋。栋，屋之正中。宇，屋之四垂。

⑨ 裔：子孙后代。

⑩ 道：道理，含有通往真理之路的双重意义。

⑪ 接引：佛家语，本指引渡众生。 ⑫ 煦：温暖。

⑬ 忌刻：为人刻薄善妒。 ⑭ 朔：北方。 ⑮ 阴凝：阴气凝结。

⑯ 敏：奋勉。 ⑰ 饰：粉饰，掩饰。 ⑱ 符：符箓，信条。

⑲ 营私之具：为自己谋求私利的工具。 ⑳ 过误：过错和失误。

㉑ 宜恕：应当宽恕。 ㉒ 困辱：困窘和屈辱。

解读

节操和正气足以胜过高官厚禄，生动感人的文章足以胜过白雪名曲，如果不是用道德标准来贯穿其中，那么终究只不过是血气冲动时的个人感情，或只不过是一种微不足道的雕虫小技。

辞官引退应当在事业巅峰、官运亨通的时候；平时为人处事应当处在末尾最后、与世无争的地位。谨慎地修炼自己的德行，必须注意到细小的事情；施予恩惠，一定要包括那些不报恩德的人。

品德是立业的基础，没有基础不稳固而高楼大厦坚固持久的；善心是修炼后人的根本，没有根基不培植而花枝树叶繁荣茂盛的。

人生的道理就像一条大马路，应该顺着人性去引导；做学问就像每个人吃家常便饭那样普遍，因而应该随着事物的变化留心观察和提高警觉。

一个胸襟宽宏忠厚的人，就好比温暖的春风化育万物，能给一切具有生命的东西带来生机；一个胸襟狭隘刻薄的人，就好比寒带阴冷凝固的白雪，能给一切具有生命的东西带来杀气。

一个勤奋的人应该尽心尽力在品德和义理上下功夫，可是一般人却都仰仗勤奋来解决自己的穷困；一个俭朴的人应该把财物和利益看得很淡泊，可是一般人却假借俭朴来掩饰自己的吝啬。勤奋和俭朴本来是有德君子立身处世的信条，不料反倒成为市井小人营利徇私的工具，说来也真是令人感到惋惜。

别人的过失应该宽厚，而自己的过失则不可宽厚，应当自责并改正；自己所受到困苦屈辱应该忍受，而看到别人受到了困苦屈辱则应该帮助他摆脱。

故事链接

庞统，字士元，襄阳人，是司马徽的侄子，后来曾在刘备手下担任军师中郎将，帮助刘备进攻四川，在围攻雒县时，不幸被流矢射中，死时才三十八岁。庞统少年时代性格内向，不太惹人注意。后来司马徽移居颍川老家，庞统从南郡历经千里行程前去探望，到了司马徽的住地，见他还是在树上采桑。

这时庞统的见解和少年时代有些不一样了，他从车子里探出头来对司马徽说："我听说大丈夫生活在世上，应该挂着黄金大印，佩着紫色的印带，怎能委屈自己的才能，在这里做养蚕妇人的事呢？"

司马徽听了，笑笑说："你先请下车，我再回答你的问题。"

等庞统下了车，他接着说："你只知道拣小路走能够早一点到达目的地，但不知道走小路容易迷路。过去尧时的伯成子告别诸侯，到野外去耕地，并不羡慕功名的荣耀；孔子的弟子原宪住在用桑树条圈成门枢的屋子里，不要高大的官家住宅。他们不稀罕住华丽的屋子、用肥大的马拉车、使唤几十名侍女。这就是古代的隐士许由、巢父心胸宽阔的地方，也是伯夷、叔齐足以骄傲的原因。在我们这些人眼里，认为像吕不韦那样以奸诈手段骗得官位的人，或者像刘景公那样拥有骏马的庸俗君主，都是不足以夸耀的。"

司马徽的一番话，深刻地教育了庞统，他认识到能够忍受住贫寒的生活，也是一个具有才干的人所应具备的品德。正是耐得清寒，也才能不为名利地位所动。作为一个人，在社会中为人处世不能只是追求富贵功利，任何事情都要从正道上取得，只能拥有应该拥有的东西；否则，还不如守着朴素和贫寒，具有纯真的人格。

庞统迅速领会到话中的含义，对司马徽道谢说："我生活在中原的边陲地带，很少听到精奥的道理。今天如果不是叩响你这座洪钟，敲响你这面能发出雷声的大鼓，还真不知道天底下竟有这般激昂慷慨的音响哩！"

庞统也是智者，但也难免有一时糊涂认识，水镜先生的一席话，让他知道了忍贫安困也是人生修养的一个部分，不能小看这种锻炼。只有能忍耐住清贫，才能在以后发达的时候真正有所作为。

恩宜自淡而浓

恩宜自淡而浓，先浓后淡者，人忘其惠；威①宜自严而宽，先宽后严者，人怨其酷②。

士君子处权门要路③，操履④要严明，心气要和易；毋少随而近腥膻⑤之党，亦毋过激而犯蜂虿之毒⑥。

遇欺诈之人，以诚心感动之；遇暴戾⑦之人，以和气薰蒸⑧之；遇倾邪私曲⑨之人，以名义气节激励之。天下无不入我陶冶中矣。

一念慈祥，可以酝酿两间⑩和气；寸心洁白，可以昭垂⑪百代清芬⑫。

阴谋怪习，异行奇能，俱是涉世祸胎⑬。只有一个庸德庸行，便可以完混沌而召和平。

古语云："登山耐⑭侧路⑮，踏雪耐危桥。"一"耐"字极有意味。如倾险⑯之人情，坎坷之人情，坎坷之世道，若不得一"耐"字撑持⑰过去，几何不堕入榛莽坑堑⑱哉！

注释

① 威：威严。② 酷：冷酷，苛刻。
③ 权门要路：权门指有权有势的政要。
④ 操履：操守和行事。
⑤ 腥膻：鱼臭叫腥，羊臭叫膻，比喻操守不好的人。

⑥ 蜂虿（chài）之毒：虿，毒虫名，属蝎科，比喻人心险恻恶毒。
⑦ 暴戾：粗暴乖张，残酷凶恶。⑧ 薰蒸：沐浴，感化。
⑨ 私曲：自私。⑩ 两间：天地之间。指人间。
⑪ 昭垂：昭示，垂示。⑫ 清芬：清香，比喻高洁的德行。
⑬ 祸胎：即祸根。⑭ 耐：忍受，禁得起。
⑮ 侧路：非正面的比较陡峭的山路。侧，旁的，边缘的。
⑯ 倾险：指用心邪僻险恶。⑰ 撑持：勉强支撑，支持。
⑱ 榛莽坑堑（qiàn）：树木、杂草丛生的沟壑溪谷。比喻恶劣的人生环境。榛，丛生的树木。莽，草丛。堑，陷坑。

解读

施恩惠给别人应该先少后多，逐渐增加，假如先多而后少，别人便会忘掉你的恩惠；严格要求别人，应该先严后宽，逐渐放松，假如先宽后严，别人就会怨恨你对他严厉。

士大夫身居高位，手握大权，作风品行必须严肃端正，平易近人；不可接近那些贪赃枉法的奸党，但也不可过于激烈而遭到阴险小人的陷害。

遇到狡诈、不诚实的人，就用真诚去感动他；遇到粗暴乖戾的人，就用平和去感染他；遇到行为不正、自私自利的人，就用道义名节去激励他。那么天下就没有人不受到我的感化了。

人在一念之间慈悲祥和的念头，可以创造人际之间的和平之气；人能保持些许纯洁清白的心地，可以使美名流传千古而不朽。

阴谋诡计，怪异的言行，奇特的技能，这些都是导致社会内乱的根源。只是那种平常的德行和寻常的言行，才合乎自然法则而成为维护社会和平的宝器。

古人说："登山耐险路，踏雪耐危桥。"一个"耐"字意味深长。

处世也是这样，遇到反复阴险的小人，坎坷不平的世道，假如没有一个"耐"字来勉强自己坚持下去，怎么能使自己避免落入艰难悲惨的境地呢？

故事链接

春秋时期，有个叫田驷的人。他为人比较狂放，知道他脾气的人，都不跟他计较。有一天，邹国的国君认为他藐视了自己的威严，犯了欺君之罪，要派人杀掉他。田驷闻知了这个消息，十分害怕，连忙去找惠子，求他搭救自己，惠子答应了他的请求。

第二天，惠子求见邹国国君，问道："如果有这么一个人，见到国君您，就闭上一只眼睛，您将怎样处置他呢？"

邹国国君说："这是目无君主，我一定会杀了他的。"

惠子又接着问道："瞎了眼的人，遇见您时，双眼都闭着，更是目无君主，您会怎样处置他呢？"

邹国的国君说："对这样的人，我怎么会追究他呢？因为他是瞎子呀！"

于是，惠子接过话茬说："田驷就是这样一个人。他在东方不把齐国国君放在眼里，到南方又藐视楚国的国君，眼睛里从来没有人，和瞎子没什么两样，您何必因此而怨恨他呢？"

邹国国君听了惠子的话，觉得很有道理，于是就放弃了杀田驷的念头。田驷经过这一次杀身之祸后，变得收敛多了。

夸逞功业　炫耀文章

夸逞①功业，炫耀文章，皆是靠外物做人。不知心体莹然②，本来③不失，即无寸功只字，亦自有堂堂正正做人处。不昧己心④，不拂人情⑤，不竭物力⑥，三者可以为天地立心，为生民立命，为子孙造福。

居官⑦有二语，曰："惟公则生明，惟廉⑧则生威⑨。"居家有二语，曰："惟恕⑩则平情⑪，惟俭则足用。"处富贵之地，要知贫贱的痛痒⑫；当少壮之时，须念衰老的辛酸⑬。

持身不可太皎洁⑭，一切污辱垢秽要茹纳得⑮；与人不可太分明，一切善恶贤愚要包容得。休与小人仇雠⑯，小人自有对头；休向君子谄媚⑰，君子原无私惠⑱。磨砺当如百炼之金，急就者，非邃养⑲；施为宜似千钧⑳之弩㉑，轻发者，无宏功㉒。建功立业者，多虚圆㉓之士；偾事㉔失机者，必执拗㉕之人。

注释

① 夸逞：夸示，炫耀。② 莹然：光洁的样子。
③ 本来：人本有的心性。
④ 不昧己心：不昧着自己的良心。昧，晦暗，湮没。
⑤ 不拂人情：不绝情绝意。⑥ 不竭物力：不过分耗费财力物力。
⑦ 居官：担任官职，做官。⑧ 廉：正直高洁。⑨ 威：敬畏。

⑩ 恕：将心比心，推己及人的意思。

⑪ 平情：情绪平稳毫无怨天尤人之意。

⑫ 痛痒：二者是指同一种病。比喻痛苦。

⑬ 辛酸：比喻痛苦悲伤。⑭ 皎洁：光明洁白。

⑮ 茹纳得：茹是容纳。此处指容忍得下。

⑯ 仇雠（chóu）：结仇。此处指敌对结怨。

⑰ 谄（chǎn）媚：以不正当言行博取他人的欢心。

⑱ 私惠：私人的恩惠。⑲ 邃（suì）养：邃是深邃。指高深修养。

⑳ 钧：三十斤为一钧。㉑ 弩：用机械装置来发射的大弓。

㉒ 宏功：大的功效。㉓ 虚圆：谦虚圆通。㉔ 偾（fèn）事：败事。

㉕ 执拗（niù）：倔强不服从，听不进别人的意见。

解读

夸耀自己事业的成功，炫耀自己文章的美妙，都是凭借身体以外的事物来做人。却不明白假如能使心体纯净明亮，保持本性，即使没有一点功业，没有一篇文章，也可以光明正大地在世上做人处事。不隐藏自己的观点，不违背人之常情，不挥霍而用尽财物。如果能做到这三点，便能够得到天地所赋予的灵性，为黎民百姓的生活着想，为子孙后代造福。

做官有两句话："只有公正才能产生明智，只有清廉才能产生威严。"居家过日子也有两句话："只有宽恕才能使家人平静和睦，只有节俭才能使家里开支够用。"身处富贵的时候，应该深记贫穷卑微时所遭受的痛苦；在年轻健壮的时候，应该想到年老体弱时将受到的辛酸。

做人处世不可太清高，人间一切污秽耻辱、清流美善都要兼收容纳；与人交往不可太分明，世上一切好人败类、贤良痴愚都要包容相交。

休要与小人为怨结仇，小人自有与他作对为敌的人；休要向君子奉承讨好，君子本来就公正无私，不会私下施予恩惠。

磨砺自己的意志应当像炼金一样，反复锻炼才能成功，急于求成的人，就没有高深的修养；做事就像使用千钧之力的弓弩一样，经过努力才能拉动，如果轻松地做事，不会建立宏大的功业。建功立业的人，大多是虚心善于变通的人；而事业不成、丧失良机的人，必定是固执任性的人。

故事链接

戴逵是东晋著名学者、雕塑家和画家。他为瓦棺寺塑《五世佛》，和顾恺之的壁画《维摩诘像》、狮子国送来的玉佛，在当时并称"三绝"。

戴逵在艺术上取得的成就，和他虚心以人为师听取意见是分不开的。他在为瓦棺寺塑《五世佛》之前，曾为会稽山阴灵宝寺作木雕无量寿佛及胁侍菩萨。

这尊六尺高的无量寿佛木像，是戴逵精心制作的成功作品。但是，他还不满足，为了吸取众人智慧，使作品在艺术上达到炉火纯青的地步，他邀请了许多人欣赏木像，并随意品头论足。

可是事与愿违，欣赏木像的人们总是当着戴逵的面尽说些好听的话，提意见也是轻描淡写。这怎么能行呢？戴逵征求意见是诚心诚意的。于是，他灵机一动，便藏在木像后面的帷幔里偷听。凡是欣赏木像的人对木像提出的缺点，他都一一记下来，等人们散去，他就进行修改。

如此三年，直到欣赏木像的人提不出意见了，戴逵才将木像送到灵宝寺。由于这尊木像汇集了众人智慧并反复修改完成的，因此，其雕刻水平达到了无与伦比的地步，吸引前去参观的人简直络绎不绝。山阴太守、大名士郗超也慕名前往观看。这尊木像一直保存到唐朝，那时的一些著名画家、雕塑家还前去观摩学习。

毋忧拂意　毋喜快心

俭，美德也，过①则为悭吝②，为鄙啬③，反伤雅道④；让，懿⑤行也，过则为足恭⑥，为曲谨⑦，多出机心。

毋忧拂意⑧，毋喜快心⑨；毋恃⑩久安，毋惮⑪初难⑫。

饮宴之乐多，不是个好人家；声华⑬之习胜，不是个好士子⑭；名位之念重，不是个好臣士⑮。

仁人⑯心地宽舒⑰，便福厚⑱而庆长⑲，事事成个宽舒气象；鄙夫⑳念头迫促，便禄薄而泽短，事事得个迫促㉑规模。

用人不宜刻，刻则思效者去；交友不宜滥㉒，滥则贡谀㉓者来。

大人㉔不可不畏，畏大人则无放逸㉕之心；小民㉖亦不可不畏，畏小民则无豪横㉗之名。

事稍拂逆㉘，便思不如我的人，则怨尤㉙自消；心稍怠荒㉚，便思胜似我的人，则精神自奋。

不可乘喜而轻诺㉛，不可因醉而生嗔㉜；不可乘恢而多事，不可因倦而鲜终㉝。

注释

①过：过分。②悭吝：指为富不仁。③鄙啬：有钱舍不得用。
④雅道：即正道。此处指与朋友交往。⑤懿：美好。

⑥ 足恭：形容对人过分恭维。

⑦ 曲谨：指把谨慎细心用在微小的地方。

⑧ 拂意：违背，即不如意。⑨ 快心：称心如意。

⑩ 恃：倚仗，仗恃。⑪ 惮：恐惧，害怕。⑫ 初难：最初的困难。

⑬ 声华：声指音乐歌舞，华指华丽的衣服。

⑭ 士子：指读书人或学生。⑮ 臣士：指臣子等士大夫。

⑯ 仁人：行善有德行的人。⑰ 宽舒：宽厚平和，从容自然。

⑱ 福厚：福禄丰厚。⑲ 庆长：福祉吉祥。

⑳ 鄙夫：指观念卑下心胸狭窄的人。㉑ 迫促：急促，急迫。

㉒ 滥：轻率，随便。

㉓ 贡谀：贡是贡献，谀是阿谀。即献出甘言逢迎讨好。

㉔ 大人：指有道德声望的人和居官的人。㉕ 放逸：放纵逸乐。

㉖ 小民：指一般平民百姓。㉗ 豪横：蛮横强暴。

㉘ 拂逆：指事情不顺心不如意。

㉙ 怨尤：把事业的失败归咎于命运和别人。

㉚ 怠荒：精神萎靡不能振作。㉛ 轻诺：轻易许诺。

㉜ 嗔：发怒、生气。㉝ 鲜终：鲜是少。此处指有头无尾，有始无终。

解读

俭朴是一种美德，可是俭朴过分就是吝啬小气，反而伤害了与人交往的雅趣；处事谦让是一种高尚的行为，可是如果谦让过分就显得卑躬屈膝，谨小慎微，不够大方得体，反而会多出一些巧诈的心思。

不要为不顺心的事而烦恼，也不要为称心的事而高兴；不要依赖长久的平安，也不要畏惧开头的艰难。

设宴饮酒作乐的时候多，肯定不是个好人家；贪恋名声荣誉的习气浓厚，必定不是个好学生；贪图名望与官位的心思重，肯定不是个好官吏。

仁慈的人心胸宽厚舒畅，就福禄殷厚而庆祉绵长，事事得个宽宏舒畅；鄙陋的人心思迫切急促，就利禄微薄而恩泽浅短，事事得个紧迫局促。

用人不应当苛刻，太苛求就会使想效力的人离去；交友不应当随意，太随意就会使善献媚的人到来。

有官位的人不可不敬畏，敬畏就没有放纵安逸的心怀；平民百姓也不可不敬畏，敬畏就不会有豪强蛮横的名声。

事业稍有不顺的日子，便想想那些处境不如我的人，那么怨恨便自然会消失；心中稍有懈怠的日子，便想一想那些在事业上比我强的人，那么精神自然会振奋起来。

人不应该乘一时的高兴就轻易地许下诺言，不应该因喝醉酒而向人发怒；不应该乘事业的扩大而多管闲事，不应该因劳累困倦而将手中的事情半途而废。

故事链接

孟尝君，齐国宗室大臣，以招贤纳士，有食客三千而闻名。他把宾客的待遇分为上中下三等。一天，有个穿得破破烂烂的彪形大汉来见，说自己姓冯叫谖，是齐国人。孟尝君便打发他住在下舍。后来，孟尝君又把冯谖搬到上舍，冯谖每天乘车日出夜归，还有专人伺候。

过了一年多，冯谖替孟尝君去收薛城的债。薛城是孟尝君的封地，有很多人都借了他的钱，听说孟尝君派人来收利息，去缴钱的很多，冯谖用这笔钱买进大量牛肉、美酒，贴出告示："凡欠利息的，无论能否偿还，请明天来核对借据。"

因为有酒有肉，第二天，人们大都赶来了。冯谖请他们大吃大喝，然

菜根谭

后把所有人的借据统统用火烧光了。百姓都磕头欢呼："孟尝君真是我们的再生父母。"

后来，孟尝君被贬归薛城，宾客统统走光了，只有冯谖不忍离去，并为他驾车。还没走到薛城，薛城的百姓便扶老携幼争着献酒献肉。孟尝君叹道："这都是冯先生为我收得的效果。"

冯谖又见秦王，建议秦王重用孟尝君，然后又去见齐王，警告他："倘不用孟尝君，就要被敌国抢走了。"

齐王不信，派人到边境一看，果然秦国派了十辆马车，载着百镒黄金来了，赶忙恢复孟尝君相位，再加封食邑千户。

钓水逸事　持生杀之柄

钓水①逸事②也，尚持生杀之柄③；弈棋④清戏也，且动战争之心。可见喜事⑤不如省事之为适，多能不若无能之全真⑥。

听静夜之钟声，唤醒梦中之梦⑦；观澄潭之月影，窥见身外之身⑧。

鸟语虫声，总是传心⑨之诀⑩；花英⑪草色，无非见道之文。学者要天机清澈，胸次玲珑⑫，触物皆有会心处。

人解读有字书，不解读无字书⑬；知弹有弦琴，不知弹无弦琴⑭。以迹用⑮，不以神用，何以得琴书之趣？

山河大地已属微尘，而况⑯尘中⑰之尘；血肉之躯且归泡影，而况影外之影⑱。非上上智⑲，无了了心⑳。

石火光㉑中争长竞短，几何㉒光阴？蜗牛角㉓上较雌论雄，许大㉔世界？有浮云富贵㉕之风，而不必岩栖穴处㉖；无膏肓泉石㉗之癖，而常自醉酒耽诗。

注释

① 钓水：在水边钓鱼。② 逸事：高雅超逸的活动。
③ 柄：比喻大权。④ 弈棋：下围棋。
⑤ 喜事：乐于去做事。⑥ 全真：保全本性。
⑦ 梦中之梦：比喻人生如梦，而吉凶祸福更是梦中之梦。

205

⑧ 身外之身：指人的精神世界，如思想、品德和智慧等。

⑨ 传心：指心灵的领会。⑩ 诀：做某事的方法、窍门。

⑪ 花英：开放的意思。

⑫ 胸次玲珑：胸次是胸怀，玲珑本指玉的声音，此处是光明磊落的意思。

⑬ 无字书：指大自然中的种种景象。

⑭ 无弦琴：此处指宇宙万物的一切声响，也就是天籁。

⑮ 迹用：以运用形体为主。⑯ 而况：何况。

⑰ 尘中：尘世社会中。⑱ 影外之影：指身外的名利权位等。

⑲ 上上智：指有绝顶智慧的人。⑳ 了了心：聪慧之心。

㉑ 石火光：比喻瞬间即逝之物。㉒ 几何：多长。

㉓ 蜗牛角：比喻非常小的地方。㉔ 许大：多大。

㉕ 浮云富贵：把富贵看得如同浮云一般轻。

㉖ 岩栖穴处：居住在山洞，过隐居生活，逃避世俗社会。

㉗ 膏肓泉石：比喻难以救药。

解读

水边垂钓本来是一件高雅的活动，然而在这高雅活动中却手握鱼的生杀大权；对坐桌前下棋本来是一种正当的娱乐，但是在这种正当娱乐中却存在争强好胜的战斗心理。可见多事就不如无事那样悠闲自在，多才就不如无才那样能保全纯真本性。

当夜阑人静听到远远传来嘹亮的钟声，可以警醒人们虚妄中的梦幻；从清澈的潭水中观察明亮的月夜倒影，可以发现我们肉身以外的灵性。

鸟的语言、虫的声音都是传达心情的方式；花的英姿、草的秀色是显示道理的文饰。读书人要天赋灵机清净明澈，心思灵活，接触事物都会有心领神会的地方。

人们只懂得解释和阅读有文字的书，却不懂得阐明和研究大自然中的无字书；人们只知道弹奏有弦的琴，却不知道欣赏大自然无弦琴的美妙琴音。也就是只知道运用有形迹的事物，而不懂领悟无形的神韵，这种庸俗的人又如何能理解音乐和学问的真趣呢？

山川河流大地已属微小尘埃，又何况尘埃中的尘埃！血液肌肉身体躯壳尚且归属泡沫幻影，又何况泡影外泡影！不是最上等的智慧，不会有通达的心境。

电光石火中计较长短出入，能取得多少时间？蜗牛触角上争论胜负高下，能有多大世界？能把荣华富贵看成是浮云敝履气度的人，根本就不必住到深山幽谷去修养心性；一个对山水风景丝毫没有癖好的人，如果能经常喝酒吟诗也自有一番乐趣。

故事链接

柳宗元是中国历史上很有才华的政治改革家、著名文学家。他体恤民生疾苦，一生勤劳节俭，特别是开发岭南、造福岭南人民的美德千古流芳。唐宪宗时期，已经43岁的柳宗元再度遭受打击，被贬到荒凉辽远的广西柳州做刺史。当时的柳州古树参天，毒蛇猛兽比比皆是。生活在这里的百姓，生产力低下，文化落后，迷信活动盛行，生活极端贫困。

柳宗元上任后，一面改革落后习俗，一面带领百姓勤耕垄亩，发展生产。当时的柳州，荒地很多。柳宗元就组织闲散劳力去开垦。他教人们在开垦的土地上种菜、种稻、种竹、种树。仅大云寺一处就种竹三万竿，开垦菜地百畦。他很重视植树造林，自己还亲自在柳江边上栽柳树，在柳州城西北种柑树。

柳宗元除亲自动手种植中草药，还亲自采药、晒药、制药、研究药的功效，常常用自己做试验，认识药性和药效，向人们宣传防病治病的知识。当时，柳州民间流传着"三川九漏"的说法，柳州人不敢破土打井，因此，人们不得不用各种器皿去背江水饮用，路途遥远，十分艰难。

柳宗元动员百姓破除迷信，并亲自动手带领大家破土打井，从那以后，柳州人才吃上自己打的井水。

在柳宗元的教化下，柳州人还学会了养鸡养鱼修造船只等本领，改变落后面貌，出现了人人劳作，勤耕垄亩，宅有新屋，户有新船的新景象。柳宗元做柳州刺史四年，一心恤民奉公，自己生活却很凄苦，虽为一州之长，但死后却无钱料理丧事，还是朋友相助，才得以归葬先人之墓。

为了怀念这位刺史，柳州人民为他在罗池立庙，奉他为"罗池之神"。这庙至今还矗立在柳州市的柳侯公园里。柳宗元体恤民生疾苦，一生勤劳节俭，在开发岭南、造福岭南的事业上，赢得人民的高度赞扬，他的美德也流芳千古。

竞逐听人　不嫌尽醉

竞逐①听②人，而不嫌尽醉③；恬淡适己④，而不夸独醒。此释氏⑤所谓"不为法⑥缠，不为空⑦缠，身心两自在者"。延促⑧由于一念，宽窄系之寸心；故机闲者，一日遥于千古，意广者，斗室⑨宽若两间⑩。

都来眼前事，知足者仙境，不知足者凡境；总出世上因⑪，善用者生机⑫，不善用者杀机。趋炎附势⑬之祸，甚惨亦甚速⑭；栖恬守逸⑮之味，最淡⑯亦最长。

色欲火炽⑰，而一念及病时，便兴似寒灰；名利饴甘⑱，而一想到死地，便味如嚼蜡⑲。故人常忧死虑病⑳，亦可消幻业㉑而长道心。

争先的径路窄，退后一步自宽平㉒一步；浓艳㉓的滋味短，清淡一分自悠长一分。隐逸林中㉔无荣辱，道义路上泯炎凉。

注释

① 竞逐：竞争追逐，这里指对名和利的竞争追逐。
② 听：听凭，任凭。③ 尽醉：指都醉心于名利。
④ 恬淡适己：指心中清静自适，对名利等无所营求。
⑤ 释氏：代指佛教。⑥ 法：指万物。
⑦ 空：指因缘所生之万物，都没有实体，空幻不定。
⑧ 延促：指时间长短。⑨ 斗室：形容狭小的房间。

❿ 两间：指天地之间。⓫ 因：因缘，机遇。
⓬ 生机：有益于人、有利于物的机用。
⓭ 趋炎附势：趋奉阿附于得势当权者。⓮ 速：快速，迅速。
⓯ 栖恬守逸：甘处恬淡，安于寂寞。⓰ 淡：清淡，淡雅。
⓱ 火炽：像烈火那样炽热。⓲ 饴甘：像饴糖那样甜蜜。
⓳ 味如嚼蜡：指毫无味道。⓴ 忧死虑病：形容后顾之忧。
㉑ 幻业：指色欲和名利等虚幻的事物。㉒ 宽平：开阔，平坦。
㉓ 浓艳：指食物丰盛、美味。㉔ 隐逸林中：指在隐士的圈子里。

解读

竞相追逐听凭他人，不嫌弃他人全都沉醉；恬静淡泊闲适自得，不夸耀自己独自清醒。这就是佛家所说："不被事物缠扰，不被虚空困扰，身体心灵两者都能逍遥自在。"时间的长短一般是出于心理感受，空间的宽窄多半是基于心中的观念，所以只要能把握时机，懂得忙里偷闲，即使是一天时间也比千年还要长，只要意境高远心胸旷达，即使是一间小小的房子也犹如天地那么大。

对现实生活环境感到满足的人，就会感受像神仙一般的快乐，不感到满足的人就摆脱不了庸俗困境。总括人间万般事物的原因，假如能善于运用就处处充满生机，假如不善运用就处处充满危机。依附有权有势有地位的人固然能得到一些好处，但是也因此招来的祸患最凄惨也最快速；能安贫乐道栖守自己独立人格的人固然很寂寞，但是因此所得到的平安生活时间最久，趣味也最浓。

当色欲像烈火一样燃烧起来时，只要想一想生病时的痛苦情形，色欲的烈火就会立刻变成一堆冷灰；当功名利禄像蜂蜜一般甘甜时，只要想一想触犯刑律走向死亡的情景，功名财富就会像嚼蜡一样毫无滋味。所以一个人要经常想到后顾之忧，这样才会消除一些恶念而增添一些善心。

和人争路就觉得路很窄，假如能退后一步让人先走自然觉得路面宽平许多；凡是太过浓艳的味道最容易使人生腻，假如能清淡一分自然会觉得滋味历久弥香。一个退隐江湖的人，对于红尘俗世完全都忘怀；一个讲求仁义道德而心存济世救民的人，对于世俗的贫贱富贵都看得很淡而无厚此薄彼之分。

故事链接

于成龙，清代山西永宁州人，在他二十多年的宦海生涯中，三次被举"卓异"，以卓著的政绩和廉洁刻苦的一生，深得百姓爱戴和康熙帝赞誉，以"天下廉吏第一"的声名在朝廷中很有威望。

于成龙在康熙皇帝用人唯贤的庇佑和上级官员的表彰与举荐下，在仕途中一路青云直上。康熙帝曾多次表彰他，后来又安排他掌管朝廷的财政收入，同时在富庶的江浙地区任两江总督。

在两江总督任上，因为于成龙妨碍了朝廷上下各路贪官污吏在江浙的财路，曾遭到当时很多官僚的忌恨和陷害，甚至在他死后，仍然有很多人陷害他。而康熙皇帝明白这层道理，很高明地予以应对。

有一位官员说于成龙晚年非常清廉，但因为年老糊涂，常常被属下蒙蔽。康熙却回答说："以前有很多人说于成龙到江南后，改变了清廉的品行。可等到他死后，大家才发现他始终都是清廉的。这都是由于他性情耿直，得罪过很多人，大家陷害他才这么说的。"

清朝另一位大清官汤斌，深得百姓爱戴。他高升之后，离开原先的任地，百姓们苦苦挽留，汤斌就写了个布告告慰百姓，中间有一句：爱民有心，救民无术。被政敌诬告到皇上那里，说他这句话是诽谤、侮辱皇上的。康熙知道汤斌是个能干的清官，一样对汤斌委以重任。

进步思退步　免触藩之祸

进步处便思退步，庶①免触藩②之祸；着手时先图③放手，才脱骑虎④之危。贪得者分金恨不得，封公怨不受侯，权豪自甘乞丐⑤；知足者藜羹⑥旨于膏粱⑦，布袍暖于狐貉⑧，编民⑨不让王公。

矜⑩名不如逃名⑪趣，练事⑫何如⑬省事闲。孤云出岫⑭，去留一无所系⑮；朗镜⑯悬空，静躁两不相干。

山林是胜地⑰，一营恋⑱变成市朝⑲；书画是雅事，一贪痴便成商贾⑳。盖心无染著，欲境㉑是仙都；心有系恋，乐境成苦海矣。

时当㉒喧杂，则平日所记忆者，皆漫然忘去；境在清宁，则夙昔㉓所遗忘者，又恍尔㉔现前。可见静噪稍分，昏明顿异也。

芦花被㉕下，卧雪眠云㉖，保全得一窝夜气㉗；竹叶杯㉘中，吟风弄月，躲离了万丈红尘㉙。出世㉚之道，即在涉世中，不必绝人以逃世；了心之功，即在尽心内，不必绝欲以灰心。

注释

❶庶：将近，差不多。❷触藩：比喻进退两难的困境。
❸图：计划。❹骑虎：比喻迫于事势，欲罢不能的危险境遇。
❺自甘乞丐：自己甘愿去当个乞丐一样的人，不知满足地讨要不停。❻藜羹（lí gēng）：用藜菜做的羹，泛指粗劣的食物。

⑦膏粱：指精美的食物，膏，肥肉，粱，美谷。

⑧狐貉：指用狐、貉之皮做的衣，是衣服中最名贵的。

⑨编民：编入户籍的百姓，即平民。⑩矜：夸耀。

⑪逃名：指隐瞒不张扬自己的名誉。

⑫练事：指积极努力去熟谙世事。⑬何如：哪比。⑭岫：山洞。

⑮一无所系：与别的事物没有任何关系。⑯朗镜：指明月。

⑰胜地：风光优美之地。⑱营恋：指迷恋于此而不离去。营，迷惑。⑲市朝：集市。⑳商贾：商人。

㉑欲境：充满各种欲望的世界，指尘世社会。

㉒时当：当……的时候。㉓夙昔：往日，以前。

㉔恍尔：仿佛。㉕芦花被：用芦苇花做絮的被子。

㉖卧雪眠云：指睡在山野之中。

㉗夜气：比喻清明纯净的心境。㉘竹叶杯：用竹叶做的酒杯。

㉙红尘：指人世。㉚出世：指走出俗界，以修正果。

解读

前进的时候便要想到退路，才能避免进退两难的困境；着手做事的时候便考虑好放手的打算，才能摆脱骑虎难下的危险。

一个贪得无厌的人，你给他金银他还怨恨得不到珠宝，你封他侯爵他还怨恨没封公爵，这种人虽然身居富贵之位却等于自愿沦为乞丐；一个自知满足的人，即使吃野菜汤也觉得比吃山珍海味还要香甜，即使穿布棉袍也觉得比穿狐袄貂裘还要温暖，这种人虽然说身居平民地位，实际比王公更为高贵。

夸耀自己的名誉不如隐瞒自己的名誉有趣，积极努力去熟谙世事哪如什么也不做清闲。一片浮云从众山中腾起，毫无牵挂、自由自在地飞向遥远的天际；晚间皎洁的明月像一面镜子挂在天空，人间的宁静或喧嚣都和它毫无关连。

山川林泉是风景优美的地方，一旦留恋就会转变成市井朝廷；琴棋书画是高雅趣味的事情，一旦贪恋痴迷就会成为市侩商人。这是因为内心没有沾染执著，欲望环境就是神仙都城；内心有所牵挂依恋，快乐境地就将变成苦恼海洋。

周围环境喧嚣杂乱使心情浮躁时，平日所记忆的事物，就会忘得一干二净；每当周围环境安宁使心神平和时，以前所遗忘的事物又会忽然浮现眼前。可见心神的浮躁和宁静只要有一点点区分，那么灵智的昏暗和明朗就会迥然不同。

把芦花当棉被，把雪地当木床，把浮云当蚊帐，睡起觉来虽然觉得有点寒冷，但是却能保全一分宁静的气息；用竹叶作酒杯，一边作诗填词，一边尽情高歌，这样自然能远远避开花花世界的繁华喧嚣。

超脱凡尘俗世的方法，应该在人世间磨练，根本不必离群索居与世隔绝；要想完全明白智慧的功用，应在贡献智慧的时刻去领悟，根本不必断绝一切欲望，使心情犹如死灰一般寂然不动。

故事链接

谢弘微是东晋时孝武帝女婿谢混的侄儿。他一生不移志、不贪财，因而受到了人们的称赞。东晋末年，谢混因参与反对刘裕的活动，而被迫自杀。为此，孝武帝命令其女儿晋陵公主回宫中居住，并让其女儿与谢家断绝婚姻关系。公主在离开谢家时，决定将全部家产委托给谢弘微管理。

这时，人们却议论纷纷，都说谢弘微交了财运，有了这笔财产，几辈子也够吃够用了，可谢弘微却没有这么想。在他接管了这笔财产后，并没有据为己有。他精心地管理着这笔家产，自己在生活上仍然同以往一样节俭。平日里，他从不乱花人家一个钱，即使花了一个钱、一尺布，也都一一记在账上。

后来，刘裕当了皇帝，晋陵公主降为东乡君，只得离开皇宫，重新回到谢家。这时，谢弘微捧出几年的账目，一一请婶婶清点过目。婶婶看到家里管理得井井有条，账目一清二楚，感动得泪流满面。她提出要把一部分财产分给侄儿，但谢弘微却坚持分文不收，婶婶从心底里感叹他真是个不移志、不贪财的好侄儿。

不久，婶婶病逝。乡里人认为，谢混没有儿子，两个女儿都已出嫁，她们尽可以把能搬动的东西拿走，而如住宅、田园等多少应留一些给谢弘微了。哪知，谢弘微仍然不要任何财产，反用自己的钱安葬了婶婶。

谢弘微就是这样用自己的言行表现出了自己"金钱如粪土，仁义值千金"的高贵品格。

菜根谭

身常放闲处　谁能差遣我

　　此身常放在闲处，荣辱得失谁能差遣①我；此心常安在静中，是非利害谁能瞒昧②我？我不希荣，何忧乎利禄③之香饵④？我不竞进⑤，何畏乎仕宦⑥之危机？

　　多藏者⑦厚亡，故知富不如贫之无虑⑧；高步者⑨疾颠⑩，故知贵不如贱之常安。

　　世人只缘认得我字太真，故多种种嗜好种种烦恼。前人云："不复知有我，安知物为贵？"又云："知身不是我，烦恼更何浸？"真破的⑪之言也。

　　人情世态，倏忽⑫万端，不宜认得太真。尧夫⑬云："昔日所云我，今朝却是伊；不知今日我，又属后来谁？"人常作是观，便可解却胸冒⑭矣。

　　有一乐境界，就有一不乐的相对待；有一好光景，就有一不好的相乘除⑮。只是寻常家饭素位⑯风光，才是个安乐的窝巢。

　　知成之必败⑰，则求成之心不必太坚；知生之必死，则保生之道⑱不必过劳。

注释

①差遣：支使。②瞒昧：指瞒蒙使不明。③利禄：财利荣禄。
④香饵：诱之使上钩之物。⑤竞进：争进。⑥仕宦：即官场。

⑦ 多藏者：指富人。⑧ 无虑：没有深谋远虑。
⑨ 高步者：指地位高贵的人。⑩ 疾颠：急速颠覆、失败。
⑪ 破的（dì）：指箭射中目标，比喻说话极为合用恰当。
⑫ 倏忽：形容极短的时间。⑬ 尧夫：指北宋著名理学家邵雍。
⑭ 罥（juàn）：牵挂，缠绕。⑮ 乘除：指世事的消长盛衰。
⑯ 素位：安守本分，不做妄想。⑰ 成之必败：有成功必有失败。
⑱ 保生之道：保全身体、长存养生的办法。

解读

只要经常把自己的身心放在安闲的地方，世间所有荣华富贵与成败得失都无法左右我；只要经常把自己的身心放在安宁的地方，人间的功名利禄与是是非非就不能欺蒙我。

我如果不希望荣华富贵，又何必担心他人用名利作饵来引诱呢？我如果不和人竞争高下，又何必恐惧在官场中所潜伏的宦海危机呢？

一个财富聚集太多的人，整天担忧自己的财产被人夺去，可见富有不如贫穷那样无忧无虑；一个身份地位很高的人，整天患得患失，担心自己会丢官，可见为官不如平民那样自在。

只因世俗之人把自我看得太重，所以才会产生种种嗜好种种烦恼。古人说："假如已经不再知道有我的存在，又如何能知道物的可贵呢？"又说："假如能明白，就连身体也在幻化中，一切都不是我所能掌握、所能拥有，那世间还有什么烦恼能侵害我呢？"这真是一句至理名言。

人情冷暖世态炎凉的变化，真是错综复杂瞬息万变，所以人对任何事都不要太认真了。宋朝理学家邵雍说："以前所说的我，如今却变成了他；还不知道今天的我，到头来又变成什么人呢？"倘若一个人能经常这样反省自己，就能解除心中的所有烦恼了。

菜根谭

只要有一个快乐的境界，就会有一个不快乐的事物来抵消；只要有一个美好的光景，就会有一个不美好的光景来抵消。可见有乐必有苦，有好必有坏，只有平平凡凡、安分守己才是最快乐的境界。

知道有成功就必有失败，所以奢求事事成功的心念没必要太坚持；知道有生存就必然有死亡，所以保护生存繁衍的方法就不必过分操劳。

故事链接

唐朝的李勉，为人诚实、忠厚，街坊邻里都夸赞他。

长大后，李勉到京城参加科举考试。在客店里，他认识了一个比自己大的读书人王义，两人十分谈得来。他们住在同一个房间，生活在一起，学习在一起。

一天，王义洗澡着了凉，晚上发高烧。李勉用湿毛巾给他擦脸降温，整整忙了一夜，王义的高烧还没有退。第二天，李勉请了医生给王义看病，医生说："王义得的是急性肺症，必须赶快医治……"

王义昏昏沉沉，滴水不沾。李勉既要买药，又要煎药，忙得不可开交，没空看书，可他毫无怨言。王义含着眼泪对李勉说："贤弟，我的病拖累了你，耽误了你读书，实在对不起！"

李勉安慰他说："贤兄，小弟照顾你是应该的。至于会试，今年不行，以后再考也不迟！"

王义紧紧地拉着李勉的手说："贤弟，我有一事想求你，我的包袱里有100两银子，如果我不行了，你就用它买副棺材，请人把我埋了，剩下的钱，就送给你用吧。"

李勉听到王义说这些话，心里很难过。他噙着眼泪说："王兄，你放心，我会想办法通知你弟弟的……"第三天，王义死了，李勉把王义埋了。后来，李勉坚持考完了会试，榜上有名，当上了县令，但他始终没有忘记找到王义的弟弟。

转眼10年过去了，李勉已入朝做官。有一天，忽听家人传报，有一个姓王的人要找他。他立刻召见了那人，一问，原来是王义的弟弟。李勉带着他到城外荒地王义的坟墓前，叫人挖开坟墓，打开棺材，把那80两银子，原封不动还给了王义的弟弟。

王义弟弟流着眼泪接过银子，说："大哥，听说你当时也很穷，为什么你不用这些银子呢？"

李勉意味深长地说："不是我自己的东西，我是绝对不用的！"

西晋荆榛　犹矜白刃

眼看西晋之荆榛❶，犹矜白刃❷；身属北邙❸之狐兔，尚惜黄金。语云："猛兽易伏，人心难降。溪壑易填，人心难满。"信❹哉！

心地上无风涛，随在皆青山绿树；性天❺中有化育❻，触处都鱼跃鸢飞❼。

狐眠败砌❽，兔走荒台❾，尽是当年歌舞之地；露冷黄花，烟迷衰草，悉属旧时争战之场，盛衰何常？强弱安在❿？念此令人心灰！

宠辱⓫不惊，闲看庭前花开花落；去留⓬无意，漫随天外云卷云舒。

晴空朗月，何处不可翱翔？而飞蛾独投夜烛；清泉绿果，何物不可饮啄？而鸱鸮⓭偏嗜腐鼠。噫！世之不为飞蛾鸱鸮者，几何人哉？

权贵龙骧⓮，英雄虎战⓯，以冷眼视之，如蝇聚膻、如蚁竞血；是非蜂起，得失猬兴⓰，以冷情当之，如冶化金，如汤⓱消雪。

注释

❶西晋之荆榛：西晋王朝变为一片遍生荆榛的荒凉之地。指西晋的倾覆。

❷矜白刃：夸耀武功。 ❸北邙（máng）：山名。

❹信：确实。 ❺性天：指本性、天性。

❻化育：本指自然界的生成万物。此处指善良的天性。

概论篇

⑦ 鱼跃鸢飞：比喻自由自在的乐趣。⑧ 败砌：废墟残壁。
⑨ 荒台：废弃的亭台。⑩ 安在：在哪里。
⑪ 宠辱：指仕途上的得宠与受辱。
⑫ 去留：离开官位或留在官位上。
⑬ 鸱鸮（chī xiāo）：一类包括猫头鹰在内的益鸟，以有害昆虫、老鼠等为食。
⑭ 骧：飞腾。⑮ 虎战：像虎那样争斗。
⑯ 猬兴：像刺猬那样浑身棘毛竖起。⑰ 汤：热水。

解读

眼看西晋王朝变为一片遍生荆榛的荒凉之地了，还在那夸耀武功；身子已属于墓地狐兔争食之物，还在吝惜黄金。古语说："猛兽容易伏获，人心却难以降制，山谷容易填平，人心难以满足。"确实是这样啊！

只要心中没有任何风波浪起，那么到处所见的都是一片青山绿水的美景；只要本性保存一颗善良的爱心，就能够随时都像鱼游水中、鸟飞空中那样自在。

狐狸做窝的破屋残壁，野兔奔跑的废亭荒台，都是当年美人歌舞的胜地；遍地菊花在寒风中抖擞，一片枯草在烟雾中摇曳，都是以前英雄争霸的战场。兴衰成败是如此无常，而富贵强弱又在何方呢？每当想到这些名利地位、是非得失，就会使人产生无限感伤而心灰意懒。

在仕途上得宠或受辱心无所动，仍然悠闲地看着庭前花开花落；离开官位或留在官位上意无所念，漫无心计地观看天边风云聚散。

晴空万里，皓月当空，哪里不可以自由自在飞翔呢？可是飞蛾偏偏扑向人家的灯火自取灭亡；清澈泉水，翠绿瓜果，什么东西不可以饮食果腹呢？可是鸱鸮却偏偏喜欢吃腐烂恶臭不堪的死鼠。唉！人世间不做飞蛾鸱

菜根谭

鸦傻事的人，在你身边数数究竟有几个呢？

权贵们像龙那样飞腾，英雄们像虎那样角战，旁人以冷静的眼光去看，不过就像蚂蚁聚食腥膻，苍蝇竞相吸血而已；是非的议论蜂拥而起，得失的评议像刺猬棘毛纷纷竖起，如果能以冷静的心情去对待，就像冶炼融化金属，热水消融冰雪。

故事链接

相传，在唐朝时的霸州有个叫钱福应的州官，平日爱财如命，雁过拔毛，不仅敲诈百姓，就是比他小一些的官僚也不轻易放过。人们在背后都叫他"钱串子"。

王之涣刚到此地，"钱串子"就打上他的主意了。他想：王之涣做了多年官，一定积攒了不少银子，何不捞他一把呢？于是，他马上吩咐手下准备了两个礼盒，每盒放了50两银子，用红绸子包好，让人抬着去拜访王之涣。唐时礼节很重，一般收人家一份礼，要还十份礼，人敬你一分，你就得敬人十分，否则就是大不敬。

王之涣虽然为官多年，但他正直清廉，不仅不打百姓的主意，有时还周济穷人。突然间收到"钱串子"这么重的礼，怎么还他礼呢？经过一番苦心思索，王之涣终于想出了个好主意。第二天一早，他就让人挑着一桶水和一个装着块锈迹斑斑的铜镜的礼盒前往"钱串子"府上去还礼。

"钱串子"听说王之涣来了，满心欢喜地迎出大门，见王之涣身后有人吃力地挑着一担东西，乐得嘴都合不拢了，笑着说："你我同年，何必如此破费，快快请进！快快请进！"

等到"钱串子"发觉上了当，那桶里盛的不是美酒而是凉水，那礼盒里放的不是金银而是一块破铜镜时，脸都气紫了，冲着王之涣大声嚷道："好你个王之涣，竟敢戏弄本官！"

王之涣故作湖涂地说:"钱大人何出此言?下官实在不明白是怎么回事。""钱串子"喝道:"你送不送礼我不在意,可你也不能用铜镜、凉水来戏弄本官啊!"

王之涣微微一笑,温和地说:"钱大人有所不知,我送镜子有我送镜子的道理。钱大人为官多年,家财万贯,所缺的并不是钱。我送大人铜镜则说您为官公正,断案如神,如同明镜;我送大人凉水,是说您廉洁无私,两袖清风,清如凉水。我所送的礼物是钱所不能买到的啊!"

"钱串子"吃了个哑巴亏,对王之涣恨之入骨,但又不好发作,又抓不住王之涣的任何把柄。尽管王之涣是他的下属,他也怕王之涣三分,以后再也不敢到王之涣的辖地文安去敲诈钱财了。

菜根谭

真空不空　执相非真

真空①不空，执相②非真，破相③亦非真，问世尊④如何发付⑤？在世出世，徇⑥欲是苦，绝欲亦是苦，听吾侪⑦善自修持！

烈士⑧让千乘，贪夫争一文，人品星渊⑨也，而好名不殊好利；天子营国家，乞人号饔飧⑩，分位霄壤⑪也，而焦思何异焦声。

性天澄澈，即饥餐渴饮，无非康济⑫身心；心地沉迷，纵谈禅⑬演偈⑭，总是播弄精魂。

人心有个真境，非丝非竹⑮而自恬愉，不烟⑯不茗而自清芬，须念净境空，虑忘⑰形释⑱，才得以游衍⑲其中。

天地中万物，人伦⑳中万情，世界中万事，以俗眼观纷纷各异；以道眼㉑观种种是常。何须分别？何须取舍？

缠脱㉒只在自心，心了则屠肆㉓糟糠㉔，居然净土，不然纵一琴一鹤一花一卉，嗜好虽清魔障终在。语云："能休，尘境为真境；未了，僧家是俗家。"信夫！

注释

① 真空：佛教语，指不为任何事物所迷惑，留有一片纯真。

② 执相：佛教语，坚持固执于个别形象。

③ 破相：佛教语，指破除一切形相，以一切诸法均如梦幻观之。

④世尊：指释迦牟尼。 ⑤发付：发表意见。
⑥徇：通"殉"，意为拼命追求。 ⑦侪：同辈。
⑧烈士：指重视道义节操的人。
⑨星渊：星指天上的星辰，渊是指深潭。形容差别极大。
⑩饔飧（yōng sūn）：饔为早餐，飧为晚餐。
⑪霄壤：霄是天，壤是地。形容相差极远。
⑫康济：本指安民济众。此处为增进健康。
⑬谈禅：谈论禅理。 ⑭演偈（jì）：解释偈语。
⑮丝竹：丝指弦乐器，竹指管乐器。这里表示音乐。
⑯烟：指所烧之香。 ⑰虑忘：指各种忧虑忘却。
⑱形释：把形体抛开。 ⑲衍：乐。
⑳人伦：人与人之间不变的道理。 ㉑道眼：超乎寻常的眼光。
㉒缠脱：缠是困扰、束缚，脱是解脱。 ㉓屠肆：指肉店。
㉔糟糠（zāo kāng）：酒糟、谷皮。指酒店。

解读

真空不是空无，执著形象非真如，破除形象也非真如。请问佛陀如何发蒙属付？在世超脱世俗，苟徇欲望是痛苦，断绝欲望也是痛苦，听凭我们各自修行持戒。

行为刚烈的义士可以将千乘之国礼让于人，贪婪无厌的人却为一文钱而进行争夺，这两种人的品格有天壤之别，但义士好名的心理和贪财好利的心理并没有什么区别；天子掌管国家大事，乞丐沿街要饭，这两种人的身份地位有天壤之别，但天子思虑国家事务的忧愁和乞丐乞求食物的苦恼却没有本质的区别。

天性纯真的人饿了就吃，渴了就喝是为了保养身心健康；心地沉沦的

菜根谭

人，即使谈论佛理，也是在白白耗费自己的精力。

人心中有一个真实美妙的境界，不需要丝竹管弦之音也觉得闲适愉快，不燃香不饮茶也感到清新芳香。必须心中意念澄净，心境虚空，忘记忧思愁虑，解脱形体束缚，这样才能自如自在地生活在真实美妙的境界之中。

天地间的万物，人伦中的万事，世界上的万象，用凡俗的眼光看待，纷纷扰扰、千头万绪各不相同；若用悟道者的眼光来看，统统是一样，全部是平等。有什么必要去区分，有什么必要去取舍呢？

一个人想解脱世俗的纠缠，关键是看自己的内心，如果内心能够领悟，那么屠户酒肆也会变成极乐净土。反之，纵使是和琴鹤为伍、花草为伴，爱好虽然清雅，但羁绊的魔障终究还在。俗话说："能够摆脱尘世才能进入真正的境界，没能了却尘缘的僧人也和俗家人没有两样。"这句话确实令人信服。

故事链接

有一次，解缙跟皇上一起游览皇宫里的花园。当走上一座圆拱小桥时，皇帝问解缙："这应怎样说？"

解缙不假思索地回答说："这叫步步登高。"

等到下桥时，皇帝又问他："现在该如何说？"

解缙没等皇帝说完，便回答说："这叫后来者居上。"

皇帝听了非常高兴。又有一次，皇帝想捉弄捉弄解缙，便故意编造了一个谎言，说："你知道昨夜宫里有一小孩降生吗？能不能就此事作一首诗？"

解缙脱口而出："君王昨夜降金龙。"

皇帝听了又说："可惜是个女孩。"

解缙马上来了个转折，吟道："化作嫦娥下九重。"

皇帝耸耸肩，故意说："遗憾的是刚生下来不久就死了。"

解缙又应声说道："料是世间留不住。"

皇帝又说："只好扔进水里去了。"

解缙又应对道："翻身跳入水晶宫。"

皇帝原本想以胡言乱语为难为难解缙，听到他应对如此敏捷，不得不连声赞叹："奇才！奇才！真奇才也！"

还有一次，有个刁钻古怪的人请解缙作一首梅花诗。解缙挥笔就写："玉质亭亭清且幽"，将腊梅的妩媚姿态以及清幽品格描绘得淋漓尽致。

但那人却改口说："要红梅。"

解缙略一思索，马上又吟出："着些颜色点枝头。牧童睡起朦胧眼，错认桃林去牧牛。"

这样，解缙又巧妙地借牧童睡眼朦胧之态，将白色腊梅描绘成红色的桃花。那个人见梅花难不倒解缙，就又要解缙题鸡冠花。

解缙立即吟道："鸡冠本是胭脂染。"

吟的是红色的，那人却说："要白色的。"

解缙马上说："洗却胭脂似雪妆。只为五更贪报晓，至今犹带一头霜。"

整首诗起伏回旋，并且将鸡冠花与雄鸡报晓作了巧妙的联想，特别富有韵味。那个刁钻古怪的人没有难倒解缙，心服口服地拿起解缙刚刚写好的诗卷，高高兴兴地走了。

得不喜　失不忧

以我转物①者，得固不喜，失亦不忧，大地尽属逍遥；以物役我②者，逆固生憎，顺亦生爱，一毫便生缠缚③。

试思未生之前有何像貌，又思既死之后作何景色，则万念灰冷，一性④寂然，自可超物外⑤而游像先⑥。

优人⑦傅粉调朱⑧，效⑨妍丑⑩于毫端⑪，俄而⑫歌残场罢，妍丑何存？弈者⑬争先竞后，较雌雄于著子⑭，俄而局尽子收，雌雄安在？

把握未定，宜绝迹尘嚣，使此心不见可欲而不乱，以澄悟⑮静体⑯；操持既坚，又当混迹风尘，使此心见可欲而亦不乱，以养吾圆机。

喜寂厌喧者，往往避人以求静，不知意在无人便成我相⑰，心着于静便是动根，如何到得⑱人我一视⑲、动静两忘的境界？

人生福境祸区皆念想造成。故释氏云："利欲炽然即是火坑⑳，贪爱㉑沉溺便为苦海；一念清净烈焰成池，一念惊觉㉒航登彼岸㉓。"念头稍异，境界顿殊，可不慎哉！

注释

① 以我转物：指以自我为中心，将一切外物自由自在地运用。
② 以物役我：指以物为中心，人成为物的奴隶为其所驱使。
③ 一毫便生缠缚：指遇到极其细微的事情也会受到束缚、影响。

④ 一性：一心，全心。 ⑤ 超物外：超出在物质世界之外。
⑥ 游象先：指进入事物之前的境界。 ⑦ 优人：演戏的人。
⑧ 傅粉调朱：指面部化妆。 ⑨ 效：显示。 ⑩ 妍丑：美丑。
⑪ 毫端：指化妆的笔尖。 ⑫ 俄而：转眼之间。
⑬ 弈者：下棋的人。 ⑭ 著子：下棋子。
⑮ 澄悟：澄是指水清而静。此处指静悟。
⑯ 静体：指寂静之心的本体。
⑰ 我相：佛教语，为执着于一己之所有而含有全然自我的意念。
⑱ 到得：达到。 ⑲ 人我一视：我和别人属于一体，没有等级差别。
⑳ 火坑：佛教语，指极苦的境地。 ㉑ 贪爱：贪恋，迷恋。
㉒ 惊觉：惊醒觉悟。 ㉓ 彼岸：佛教语，指超脱生死，即涅槃的境界。

解读

我操纵事物，成功了不必高兴，失去了不要忧愁，天地到处都可逍遥自在；事物奴役我，逆境时产生憎恨，顺境时产生喜爱，一根毛发都会产生困扰。

想想出生之前是个什么体型外貌，再想想死了之后还有什么形象？那么原先所有的念头便会冷却消失，内心也会寂静显出本性，自然可以超然物外，悠游在物象之外。

演戏的伶人涂抹胭脂口红，将美丽和丑陋表现得维妙维肖，歌舞结束好戏散场之后，那些美丽和丑陋哪里还会存在？下棋的人争先恐后，通过下棋比个你高我低，一会儿棋局结束收起棋子，刚才的胜负又在哪里呢？

当意志不坚定没有把握时，就应该远离尘世的喧嚣，使心不受欲望的诱惑，这样就不会迷乱，然后能够清醒地体悟纯净的本性；如果内心的修

菜根谭

持已经足够坚定时,又应该混居于滚滚红尘中,使心接受欲望的诱惑也不会迷乱,这样便能修养自己圆通的智慧。

喜欢寂静而厌恶喧嚣的人,常常逃避人群以求得安宁,却不知道有意离开人群便是执著于自我,刻意去求宁静实际是骚动的根源,这怎么能够达到将自我与他人视为一体、将宁静与喧嚣一起忘记的境界呢?

人的一生幸福境遇和蒙受灾祸,都是念头想法造成。所以释迦牟尼佛说:"私利欲望强烈就是火坑,贪婪爱恋沉溺就是苦海,一个念头清洁纯净炽烈火焰变成水池,一个念头警醒觉悟航船即刻登临彼岸。"念头想法稍有差异,人生境界顿时悬殊,所思所想怎么能不慎重呢?

故事链接

南北朝时,有位怪才胡叟,生逢乱世,四方飘泊,坎坷多艰。他一生清贫,视富贵如浮云,满腹经纶,好发奇谈怪论,一支妙笔,写就天下文章。观其人,闲云野鹤,潇洒脱尘,观其行,天马行空,无拘无束。

胡叟少时聪慧过人,悟性极高,十三岁时,辨疑析理,举重若轻,与成年人高谈阔论,常令对方汗颜,因而远近闻名,人人称奇。他自学成才,从不肯拜师,有人劝说,他口出狂言:"古代圣贤之言,得其精神要义者,无非《易经》而已,深思熟虑即可知其大半,而今日迂腐儒士,只能粗略分辨刚柔二体,岂能探幽发微,预知未来,何谈为师。潜心求道,并非在乎相师。"

胡叟平日浏览群书,过目成诵,喜好作文,文思敏捷,驱遣文字,既可典雅优美,又可粗犷通俗。

羌人姚苌之子姚兴称皇帝,后又降格自称天王,与魏军交战多年,屡受重创,渐渐衰微。胡叟见姚氏政权风雨飘摇,此后必有动荡,特只身进入长安城,体察风情民俗,静观世事变迁。因怕被人知道,隐姓埋名,行踪不定。

当时京北有个叫韦祖思的名士,从小饱读经籍,学问不浅,自视甚高,对当世名流不屑一顾。但他早闻胡叟大名,听说胡叟来到长安,急忙设法召来相见,一同切磋。

韦祖思待客比较随便,对胡叟不免稍怠慢,胡叟为人何等狂傲,看在眼里,并不多言,故且与祖思话些天气冷暖之类无关痛痒的闲话,话不投机,拂衣而起就要告辞。韦祖思好生奇怪,忙上前挽留,说:"正要与君纵论天道人事,为何突然辞去?"

胡叟答道:"可以谈论天道人事者早已不在,我知君,君知我,何必如此夸夸其谈。"言罢,不再啰唆,头也不回地飘飘然扬长而去。

胡叟四海为家,居无定所。先入汉中,再随刘宋王朝的梁秦二州刺史冯翊吉翰入蜀,在蜀期间为当地豪杰俊才所推崇。当时蜀中有个僧徒名叫法成,聚集率领游僧近千人,铸成丈六高的金佛像。宋主刘义隆恨他聚众喧哗,要对他施以极刑,胡叟听说后,急急忙忙赶赴丹阳,极力为法成申说美言,终于使法成得以豁免。返回蜀地后,法成感恩不尽,一定要赠送珍宝财物,价值千匹布帛。

胡叟重义轻财,说道:"我此行是为德请命,义不容辞。与钱财何干!"将一应财物统统拒绝,仍是两袖清风而去。

菜根谭

绳锯材断　水滴石穿

绳锯材断，水滴石穿，学道①者须要努索②；水到渠成③，瓜熟蒂落④，得道者一任天机。就一身了⑤⑥一身者，方能以万物付⑦万物；还天下于天下者，方能出世间⑧于世间。

人生原是一傀儡⑨，只要根蒂⑩在手，一线不乱，卷舒⑪自由，行止在我，一毫不受他人提掇⑫，便超出此场中矣！

"为鼠常留饭，怜蛾不点灯"，古人此点念头，是吾一点生生之机⑬，列此即所谓土木形骸⑭而已。世态有炎凉，而我无嗔喜；世味有浓淡，而我无欣厌。一毫不落世情窠臼⑮，便是一在世出世法也。

注释

① 学道：学习道行。② 努索：竭力探索。
③ 水到渠成：比喻做事要听其自然。
④ 瓜熟蒂落：比喻时机成熟自然成功。⑤ 一身：自身。
⑥ 了：明白、觉悟、了解。⑦ 付：赋予、托付。
⑧ 出世间：超越尘世凡俗。
⑨ 傀儡（kuǐ lěi）：本指一种用木头做的假人，由真人在幕后用丝线操纵其动作，俗称木偶戏。
⑩ 根蒂：本指瓜果植物生长的生命线。此处当掌握木偶活动的机纽，即人之心体。

⑪ 卷舒：卷，通"捲"，收藏的意思。舒是伸展。此处指伸缩。
⑫ 提掇（duō）：提拉，提起，比喻别人对自己的控制。
⑬ 生生之机：繁衍不息的契机。
⑭ 土木形骸：土木指树木的躯壳，形骸指人的身体。
⑮ 窠臼（kē jiù）：现成格式。比喻蹈袭故常，不能自出新意。

解读

绳索可以锯断木头；水珠可以滴穿石头，学习道艺的人必须加倍努力求索；水流达到水渠形成，瓜果成熟瓜蒂掉落，得到道艺的人一切任凭天赋悟性。一个能够通过自身了解自己的人，才能使万物顺其自然而各尽其用；能够将天下交还给天下的人，才能身处尘世而心灵超越到尘世之外。

人生原本就是一场傀儡戏，只要自己能够掌握牵动控制木偶的那根线，任何丝线都不紊乱，收放自如，行动或停止由自己掌握，一点都不受他人的牵制和左右，那么便可以超脱这场游戏了。

常为老鼠留下一些饭粒不让它饿死，怕飞蛾扑火烧死尽量不点灯，古代的人常有这些仁慈的心肠，这些慈悲之心正是我们人类繁衍不息的生机。没有这些，那么人类也就与那些树木泥土没有什么区别了。

世俗的情态有炎热凉薄，而我没有瞋恨喜悦；入世的滋味有浓烈淡薄，而我没有欣喜厌恶。一丝一毫不落入世态人情的窠臼，就是一种活在人世又超脱人世的方法。

故事链接

宋朝时，崇阳县的县令叫张乖崖，他是北宋太宗、真宗两朝的名臣。当时的士大夫们甚至将他与赵普、寇准等名臣并列。那时，崇阳县的社会风气不太好，偷盗的人很多，连县衙的钱库也经常丢钱，张乖崖决定改改

菜根谭

这股不好的风气。

有一天,他碰到一个钱库管理员正从钱库里出来,管理员的头巾下面还露出一枚钱。张乖崖就责问他怎么回事。钱库的管理员说是钱库里的钱。张乖崖听后非常生气,命令衙役拿木杖打他。

管理员也很生气,还理直气壮地说:"不就一枚钱吗,有什么大不了的,你居然命令别人拿木杖打我!就算你能打我,你也不能杀我!"

张乖崖拿起朱笔宣判说:"一天偷一枚钱,十天就是十枚,一千天就是一千枚。用绳子锯木头,时间长了木头就会断;水滴石头,时间长了,石头会被滴穿。"宣判完,他拿着剑走下台阶,亲手斩下了管理员的首级。我们姑且不讨论张乖崖是否判得过重,钱库管理员是否该死。但张乖崖说的"日积月累,小事会变成大事"的道理是对的,值得我们思考。

其他篇

　　一部《菜根谭》包罗万象，总结处世为人之策略，概括功业成败之智慧，指示修身养性之要义，界分求学问道之真假，指点生死名利之玄妙；既主张积极入世、经营天下、为民谋福、恩泽后世的进取精神，又宣扬亲近自然、悠游山水、独善其身、清静无为的隐逸趣旨，同时也倡导悲天悯人、普渡众生、透彻禅机、空灵无际的超脱境界。

　　但是，作品对于缤纷的人生与社会而言，仍然存在挂一漏万的现象。多少年来多少仁人志士，都在进行拾遗补缺。这里的"其他"就是指搜集整合和拾遗补缺《菜根谭》各种珍本之内容，看似杂乱无章、自相矛盾，若深悟其意，方知狡兔三窟、智藏其里；若详悟再三，则如醍醐灌顶，倍觉终身受用无穷，也使得整个作品更加丰富多彩了。

热不必除　除此热恼

热不必除，而除此热恼❶，身常在清凉台上；穷不可遣❷，而遣此穷愁，心常居安乐窝❸中。涉世浅，点染❹亦浅；历事深，机械亦深。故君子与其练达❺，不若朴鲁❻；与其曲谨❼，不若疏狂。

交友须带三分侠气❽，做人要存一点素心❾。居卑❿而后知登高之为危，处晦⓫而后知向明之太露⓬，守静⓭而后知好动之过劳，养默⓮而后知多言之为躁。

放得功名富贵之心下，便可脱凡；放得道德仁义之下，才可入圣⓯。利欲未尽害心，意见乃害心之蟊贼⓰；声色未必障道，聪明乃障道之藩屏⓱。吉人⓲无论⓴作用㉑安祥，即梦寐神魂，无非和气；凶人无论行事狼戾㉒，即声音笑语，浑是杀机。

施恩者内不见㉓己，外不见人，即斗粟㉔可当万钟之惠；利物者计己之施，责人之报，虽百镒㉕难成一文之功。人之际遇，有齐㉖有不齐，而能使己独齐乎？己之情理，有顺有不顺，而能使人皆顺乎？以此相观对治㉗，亦是一方便法门。

> **注释**
>
> ❶ 热恼：对燥热的烦恼。❷ 遣：驱逐。
> ❸ 安乐窝：泛指安静舒适的住所。

其他篇

❹ 点染：本指中国画的一种笔法，即画家作画时用笔皴点渲染，引申为玷污。这里指人的思想品德所受的污染。

❺ 练达：指通晓人情世故。❻ 朴鲁：纯朴、直爽。

❼ 曲谨：形容对无关紧要的小事拘泥、谨慎。

❽ 侠气：侠义精神。❾ 素心：纯朴、真诚的本心。

❿ 卑：位置低下。⓫ 晦：昏暗。

⓬ 霭：指人面对光明时，眼中似乎霞光万道，明亮炫目的感觉。

⓭ 守静：指退隐林泉，坚持静修的行为。

⓮ 养默：指缄口不谈世事，潜心修养情志的行为。

⓯ 入圣：达到至高无上的崇高境界。

⓰ 蟊（máo）贼：两种害虫，引申为危害他人或国家的人和事物。

⓱ 障道：蒙蔽人们内心中的道德良知。⓲ 藩屏：障碍。

⓳ 吉人：指心地善良之人。⓴ 无论：不用说。

㉑ 作用：人的行为。㉒ 狠戾：凶暴残忍之意。

㉓ 见：通"现"，显现。㉔ 斗粟：形容粮食很少。

㉕ 百镒（yì）：镒，古代重量单位。形容金钱极多。

㉖ 齐：相等、相同。㉗ 相观对治：相互鉴戒，对照修正。

解读

要想消除夏天的暑热根本不必用特殊方法，只要消除烦躁不安的情绪，那你的身体就宛如坐在凉亭中一般凉爽；要想消除贫穷也不必特殊方法，只要能驱逐为贫穷而愁的错误观念，那你的心境就宛如生活在快乐世界一般幸福。涉世不深的人，沾染的不良习惯少；阅历丰富的人，权谋奸计也多。所以，一个真君子，与其老练，不妨朴实笃厚；与其谨小慎微曲意迎合，不如坦荡大度不拘小节。

菜根谭

交朋友要抱着患难与共、拔刀相助的侠义之心，为人处世要保留一颗朴素善良的赤子之心。先站在低处然后才明白攀高处的危险性；先待在阴凉处然后才清楚过分光亮的地方刺眼睛；先保持宁静心然后才明白喜欢活动的人太辛苦；先保持沉默心性然后才明白说话多了很烦躁。

一个人能丢开功名富贵、权势思想的左右，就可超越庸俗的尘世杂念；一个人不受仁义道德等教条的束缚，就可以进入超凡绝俗的圣贤境界。名利不一定会伤害心性，只有偏私和邪妄才是残害心性的毒虫；歌舞女色不一定都会妨碍人的品德，只有自作聪明的人才是破坏道德的最大障碍。一个心地善良的人，不论言谈举止都镇定安详，连睡梦也洋溢着祥和之气；一个性情残暴的人，无论所做何事都心狠手辣，甚至连谈笑之间也充满凶杀之气。

施加恩惠的人不记在心里也不对外张扬，即使付出很少也能得到回报；用物品帮助别人，老是计较付出，总想要回报，即使付出很多，也难成一点功德。人的境遇有幸运也有不幸运，又怎能要求与众不同？人的情绪有稳定也有浮躁，又怎能要求事事顺遂？如能心平气和地观察，也是人生一个很好的修养途径。

故事链接

一天，刘邦在宫殿附近看见很多将军聚在一起议论，便找张良询问，张良如实说："将军们正在议论造反的事！"这句话让刘邦吃了一惊。

张良分析说："陛下全靠这些将士出生入死才夺取了天下。可是，现在陛下分封的都是自己最亲近的人，处分的都是和陛下有怨恨的人。现在，将军们都在担心此事。要是处理得不当，就会发生内乱。"

"事到如今，该如何收拾呢？"刘邦忙问。

张良不慌不忙地说："我有一计，可以对付这个局面。陛下请告诉我,平时您最恨的而且将军们都知道的人是谁?"

刘邦说:"我最恨的人是雍齿。此人立过许多战功,可是他说话不顾君臣之礼,我真想把他给杀了,以解我心头这口恶气。"

张良拍手笑道:"这就好了,陛下马上封雍齿为侯,那些有战功而担心陛下为难他们的人,看到陛下分封了自己最恨的人,就会消除一切顾虑,再也不会造反了。"

刘邦采纳了张良的计策,摆下酒宴,当着大臣和将军们的面,封雍齿为什邡侯,又让丞相、御史加快定功封赏的进度。

在这之前还准备滋事的将军们吃过酒宴,高高兴兴地说:"现在好了,什么都不用担心了,我们就等着陛下的分封奖赏吧!"张良的这一计策,平息了将要发生的叛乱。

名根未拔　总堕尘情

名根❶未拔者，纵轻千乘甘一瓢❷，总堕尘情；客气未融者，虽泽四海利万世，终为剩技。躁性❸者火炽，遇物则焚；寡恩❹者冰清，逢物必杀；凝滞固执❺者，如死水腐木，生机已绝，俱难建功业而延福祉❻。

心不可不虚❼，虚则义理来居；心不可不实❽，实则物欲不入。

静中念虑澄澈❾，见心之真体❿；闲中气象从容⓫，识心之真机；淡中意趣冲⓬夷⓭，得心之真味。观心证道⓮，无如此三者。

静中静非真静，动处静得来，才是性天之真境；乐处乐非真乐，苦中乐得来，才是心体之真机。

舍己⓯毋其疑⓰，处其疑即所舍之志多愧矣。施人⓱毋责其报，责其报并⓲所施之心俱非矣。

士君子持身不可轻，轻则物能抗我，而无悠闲镇定之趣；用意不可重，重则我为物泥⓳，而无潇洒活泼之机。欹器⓴以满覆，扑满㉑以空全。故君子宁居无，不居有；宁处缺，不处完。

注释

❶ 名根：名利的念头，即功利思想。

❷ 一瓢：瓢是用葫芦做的盛水器，形容用瓢来饮水吃饭的清苦生活。

其他篇

❸ 躁性：性情急躁。❹ 寡恩：缺少情义。
❺ 凝滞固执：故步自封，顽固不化。❻ 延福祉：为社会造福。
❼ 虚：谦虚，不自满。❽ 实：真实，择善执着。
❾ 念虑澄澈：指心绪像水一样清澈见底。
❿ 心之真体：心性的本来面貌。
⓫ 气象从容：指人的气度、气概从容不迫。
⓬ 冲：指空虚，引申为淡泊、谦和。⓭ 夷：愉快、和顺。
⓮ 观心证道：观察心性验证道理。⓯ 舍己：自我牺牲。
⓰ 毋其疑：不要存有犹豫不决之心。⓱ 施人：给别人以帮助。
⓲ 并：连同，合在一起。⓳ 泥：拘泥，陷入。
⓴ 敧（qī）器：放于君王坐位右侧的，规劝公正治理国家的警戒器具。
㉑ 扑满：古时储钱用的陶土罐。

解读

一个人假如不抛弃功利思想，即使能轻视富贵荣华而甘愿过清苦的生活，最终还是无法逃避名利的诱惑；一个受外力影响而不能在内心加以化解的人，即使他的恩泽能广被天下遗留千秋万世，最后的结局也不过是一种多余的伎俩。

性情急躁的人言行就如烈火，跟他接触的人都会被焚热；刻薄寡恩的人言行就好像冰雪一般冷酷，不管谁碰到他都会遭到残害；顽固而呆板的人既像一潭死水也像一株朽木，完全没了生机，这些都不是成大功立大业、为人类社会造福的人。

人应有虚怀若谷的胸襟，因为只有这样才能获得真正的学问和真理；人内心不能不抱着择善的态度，因为只有这样才能不受名利的诱惑，挡住物欲的侵袭。

清静时思虑清澈能看出心性本源；闲暇中气度舒畅能发觉心中玄机；在淡泊中性情平和能体会真趣味。反省内心印证道理，没有比这三种方法更好的了。

在寂静环境中宁静并非真宁静，在喧嚣环境中还能保持平静的心情，才算是合乎人类本然之性的真正宁静；在狂歌热舞环境中得到的快乐并非真快乐，只有在艰苦环境中仍能保持乐观的情趣，才算是合乎人类本然灵性的真正乐趣。

既然要作出自我牺牲，就不要因为计较得失而犹豫不决，过多计较得失，那么这种自我牺牲的心意就会打折扣；既然要施恩与人就不要希望得到回报，如果一定要求对方感恩图报，那么这种乐善好施的善良之心就会变质。

有德行的人从不把自己看得太轻，倘若把自己看得太轻，就会受到外界的扰乱，人也就没有悠闲镇定的志趣了；对财物用心不应该太重，倘若用心太重，就会被财物所束缚，人也就失去了潇洒活泼的心情了。

倾斜的容器盛满水时便会倾倒，只有入口的蓄钱缸没有盛钱才能保持完整。因此有德行的人宁可处于一无所有的境况，而不去处于万物富足的境况；宁可保持欠缺，不去追求圆满。

故事链接

唐贞观年间，在著名将领薛仁贵尚未得志之前，他与妻子住在一个破窑洞中，衣食常无着落，他们的生活全靠邻居王茂生夫妇接济。

后来，薛仁贵参军，在跟随唐太宗李世民御驾东征时，因平辽功劳特别大，被封为"平辽王"。

薛仁贵功成名就后，顿时身价百倍，前来王府送礼祝贺的文武大臣络绎不绝，可都被薛仁贵婉言谢绝。他唯一收下的是普通老百姓王茂生送来的"美酒两坛"。

当晚，薛仁贵就要品尝老朋友送来的美酒。可是，当他的手下打开酒坛，却发现坛中装的竟是清水！

手下人吓了一跳，忙说："启禀王爷，此人如此大胆戏弄王爷，请王爷重重地惩罚他！"岂料薛仁贵听了，不但没有生气，而且命令执事官取来大碗，当众饮下三大碗王茂生送来的清水。

在场的文武百官不解其意，薛仁贵喝完三大碗清水之后说："我过去落难时，全靠王茂生夫妇经常资助，没有他们就没有我今天的荣华富贵。如今我美酒不沾，厚礼不收，却偏偏要收下王兄弟送来的清水。因为我知道王兄弟贫寒，送清水也是王兄的一番美意，这就叫君子之交淡如水。"

此后，薛仁贵与王茂生一家的关系仍然十分亲密。

使人德我　不若德怨两忘

怨因德彰，故使人德我①，不若德怨之两忘；仇因恩立，故使人知恩，不若恩仇之俱泯②。

千金③难结一时之欢④，一饭竟致终身之感。盖爱重反为仇，薄极反成喜也。

藏巧于拙⑤，用晦⑥而明；寓清于浊，以屈为伸，真涉世之一壶、藏身之三窟也。

衰飒⑦的景象就在盛满中，发生的机缄⑧即在零落内。故君子居安，宜操一心以虑患，处变，当坚百忍以图成。

觉人之诈⑨不形于言，受人之侮⑩不动于色，此中有无穷意味，亦有无穷受用。

吾身一小天地也，使喜怒不愆⑪，好恶有则，便是燮理⑫的功夫；天地一大父母也，使民无怨咨⑬，物无氛疹⑭，亦是敦睦的气象。

有妍必有丑为之对，我不夸妍⑮，谁能丑我⑯？有洁必有污为之仇，我不好洁，谁能污我？

> **注释**
>
> ❶德我：对我感恩戴德。❷泯：消灭。❸千金：极言钱财多。❹结欢：与人交好。❺藏巧于拙：有才能而不显示出来。

⑥ 用晦：谓隐藏才能，不使外露。⑦ 衰飒：形容事物的衰败。
⑧ 机缄（jiān）：古代道家所谓主宰并制约事物的力量。
⑨ 诈：欺骗。⑩ 侮：侮辱。⑪ 愆：失误，丧失。
⑫ 燮（xiè）理：和理，调理。⑬ 怨咨：怨恨嗟叹。
⑭ 氛疹：氛是预示吉凶的云气，也特指凶气。
⑮ 妍：美丽。⑯ 丑我：丑化我。

解读

怨恨会因为行善而更加明显，所以行善并不一定使人都赞美，与其让人感恩怀德，不如让人把赞美和埋怨都忘掉；仇恨会由于恩惠产生，可见与其施恩而希望人家感恩图报，不如把恩惠与仇恨两者都消除。

赠送千两黄金难得一时欢心，施予一餐饭竟能得终身感激。由此可见，过分的宠爱反而会与对方结下怨仇，极小的恩惠反而能使得对方感到喜悦。

把智巧隐藏在笨拙之中，使用时人不知道，用后人才清楚；在污浊的环境中保持清正，以屈为伸，这便是人们涉世安身、避祸得福的最佳处世方法。

衰落萧飒的景象就在兴盛丰满中，萌发生长的机运就在凋零败落内。所以君子身处安宁环境应当花费一点心思用来忧虑祸患。身处变乱灾难应当百般忍耐以便图谋成功。

当我们发觉被人家欺骗时不要立刻说出来，当我们遭受人家侮辱时也不要立刻生气。养成这种德行意味无穷，在你人生旅程上也将受用不尽。

我们的身体就等于是一个小世界，不论高兴或愤怒都不可以犯下过失，尤其对于所喜好的和所厌恶的东西也要有一定标准，这就是做人的和谐调理功夫；大自然就如同全人类的父母，负责养育人民，让每个人都没

菜根谭

有牢骚怨尤，使万物都能没有灾害而顺利成长，这也是造物者的一番亲善友好恩德。

人间的事情有美好的就有丑陋的，假如我不自夸其德说自己美好，又有谁会讽刺我丑陋呢？世上的东西有洁净的就有肮脏的，假如我不自赞洁净，有谁能脏污我呢？

故事链接

孔子有一个最喜欢的学生，名叫颜渊。一天，颜渊陪鲁国国君鲁定公在广场边闲谈。有个叫东野毕的驾车能手，驾着马车从广场上驰骋而过。鲁定公见了，赞叹说："东野毕驾马车的技术多么高明啊！"

颜渊却说："东野毕驾马车的确有些技巧，但不是最高明，他的马不久就会失足。"

鲁定公对身边另一个人说："我听说有德行有修养的人，是不会在背后讲别人坏话的。"

颜渊听了，心中很不高兴，起身离开了广场。一会儿，有人向鲁定公报信说东野毕驾的马车翻了。鲁定公立即派人把颜渊找回来。当颜渊回来后，鲁定公问他说："东野毕驾驭马车的技术不高明，您究竟是怎样知道的呢？"

颜渊回答说："我是根据古来的经验推断的。古时候，造父擅长于驾驭马车，他从不让马匹奔跑劳累到极点。因此，造父驾马车也从没有失过蹄，翻过车。而现在的东野毕虽然驾马车的技术很熟练，可是他弄得马匹的力气都竭尽了，还不让它们休息，所以我料定他的马要失足。"

鲁定公听了，连连说："讲得太好了，您还能把这些道理讲得更透彻一些吗？"

颜渊见鲁定公比较有诚意，就又接着说："野兽被逼急了，就会和人

其他篇

拼命，连鸟被人逼急了都会啄人。而人被逼迫到穷途末路的时候，就要造反了。因此，使老百姓处于困境的国家，而不发生变乱和动荡，那是从来没有也不可能的。"

鲁定公说："您讲的这些道理，我以前还没有认识到，这些的确是明智之言。"

菜根谭

爵不宜太盛　太盛则危

　　爵位不宜太盛，太盛则危；能事不宜尽毕，尽毕则衰；行谊❶不宜过高，过高则谤兴而毁来。

　　当与人同❷过，不当与人同功，同功则相忌❸；可与人共患难，不可与人共安乐，安乐则相仇。

　　饥则附，饱则扬❹；燠❺则趋，寒则弃，人情通患也。君子宜净拭冷眼，慎毋轻动刚肠。

　　德随量❻进，量由识❼长。故欲厚❽其德，不可不弘❾其量；欲弘其量，不可不大其识。

　　一灯萤然，万籁无声，此吾人初入宴寂❿时也；晓梦初醒，群动未起，此吾人初出混沌⓫处也。乘此而一念回光，炯然返照，始知耳目口鼻皆桎梏⓬，而情欲嗜好悉机械⓭矣。

　　水不波则自定，鉴⓮不翳⓯则自明。故心无可清，去其混之者，而清自现；乐不必寻，去其苦之者，而乐自存。

　　有一念而犯鬼神之忌，一言而伤天地之和，一事而酿⓰子孙之祸者，最宜切戒⓱。

注释

❶ 行谊："谊"同"义"，行谊是品行、道义的意思。

❷同：共同分担。❸忌：嫉妒，憎恨。❹扬：撇开、丢下。
❺燠（yù）：温暖，指富贵人家。❻量：气量、抱负。
❼识：知识、见识。❽厚：看重。❾弘：扩大，光大。
❿宴寂：安闲寂静。⓫混沌：混乱，迷茫。
⓬桎梏（zhì gù）：刑具。比喻束缚。⓭机械：机器。比喻强制。
⓮鉴：镜子。⓯翳（yì）：遮蔽。⓰酿：造成。
⓱切戒：深切地引以为戒。

解读

人的爵禄官位不可以太高，如果太高就会使自己陷于危险状态；人的才干本身不可以一下子都发挥出来，如果都发挥出来就会由于江郎才尽而陷于没落状态；人的品德行为不可以标榜太高，如果太高就会遭到无缘无故的毁谤和中伤。

与人同承担过失，不与人同接受功劳，共同接受功劳会产生妒忌；与人同经历危难，不与人共同享受安乐，共同享受安乐相互间会结下怨仇。

人在饥饿的时候常常为求食而依附别人，一旦吃饱后就弃他而去；发迹时便去趋附，贫寒时马上背弃，这是人情的通病。君子应该擦亮眼睛，以冷静的态度来观察世间事物，不应该轻易产生刚烈的心态，去处理世事。

道德随器量而增进，器量因学识而长进。所以想要丰厚他的道德，不可以不宽弘他的器量；想要宽弘他的器量，不可以不扩大他的学识。

一盏孤灯闪烁，万般寂静，这时我们刚刚进入静谧时；拂晓夜梦开始醒来，万物活动尚未开始，这时我们刚刚走出混沌境地。乘此时一个念头回旋灵光，明白往返对照，才知道耳目口鼻都是桎梏，而情欲嗜好全是机械。

菜根谭

没有波浪的水面自然平静,没有灰尘的镜子自然明净。所以人的心地无需刻意去清洗,只要去掉了私心杂念,就自然会清澈明静;快乐不必刻意去寻找,只要远离那些痛苦和烦恼,快乐就自然会存在了。

人假如产生了一个想法却违犯了鬼神的忌讳,说了一句话却破坏了人与人之间的和睦,做了一件事却给子孙后代埋下了祸患,这三种情况要特别警惕。

故事链接

商朝时,纣王登位之初,天下人都认为在这位精明国君的治理下,商朝的江山一定会坚如磐石。有一天,纣王命人用象牙做了一双筷子,他十分高兴地使用这双象牙筷子就餐。他的叔父箕子见了,劝他收藏起来,而纣王却满不在乎,满朝文武大臣也不以为然,认为这只是一件很平常的小事。

箕子认为,纣王既然使用了稀有昂贵的象牙作筷子,与之相配套的杯盘碗盏就再也不会用陶制土烧的笨重物了,而必然会换成用犀牛角、美玉石打磨出的精美器皿。餐具一旦换成了象牙筷子和玉石盘碗,纣王就一定不会再去吃大豆一类的普通蔬菜,而要千方百计地享用牦牛、象、豹之类的胎儿等山珍美味了。

紧接着,在尽情享受美味佳肴之时,纣王一定不会再去穿粗布缝制的衣裳,住在低矮潮湿的茅屋下,而必然会换成一套又一套的绫罗绸缎,并且住进高楼大厦之中。

箕子害怕照此演变下去,必定会带来一个悲惨的结局。所以,他从纣王一开始制作象牙筷子起,就感到了一种不祥的恐惧。

仅仅五年时间,箕子的预言果然应验了,商纣王恣意骄奢,断送了商汤绵延五百年的江山。

交市人 不如友山翁

交市人①，不如友山翁；谒朱门②，不如亲白屋③；听街谈巷语，不如闻牧唱樵歌；谈今人失德过差，不如述古人嘉言懿行。

前人云："抛却自家无尽藏，沿门持钵效贫儿。"又云："暴富贫儿休说梦，谁家灶里火无烟？"一箴④自昧⑤所有，一箴自夸所有，可为学人切戒⑥。

信⑦人者，人未必尽诚⑧，己则独⑨诚矣；疑⑩人者，人未必皆诈，己则先诈矣。为善不见其益，如草里冬瓜，自能暗长；为恶不见其损⑪，如庭前春雪，势必潜⑫消。

遇故旧之交，意气要愈新；处隐微⑬之事，心迹宜愈显；待衰朽之人，恩礼当愈隆⑭。

凭意兴⑮作为者，随作则随止，岂是不退之轮⑯？人情识解悟者，有悟则有迷，终非常明之灯⑰。

能脱俗⑱便是奇⑲，作意尚⑳奇者，不为奇而为异；不合污便是清㉑，矫情求清者，不为清而为激。

注释

① 市人：城市中的人，这里指贪图名利之徒。
② 朱门：权门富贵之家。③ 白屋：平民百姓。

菜根谭

④ 箴（zhēn）：规劝，劝告。 ⑤ 昧：糊涂，不明白。
⑥ 戒：警戒。 ⑦ 信：信任。 ⑧ 诚：真诚。 ⑨ 独：仅，只有。
⑩ 疑：怀疑。 ⑪ 损：损害。 ⑫ 潜：偷偷地，暗暗地。
⑬ 隐微：隐私机密。 ⑭ 隆：隆盛。 ⑮ 意兴：感情。
⑯ 不退之轮：佛教用语，永恒的精神。
⑰ 常明之灯：佛教用语，本智的光明。 ⑱ 脱俗：不染俗气。
⑲ 奇：不寻常。 ⑳ 尚：高出，超出。 ㉑ 清：清高。

解读

结交精明的生意人，不如与淳朴的山中老翁交朋友；去拜访权贵的人家，还不如去贫穷人家的茅屋；听街头巷尾的交谈言语，还不如听牧童樵夫的轻唱与高歌；谈论今人的缺德与过失，还不如讲述古人的美好言论与崇高行为。

古人说："放着自己家中无数的金银财宝不用，却去仿效贫苦的小孩子手持破钵挨户乞讨。"又说："暴富的贫儿不要夸耀自己的富有，你有别人也会有，谁家炉灶里的火会不冒烟呢？"以上这两种说法，一种告诫那些隐瞒自己所有的人，一种告诫那些夸耀自己所有的人，这可以说是为人千万要注意的。

一个信任别人的人，虽然别人未必全是诚实的，但是自己先做到了诚实；一个常怀疑别人的人，别人虽然未必都虚诈，但是自己却先成为虚诈的人。做好事看不到有好报，其实好报就像在草丛里生长的冬瓜，自然会悄悄地长大起来；做坏事看不到有恶报，其实利益就像庭院前的春雪，势必慢慢地消失。

遇到以前的老朋友，态度要更加亲密，不使对方产生冷淡之感；在隐晦微妙的地位，内心更应光明磊落，不使别人产生误解；对待年老贫穷的人，礼节更应隆重，不使对方产生冷暖之感。

凭兴致做事的人，兴致来了就做，兴致消失了就停，这怎么能像永不后退的车轮那样勇往直前？按照自己的情感和认识来理解和领悟道理的人，有时就会出现迷乱和困惑，终究不如常亮的灯烛那样，能使心体明亮。

能够摆脱世俗的束缚便是奇特，倘若故意去追求这样的奇特，不是奇特而是怪异；处于污浊的环境而不去同流合污，便是清高，倘若故意违反人之常情去表现自己与众不同，这就不是清高而是偏激的做法了。

故事链接

蔡邕是东汉时著名的文学家和书法家。这年蔡邕已经59岁了，是献帝的左中郎将了，进出常是前呼后拥，车骑填巷，真可谓才学显赫，员重朝廷了。

当时，山阳高平有个叫王粲的人，幼年时特别喜好读书，精通古代文学以及秦汉以后的诗文，并且练就了写作基本功。王粲向人借钱买了一些纸张，在街头设案代笔，很受老百姓的欢迎。

王粲的信写得十分出色，很擅长模拟发信人的口吻，将事情原委讲得清楚明白，读信人见信如面，亲昵之情跃然纸上。人们纷纷传说京城出了个"王铁笔"，蔡邕听说后便叫仆人把王粲找来。

一天，蔡邕正在花厅里看书，仆人进来禀报说："大人，那个人找到了！"

"快请他进来！"

仆人把王粲领进来，这位50多岁的左中郎笑了："哎呀，没想到你竟是一位少年，我还以为是一位年过花甲的老先生哩！快快请坐！"

王粲地位低下，不敢入座。蔡邕说："我今天以文会友，何必客气呢！"王粲连连称谢。蔡邕一边吩咐给客人看茶，一边谈起了文章之道。

在交谈中，蔡邕发现，这位少年对答如流，显露出惊人的文学才华，他非常高兴。当问及王粲的家世，老人家眉头一紧，缓缓地说："我想请你答应两件事，不知可否？"

"大人请说吧。"

"第一件事，请你今后常来，我们可以多多切磋、商讨。第二件嘛，请你给我这个花厅写一首诗。"

王粲思索了一下，挥笔写下了一首诗。蔡邕看也没看，便命仆人取20两银子，作为酬谢。他这是变着法子周济王粲呢！从这以后，他们成了忘年交。后来，王粲成为东汉末年的"建安七子"之一，成为著名的文学家。

不息心求见性 如拨波觅月

　　心虚①则性现，不息心而求见性②，如拨波觅月；意净③则心清，不了意而求明心，如索镜增尘。我贵而人奉之，奉此峨冠大带④也；我贱而人侮之，侮此布衣草履⑤也。然则原非奉我，我胡⑥为喜？原非侮我，我胡为怒？心体⑦便是天体⑧，一念之喜，景星⑨庆云⑩；一念之怒，震雷暴雨；一念之慈，和风甘露⑪；一念之严，烈日秋霜。何者少得，只要随起随灭，廓然⑫无碍，便与太虚⑬同体。

　　无事时，心易昏瞑⑭，宜寂寂，而照以惺惺⑮；有事时，心易奔驰，宜惺惺，而主以寂寂⑯。议事⑰者身在事外，宜悉利害之情；任事⑱者身居事中，当绝利害之虑。标⑲节义者，必以节义受谤；榜道学者，常因道学招尤。故君子不近恶事，亦不立善名，只要浑然⑳和气㉑，才是居身㉒之宝。忙里要偷闲，须先向闲时讨个把柄㉓；闹中要取静，须先从静处立个主宰㉔。不然未有不因境而迁，随事而靡者。

注释

① 心虚：心中没有杂意。② 性：天性。③ 意净：心灵纯洁。
④ 峨冠大带：比喻地处高官显位。
⑤ 布衣草履：比喻地位贫穷低微。⑥ 胡：为什么。
⑦ 心体：人类精神本原。⑧ 天体：天心或宇宙精神的本原。

⑨ 景星：代表祥瑞的星名。⑩ 庆云：象征祥瑞的云层。
⑪ 甘露：祥瑞的象征。⑫ 廓然：广大。⑬ 太虚：泛称天地。
⑭ 昏冥：昏昧不明事理，冥是愚昧。⑮ 惺惺：聪明，机警。
⑯ 寂寂：沉静落寂。⑰ 议：商议，讨论。⑱ 任事：负责。
⑲ 标：标榜。⑳ 浑然：纯朴敦厚。㉑ 和气：态度温和。
㉒ 居身：立身处世。㉓ 把柄：凭借。㉔ 主宰：支配，掌握。

解读

只有内心了无杂念时，人的善良本性才会出现，假如不使心神宁静而想要发现本性，那就像拨开水来找水中之月一般，越拨越是找不到；只有在意念清纯时脑海才会清明，假如不铲除烦恼而想心情开朗，那就等于想在落满灰尘的镜子前面照出自己的样子，根本是照不清的。

有权有势，人们就奉承我，这是奉承我的官位和纱帽；贫穷低贱，人们就轻视我，这是轻视我的布衣和草鞋。可见根本不是奉承我的本性，我为什么要高兴呢？也根本不是轻视我的本性，我又为什么要生气呢？

人体就是天体，一念之间的喜悦就像大自然有吉祥的征兆；一念之间的愤怒就像大自然有雷电风雨；一念之间的慈悲就像大自然有和风甘露；一念之间的冷酷就像大自然有烈日秋霜。人有喜怒哀乐的情绪，天有风霜雨露的变化，不过大自然的变化随时兴起随时幻灭，对于生生不息的广大宇宙毫无阻碍，人的修养假如也能达到这种境界，就可以同天地同心同体了。在没有事情的时候，人的头脑容易昏昧疏忽，这时应该心平气和，清醒聪明地观察外界的事物；在有了事情的时候，人的心情容易紧张烦乱，这时应该保持聪明清醒，冷静地处理事情。

评论与自己无关的事，容易理解其中的原委，作出公平的评价；当事人身居事情之中，应当忘掉与自己利害的考虑，出于公心来处理事情。

其他篇

　　称自己有节义的人，必然因他有节义而受到别人的诽谤；标榜自己有道德的人，常常因他有道德而招来别人的攻击。君子既不去沾染邪恶的事情，也不去标榜好的名声，只要浑然一体一团和气，这才是安身处世最好的方法。人处在事情繁忙的时候，要寻找一点悠闲的情趣，应该在闲暇的时候有所打算、掌握决窍；人处在喧闹的环境中，要寻找一份安静的心情，应该在平静的时候为养成好品性打下基础。假如不是这样，人心就会随着环境的改变而变化，随着时间的推移而颓靡。

故事链接

　　春秋时期，齐宣王执政的时候，孟子周游到齐国。他看到当时的齐国国内社会很不安宁，老百姓饥寒交迫，可齐宣王却根本没有认识到自己的责任，于是孟子就请求面见齐宣王。

　　齐宣王同意召见孟子。一见面，孟子就问齐宣王："如果您手下的一位大臣，把他的妻子儿女托付给朋友照顾，自己去周游列国。等他出游回来，发现自己的妻子儿女受冻挨饿已经有很长时间了，那位朋友竟不顾信义到如此程度。请问大王，对这样的朋友，您会怎么看待他呢？"

　　齐宣王毫不迟疑地说："当然要和他断绝往来！"

　　孟子又接着问："假如一个国家，管理刑罚的长官不能管理好他的部下，您说，应该如何处治他呢？"

　　齐宣王说："那还用问，罢他的官呗！"

　　孟子紧接着又问："一个长官管理不好他的部下要罢官。那么，假如一个国家的政务处理得不好，老百姓挨饿受穷，那么该怎么办呢？"

　　齐宣王一听就明白了，这不是要让我这个国君承担责任吗？他自知理亏，无言以对，就把话题扯到别的事情上去了。孟子见他这副样子，觉得再劝说也没有用，就离开了。

纵欲可医　势理难医

纵欲之病可医，而势理之病❶难医；事物之障可除，而义理之障❷难除。

宁为小人所忌毁，毋为小人所媚悦❸；宁为君子所责备，毋为君子所包容。

好利❹者逸出❺道义之外，其害显而浅；好名❻者窜入❼于道义之中，其害隐而深。

受人之恩虽深不报，怨则浅亦报之；闻人之恶虽隐不疑，善则显亦疑之。此刻之极，薄之尤❾也，宜切戒之。

谗夫毁士❿，如寸云蔽日，不久自明；媚子阿人⓫，似隙风⓬侵肌，不觉其损。

山之高峻处无木，而溪谷回环则草木丛生；水之湍急处无鱼，而渊潭停蓄⓭则鱼鳖聚集。此高绝之行，褊急之衷⓮。君子重有戒焉。

处世不宜与俗同⓯，亦不宜与俗异；作事不宜令人厌，亦不宜令人喜⓰。

注释

❶势理之病：势理是固执一隅之理。此处指固执己见、自以为是的毛病。

❷义理之障：正义真理方面的障碍。

❸媚悦：本指女性以色媚取悦于人。此处讽刺用不正当行为博取他人欢心。

❹好利：贪图财利。❺逸出：超出范围。

❻好名：爱好名誉，追求虚名。❼窜入：隐匿。

❽虽隐不疑：对别人的坏事即使隐隐约约却也深信不疑。

❾尤：过分。❿谗夫毁士：谗是谗言，谗夫是指拨弄是非、嫉贤妒能的小人。毁士是毁谤他人之人。

⓫媚子阿人：媚子是善长逢迎阿谀的人。阿人是指诏媚取巧曲意附和的人。

⓬隙风：墙壁和门窗的小孔叫隙。从这里吹进的风是邪风，最易伤害人体健康。

⓭渊潭停蓄：渊潭是深渊，停蓄指水平静不流动。

⓮褊急之衷：狭隘到极端的心理。⓯与俗同：和一般人相同。

⓰令人喜：指曲意奉承别人以博得对方欢心。

解读

放纵情欲的毛病还有矫正的可能，不过自以为是顽固不化的毛病却无医治希望；当障碍表现为某种具体的东西，则容易排除，但表现为某种根深蒂固的观念时却难排除。

做人做事宁可遭受小人的猜忌和毁谤，也不要被小人的甜言蜜语所迷惑；做人做事宁可遭受君子的责难和训斥，也不要被君子的宽宏雅量所包容。

一个好利的人，他的行为超越道义范围之外，因而就用各种手段逐利，他逐利的祸害很明显，容易使人防范，后患也就不会太大；反之一个

菜根谭

好名的人，他为了假借仁义道德来争取人们的拥戴，因此就经常混迹仁义道德之中而沽名钓誉，他所做的坏事人们也不容易发觉，结果所造成的后患却非常深远。

受人的恩惠虽然很多很大也不设法报答，但是一旦有一点点怨恨就千方百计地报复；听到人家的坏事即使很隐约也深信不疑，但是对于人家的好事再明显也不肯相信。这种人可以说刻薄冷酷到极点，过分的刻薄是做人应该严加戒绝的。

用恶言毁谤或诬陷他人的小人，就像点点浮云遮住了太阳一般，只要风吹云散，太阳自然重现光明；用甜言蜜语或卑劣手段去阿谀别人的小人，就像从门缝中吹进的邪风侵害皮肤，使人们不知不觉中受到他的伤害。

高耸云霄的山峰地带不长树木，只有溪谷环绕的地方才有各种花草树木生长；水流特别湍急的地方并无鱼虾栖息，只有水深而且宁静的湖泊鱼类才能大量繁殖。可见过分的清高行为和过分的偏激心理，跟高山峻岭和湍急的河流相同，都不是容纳万物的地方，有德行的君子必须重视戒除这种心理。

人生在世的一切言行，既不能跟一般人同流合污，也不要自命清高、标新立异，故意与众不同；尤其是做事时既不可以处处惹人讨厌，也不可凡事都曲意奉承，博取他人欢心。

故事链接

汉朝的汉武帝，是个非常有作为的皇帝。但是由于受前代皇帝的影响，他很信神，对相术之类的把戏也深信不疑。他的近臣东方朔对此十分不以为然，总想找个机会规劝他。

一天，汉武帝对群臣又讲起了相术，说："你们知道吗？相书上说，鼻子下边到嘴巴之间的距离，如果有一寸长，就可以活到一百岁。"

东方朔听了哈哈大笑。听人说话时哈哈大笑，是一种很不尊敬人的举动。于是，立即有人向汉武帝指出，东方朔不敬重皇上，犯了欺君之罪。汉武帝听了，顿时面有怒色。

东方朔赶快摘下帽子，很恭敬地对汉武帝说："臣怎么敢笑陛下，我是实在忍不住，在笑彭祖哪！"

彭祖是我国传说中寿命最长的人之一，一般都说他活了八百岁。汉武帝于是问东方朔究竟笑彭祖什么。

东方朔回答说："彭祖活了八百岁，要按陛下所信的相书上的说法，彭祖的人中就该有八寸长，按人脸的比例，彭祖的脸岂不要有几尺长了吗？那么长的脸，人的身躯如何拖得动，所以我想到这儿，实在忍不住了。"汉武帝听了，也禁不住笑了起来，对相书上的说法产生了怀疑。

日既暮而犹烟霞绚烂

　　日既暮而犹烟霞绚烂❶，岁将晚而更橙桔芳馨❷，故末路晚年君子更宜精神百倍。

　　鹰立如睡，虎行似病，正是它攫❸人噬❹人手段处。故君子要聪明不露，才华不逞，才有肩鸿❺任钜的力量。

　　世人以心肯❻处为乐，欲被乐心引在苦处；达士以心拂❼处为乐，终为苦心换得乐来。

　　居盈❽满者，如水将溢未溢，切忌再加一滴；处危急者，如木之将折未折，切忌再加一搦❾。

　　冷眼❿观人，冷耳听语，冷情当感⓫，冷心思理。

　　闻恶，不可就恶⓬，恐为谗夫⓭所怒；闻善，不可急亲，恐引奸人近身。

　　性躁心粗者一事无成；心和气平者百福自集。

　　风斜雨急⓮处要立得脚定；花浓柳艳⓯处要著得眼高；路危径险⓰处要回得头早。

　　节义之人济⓱以和衷⓲，才不启忿争⓳之路；功名之士承⓴以谦德㉑，方不开嫉妒之门。

　　士大夫居官不可竿牍无节㉒，要使人难见，以杜幸端㉓；居乡不可崖岸太高㉔，要使人易见，以敦旧好。

注释

❶ 烟霞绚烂：烟霞是云气，绚烂是光彩夺目的景色。

❷ 芳馨：香气四溢。❸ 攫（jué）：鸟兽用爪或翼取物。

❹ 噬：啃咬吞食。❺ 肩鸿：鸿通洪，即大。此处指担负大任。

❻ 心肯：肯是可，引申为顺。此处指心愿满足。

❼ 心拂：拂是违背。指心中遭遇横逆事物。❽ 盈：充满。

❾ 搦（nuò）：压制。❿ 冷眼：冷静、客观的眼光。

⓫ 当感：当是主。指主掌念头。

⓬ 就恶：立刻就憎恨、厌恶。

⓭ 谗夫：喜欢用流言陷害别人的小人。

⓮ 风斜雨急：风雨本指天象的变化，此处比喻人事的变迁。

⓯ 花浓柳艳：指姿色艳丽的女人。

⓰ 路危径险：路指世路，即人间一切行动和精力情态。比喻世路艰难危险。

⓱ 济：助益，调和。⓲ 和衷：温和的心胸。

⓳ 忿争：意气之争。⓴ 承：恭谨奉持。

㉑ 谦德：谦虚的美德。谦，谦虚。

㉒ 竿牍无节：竿牍，即竹简文书。比喻书信。

㉓ 杜幸端：杜是杜绝。幸端是非分幸进。

㉔ 崖岸太高：比喻人性情高傲不易与人亲近。

解读

当夕阳西下时，天空的晚霞灿烂夺目，当深秋季节寒冬将近时，金黄色的柑橘却正在吐露扑鼻的芳香，所以有德君子到了晚年更应振作精神奋发有为。

鹰站着的时候好像在睡觉，虎在行走的姿势好像是生了病那样，而这正是它们抓人吃人的一种手段。因此君子要将自己的聪明隐藏起来，让才华不显耀，这样才能具备担任重大事业的能力。

世间俗人以满足心愿为快乐，却常常被快乐心情引到痛苦的境地；通达人士以心中拂逆为快乐，最终常在劳苦心志中换得快乐而来。

处在丰盈完满的环境中，就像贮水将要溢出，务必避免再加一滴水；处在危险急迫的环境中，就像树木将要折断还未曾折断，务必避免再施加一点按压。

以冷静的眼光去观察别人的行为，以冷静的耳朵去听取别人的话语，以冷静的头脑去接受别人的感情，以冷静的心态去思考世间的道理。

听说他人恶行不可马上起厌，恐怕是进逸小人发泄愤怒；听说他人善举不可立刻亲近，恐怕招引奸恶之人谋官晋级。

性情急躁粗心大意的人，一样事情也无法成功；心情平静态度温和的人，各种福分会自然到来。

在风斜雨急的变化中，要站稳立场；处身于艳丽色姿中，必须把持住自己的情感，不致迷惑；路径危险的时候，要能及时回头，以免不能自拔。

崇尚节义的人必须用温和的胸怀来调剂，才不至于跟人发生意气之争；有所成就的人必须经常保持谦恭和蔼的美德，因为只有这样才不会招致人们的嫉妒。

一个做了官的人，对于求职的推荐书信不能毫无节制地接待，对有所求的人要尽量少接见，以便防范那些投机取巧奔走钻营的人；一个退休的人，当你隐居乡间田园以后，就不能再摆那种高不可攀的官架子，平日跟家乡父老要表现出和蔼可亲的态度，以便敦睦亲族邻里的感情。

故事链接

公元前361年,秦国新国君秦孝公继位,他为使国家强盛,就想法网罗人才,不管是哪里的,只要能使秦国富强,就能获得大量封地。结果卫国的一位叫卫鞅的贵族,来到了秦国。

卫鞅把自己治国的谋划对秦孝公讲了以后,得到秦孝公的支持,于是他就准备发布一系列变革旧制的新法。然而,要使全国的老百姓按照从来未曾实行过的新法办事,首先就要树立起法令的威信。否则,人们就不会把新法当回事,认真执行。

为了取信于民,卫鞅命人在都城咸阳的南门立了一根木头。派官吏看守,并宣布谁若能把这根木头搬到北门,就赏给谁十两黄金。

起初,围观的人很多,没有人敢动。后来赏金增加到一百两,仍没有人前去搬动木头。这时,有个人挤出人群扛起木头就走,许多围观的人跟着他,一直来到北门。卫鞅立即召见了搬木头的人,对他说:"你能听从命令,真是个好百姓!"并立即给他一百两黄金。这个消息不胫而走,人们都说卫鞅言而有信,出令必行。卫鞅一看威信树立起来了,便向全国发出了实行新政的命令。

由于立木树立了威信,人们对新的命令不敢不遵行,变革新法比较顺利地得到了贯彻,秦国随之发生了许多变化,逐渐强大起来。

善读书　读到手舞足蹈

善读书者，要读到手舞足蹈❶处，方不落筌蹄❷；善观物者，要观到心融神洽❸时，方不泥❹迹象。天贤一人，以诲❺众人之愚，而世反逞其所长，以形❻人之短；天富一人，以济众人之困，而世反挟其所有，以凌人之贫，真天之戮民❼哉！

至人❽何思何虑❾，愚人不识不知，可与论学，亦可与建功。唯中材的人，多一番思虑智识，便多一番臆度❿猜疑，事事难于下手。

口乃心之门，守口不密，泄尽真机；意乃心之足，防意不严，走尽邪蹊⓫。责⓬人者，原⓭无过于有过之中，则情平；责己者，求有过于无过之内，则德进。

子弟者，大人之胚胎，秀才者，士大夫之胚胎。此时若火力不到，陶铸不纯，他日涉世立朝，终难成个令器⓮。

君子处患难而不忧，当宴游而惕虑⓯；遇权豪而不惧，对茕独⓰而惊心。桃李虽艳，何如松苍柏翠之坚贞；梨杏虽甘，何时橙黄橘绿之馨冽⓱？信乎！浓夭不及淡久，早秀不如晚成也。

注释

❶ 手舞足蹈：比喻领会书中乐趣、精髓。

❷ 筌（quán）蹄：比喻达到目的的手段或工具。筌，是捕鱼的

竹器，蹄是拦兔子的器具。

❸ 心融神洽：指人的精神与物体融合为一体，心领神会，达到一种忘我的境界。

❹ 泥（nì）：拘泥。❺ 诲：教导。❻ 形：比拟，表露。

❼ 戮（lù）民：戮作有罪。指有罪之人。

❽ 至人：智慧与道德都超出常人的人。

❾ 何思何虑：有什么值得猜疑忧虑的事呢。

❿ 臆度：推测、计算。⓫ 邪蹊：邪路。

⓬ 责：责备，批评指责。⓭ 原：宽恕，原谅。

⓮ 令器：美好的栋梁之材。⓯ 惕虑：惕是忧、惧。虑是谋思。

⓰ 茕独：茕指没有兄弟的人。独是没有子孙的人。

⓱ 馨冽：馨，芳香。冽，本意为寒冷，此处作清香解。

解读

善于读书的人，读到精彩的地方，会手舞足蹈、喜形于色，这说明领会其中的道理，而不受文字形式的束缚；善于观察事物的人，做到自己的心与物体融化在一起，这才能观察到事物的真相，而不会拘泥于事物的表象。上天让一个人贤明，要他来开启众人的愚昧，可是世上的贤人反而夸耀自己的长处，讥笑别人的短处；上天让一个人富有，要他来救济贫穷的众人，可是世上的富人反而利用他的富有，去欺压别人的贫穷，这真成了上天来杀戮百姓了。

智人无忧无虑，愚人无知无识，可以与他们交谈学问，也可与他们一起建功立业。只有处在明智与愚笨之间的人，这种人比愚笨的人要多一些思虑与知识，因此便多一些主观臆断与无端猜疑，做每件事情都表现出犹豫不决。

菜根谭

口好比心的门户，倘若守口不严密，便会把心中的真实想法全都泄露出来；意念犹如心的脚，倘若不小心戒备，便会走入邪门歪道。责备他人，要在他人犯过失的时候原谅他没有过错，这样就能心情平和；责备自己，要在自己没有过失时寻求自己的过错，这样就能品德进步。

小孩是大人的前身，学生是官吏的前身。假如在这个阶段磨炼不够，学习成绩不好，将来踏入社会做事时，就很难成为一个有用人才。

君子身处患难而不忧愁，面对宴饮游乐而有所警惕谋虑，君子遭遇权贵豪强而不畏惧，面对茕然孤独而内心震动。

桃树和李树的花朵虽然艳丽夺目，但是怎比得上一年四季永远苍翠的松树柏树那样坚贞呢？梨和杏的滋味虽然香甜甘美，但是怎比得上橘子和橙子经常飘散着清淡芬芳呢？的确不错，容易消失的美色远不如清淡持久的芬芳，同理，一个人少年得志远不如大器晚成。

故事链接

春秋时期，孔子经常乘着马车周游列国。一天，他来到一个地方，被两个孩子拦住了去路。其中一个孩子说："听说您是个有学问的人，我们想请您替我们评评理。我认为，知识越多越好，因此我整天读书，你说这样做对吗？"另一个孩子却说："不对，整天死读书，不求甚解，与不读书没什么区别。"

孔子笑笑，从车上拿出一只椭圆形的木壶。这壶口很小，底也不大。孔子说："我用它做个实验，你们就会明白了。"

说罢，孔子将壶往地上一放，壶立即就倒了。他将壶扶起来，一松手，壶又倒了。孔子说："我有办法让它站起来。"他舀了一瓢水，扶着壶往里灌，当壶里的水灌到一半时，壶果然稳稳当当地站住了。

孔子说着："是不是站住了？但它马上还会倒下来。"孔子继续向壶里灌水，壶里的水渐渐地满了，壶却突然倒下了，水也流了出来。

这时，孔子语重心长地说："知识就像这壶里的水，不可没有，但也不是多多益善。如果一味死读书，贪多而囫囵吞枣，不求甚解，是没有益处的，必须要留有思考的空间才是啊！"

第一个孩子说："您的话我明白了，我不明白是你这木壶不装水和装满水时都倒了，装半壶水时却能立住，这是个魔壶吗？"

孔子把壶递给孩子，孩子仔细端详着壶，终于明白了：原来这个壶是木头做的，半实半空。木头比水轻，壶站立时的重心是随着装水多少而变化的。装半壶水时，重心在壶中心，木壶不会倒；装满水和不装水时，重心偏向壶中线一侧，所以壶就倒了。

风恬浪静　人生真境

风恬浪静①中，见人生之真境；味淡声稀②处，识心体之本然。

谈山林之乐③者，未必真得山林之趣；厌名利之谈者，未必尽忘名利之情。

莺花茂而山浓谷艳，总是乾坤④之幻境；水木落而石瘦崖枯，才见天地之真吾⑤。

岁月本长，而忙者自促⑥；天地本宽，而卑者自隘⑦；风花雪月本闲，而劳攘者自冗⑧。

得趣不在多，盆池拳石间烟霞俱足；会⑨景不在远，蓬窗竹屋下风月自赊⑩。

心无物欲，即是秋空霁海⑪；坐有琴书，便成石室⑫丹丘。

宾朋云集，剧饮淋漓⑬乐矣，俄而漏尽烛残香销茗冷，不觉反成呕咽，令人索然无味。天下事率⑭类此，奈何⑮不早回头也？

会得个中趣，五湖之烟月⑯尽入寸里；破得眼前机，千古之英雄尽归掌握。

寒灯无焰，敝裘无温，总是播弄⑰光景；身如槁木，心似死灰，不免坠在顽空⑱。

其他篇

注释

① 风恬浪静：比喻生活的平静无澜。

② 味淡声希：味指食物，声是声色。比喻淡泊自甘，不沉迷于美食声色之中。

③ 山林之乐：指隐士隐居山林的快乐。

④ 乾坤：《易经》的乾卦和坤卦，借指天地、阴阳或江山等。

⑤ 真吾：脱去外相的本质的我，此指大自然的本来面貌。

⑥ 自促：自己认为岁月很短促。

⑦ 自隘：自己认为天地很狭窄。

⑧ 自冗：自己认为风花雪月让人心忙意乱。

⑨ 会：领悟。 ⑩ 赊：多。

⑪ 霁海：云雾散开的晴朗的大海。霁，云雾散。

⑫ 石室：远离尘世的山中隐居之室。

⑬ 剧饮淋漓：尽情狂饮。

⑭ 率：大都。 ⑮ 奈何：为什么。

⑯ 烟月：云雾笼罩的月亮。朦胧的月色。

⑰ 播弄：颠倒翻弄的意思。 ⑱ 顽空：冥顽空虚。

解读

在安闲平静的时候，可以显现出人生的真实境界；在平淡宁静的时候，才能够体会心性的本来面目。

常常畅谈山野林泉生活之乐的人，未必就能完全领悟山林的真正乐趣；成天高谈讨厌功名利禄的人，心中未必就能完全忘怀名利思想。

春天一到，百花盛开，为山谷平添了无限景色，然而这艳丽风光，只不过都是大自然的一种幻象；秋天一到，泉水干涸、树叶凋落，涧中的石头呈现干枯状态，山川一片荒凉，然而从此才正好能看出自然界的本来面貌。

岁月本来悠长，可是那些奔波忙碌的人却觉得时间很短促；天地本来辽阔，可是那些心胸狭窄的人却把自己局限在小圈子里；春花秋月本来是供人欣赏调剂身心的，可是那些熙熙攘攘的人却认为这是一种多余无益的事。

具有真正生活乐趣的休闲活动不在多，只要有一个小小的池塘和几块奇岩怪石，山川景色就已经齐全；领悟大自然景色不必远求，只要在竹屋下静坐，让清风拂面、明月照人，心胸自然觉得旷达辽阔。

人的内心假如不被物欲蒙蔽，他的情绪就会像秋天的碧空和平静的大海那样开朗；人平日闲居无事，假如有琴书消遣，就会生活得像神仙一般逍遥自在。

高朋满座聚在一起，大家痛饮狂欢，真是畅快之至，然而转眼之间就夜静更深，炉中的檀香也已经烧完，醇美的香茶也已经冰冷，便会觉得方才的狂欢豪饮反而有些要吐的感觉，再回想那些美酒佳肴更觉得索然无味。人间的万般事物大多如此，只要太过分就会产生反效果，人们为什么不早回头适可而止呢？

能领会事物中所隐含的志趣，那么五湖四海的美妙景色都能摄入自己的心中，任我观赏；能看破眼前的各种机关算计，那千古英雄建功立业的方法也就清楚了，因此都由我掌握。

一盏微弱的孤灯失去了火焰，一件破旧的大衣失去了温暖，人生到这步田地也未免太煞风景；一个人的肉身像是干枯的树木，而心灵也犹如火种熄灭的死灰，这种人等于是一俱僵尸，必然会陷入冥顽空虚中。

其他篇

故事链接

王僧虔是琅邪临沂人,出身于官宦世家,南朝萧齐建立,任持节、都督湘州诸军事、征南将军、湘州刺史、侍中等职。

王僧虔经历南朝宋、齐两代,亲身经历了宋齐间的改朝换代,所以处事立身十分谨慎。王僧虔善于书法,齐高帝萧道成也爱好书法。有一次,萧道成与王僧虔比谁字写得好,字写完后,萧道成问王僧虔:"谁为第一?"

王僧虔说:"臣书第一,陛下亦第一。"

萧道成听后大笑,说王僧虔"善自为谋"。萧道成死后,其子萧赜继位。萧赜继位后,即提王僧虔为侍中、左光禄大夫,开府仪同三司。当时,王僧虔的侄子王俭也在朝中任高官,王僧虔便对王俭说:"你在朝中官高任重,我如果再受任,则一门之内有二台司,实可畏惧。"便坚决推辞不受任。萧赜无法,只得取消任命,改任王僧虔为侍中、特进、左光禄大夫。有人对此很不理解,便问王僧虔为什么辞高官不做,王僧虔说:"君子所担忧的是不能立德,而不担心不被宠爱。我现在衣食俱足,荣位已过,常为庸薄不能报国而惭愧,怎能再受高官,庸碌无为,被人耻笑呢!"

君子立身以德,小人立身以宠,古来就有无耻小人,献媚取宠,卖身求荣,因嫌纱帽小,致使枷锁扛。而王僧虔视无德为可忧,视尸位为可羞,视被人耻笑为可畏。这种立身原则,比那些立身以宠的小人高明得多。

菜根谭

人肯当下休，便当下了

人肯当下休，便当下了。若要寻个歇处，则婚嫁虽完，事亦不少。僧道虽好①，心亦不了。前人云："如今休会便休去，若觅了时无了时。"见之卓矣。

从冷②视热③人，然后知热处之奔驰无益；从冗④入闲境，然后觉闲中之滋味最长。

损之又损⑤，栽花种竹，尽交还乌有先生⑥；忘无可忘，焚香煮茗，总不问白衣童子⑦。

松涧边，携杖独行，立处云生破衲⑧；竹窗下，枕书高卧，觉⑨时月侵寒毡。

忙处不乱性⑩，须闲处心神养得清；死时不动心，须生时事物看得破⑪。

嗜⑫寂者，观白云幽石而通玄⑬；趋荣者，见清歌妙舞而忘倦。唯自得⑭之士，无喧寂无荣枯⑮，无往非自适之天。

悠长之趣，不得于酿醖⑯，而得于啜菽饮水⑰；惆恨之怀，不生于枯寂，而生于品竹调丝⑱。故知浓处味常短，淡中趣独真也。

注释

❶僧道虽好：指做和尚、道士清静美好。❷冷：冷静的头脑。❸热：狂热。❹冗：忙，繁忙。

❺ 损之又损：损是减少。指对物质的欲求减少到最低程度。

❻ 乌有先生：指世间没有的一位虚构人物。比喻一个人处于一切物欲皆无的空虚心态。

❼ 不问白衣童子：原意为不问送酒的白衣童子是什么人。比喻已经完全进入忘我状态中。

❽ 衲：僧衣。❾ 觉：睡醒。❿ 性：心性。⓫ 破：指透彻。

⓬ 嗜：喜好。⓭ 玄：指道家学说。

⓮ 自得：指保持人的自然本性。

⓯ 荣枯：比喻人世的盛衰、穷达。

⓰ 酿酽（yàn）：指味浓厚的酒、茶等饮料。此处指美酒佳肴。

⓱ 啜菽（chuò shū）饮水：吃豆类、喝清水，此处指清淡饮食。啜，吃。菽，豆。

⓲ 品竹调丝：泛指吹弹管弦乐器。竹，管乐器，丝，弦乐器。

解读

一个人做事愿意就此罢休，就应该立即罢休。如果要找个好时机，就像即使婚事办完了，以后有关家庭的事情还很多。出家当和尚，虽然暂时得到了安宁、清静，其实他们内心的烦恼却未必全被消除。古人说："现在能够罢休就赶紧罢休，若要找个罢休的机会，便永远无法罢休了。"这真是个极其高明的见解。

用冷静的头脑来看狂热中的人，方知道狂热时奔波劳碌实在没有实际意义；从繁忙转入空闲，才能感觉到空闲之中的趣味最为悠长。

对于物质欲望要减少到最低程度，每天种些花竹培养生活情趣，把一切世间的烦恼都抛到九霄云外；当你脑海中已经无烦恼而呈真空状态后，每天就面对着佛坛烧香，手提水壶亲自烹茶，自然就会使自己进入忘我的

菜根谭

神仙境界。

在满是松树的山涧，拿着手杖一个人很悠闲地散步，这时从山谷中浮起一片云雾，笼罩在自己所穿的破旧长袍上；在简陋的竹窗之下读书，疲倦了就枕着书呼呼大睡，一觉醒来时月光已经照亮了我的毛毡。

要在事务纷忙时，也能保持冷静态度而不至心慌意乱，必须在平时培养清晰敏捷的头脑；面对死亡也毫不畏惧，必须在平日对人生有所彻悟。

一个喜欢宁静的人看到天上的白云和幽谷的奇石，就能领悟出极深奥的道理；一个热衷权势的人，一听到悠扬的音乐看到美妙的舞姿，就会把一切疲劳忘掉。只有真正了悟人生的豁达之士，才能保持纯真的天然本性，内心既无寂寞也无喧哗，凡事只求适合天性而永远处于自在逍遥的境界。

一种能维持久远的趣味，并不是在美酒佳肴中得来，而是来自粗茶淡饭中；一种悲伤失望的情怀，并非产生在穷困潦倒中，而是产生于美妙声色的欢乐中。可见美食和声色的趣味常常显得很短暂，只有粗茶淡饭的趣味才显得纯真。

故事链接

李白是我国唐代著名的浪漫主义诗人，被后人誉为"诗仙"。他是屈原之后最具个性特色、最伟大的浪漫主义诗人。李白一生好游，唐天宝年间，他来到安徽境内一个叫桃花潭的地方，这里山清水秀，景色宜人。

有一个叫汪伦的人隐居于此，他为人豪爽，喜欢结交朋友，他很欣赏李白的才华，也很崇拜他。当听说李白来到此地时，他便迫不及待地写了一封邀请信："先生好游乎？此地有十里桃花。先生好饮乎？此地有万家酒店。"

李白被这封信的热情豪爽打动了，就跟随送信人，来到了泾县附近的一个小村子。在这里,李白受到了汪伦的热情款待。

谈笑中,李白问起汪伦信中提到的十里桃花和万家酒店,汪伦听后哈哈大笑:"这里的十里桃花就是十里桃花潭水,万家酒店就是一个姓万的人家开的酒店。"李白这才恍然大悟,也忍不住大笑起来。

李白住在桃花潭边,汪伦天天陪他一起饮酒作诗,一起观赏美景。不知不觉,几天过去了,虽然他们相处时间不长,却结下了深厚的友谊。

这天,李白要走了,汪伦来到江边为他送行,分手的时候,为了表达对朋友的深情厚谊,汪伦用脚踏着节拍,大声唱起了送别的歌谣。李白被汪伦真挚的友情感动了,他当场提笔写下了《赠汪伦》一诗:

　　李白乘舟将欲行,忽闻岸上踏歌声。
　　桃花潭水深千尺,不及汪伦送我情。

饥来吃饭　倦来眠

禅宗①曰："饥来吃饭，倦来眠。"诗旨曰："眼前景致口头语。"盖极高寓于极平，至难出于至易；有意者反远，无心者自近也。

水流而境无声，得处喧见寂之趣；山高而云不碍，悟出有入无②之机③。

心旷则万钟④如瓦罐⑤，心隘则一发似车轮。

衮冕⑥行中，著一藜杖的山人⑦，便增一段高风；渔樵⑧路上，著一衮衣的朝士⑨，转添许多俗气。故知浓不胜淡，俗不如雅也。

竹篱下，忽闻犬吠鸡鸣，恍似云中世界⑩；芸窗⑪中，雅听蝉吟鸦噪，方知静里乾坤。

徜徉⑫于山林泉石之间，而尘心⑬渐息；夷犹⑭于诗书图画之内，而俗气潜消。故君子虽不玩物丧志⑮，亦常借镜调心。

春日气象繁华，令人心神骀荡⑯；不若秋日云白风清，兰芳桂馥⑰，水天一色，上下空明，使人神骨俱清也。一字不识而有诗意者，得诗家真趣；一偈不参而有禅味者，悟禅教玄机⑱。

注释

① 禅宗：佛教的一个宗派，又名佛心宗或心宗。

② 出有入无：出无实有，进入虚无。③ 机：奥妙。

❹ 万钟：钟，古量器名。形容极多。

❺ 瓦罐：古时用来装酒的瓦器。形容没有价值的物品。

❻ 衮冕：古代帝王和大夫的礼服和礼帽。这里指达官贵人。

❼ 山人：居住在山野之人，多指隐士。

❽ 渔樵：指打渔人、砍柴人。❾ 衮衣的朝士：穿衮服的朝官。

❿ 云中世界：形容自由自在的快乐天地。

⓫ 芸窗：芸是古人藏书辟毒常用的一种香草，故借芸窗以称书房。

⓬ 徜徉：流连忘返。⓭ 尘心：世俗之心。

⓮ 夷犹：即犹豫。这里指从容自得。

⓯ 玩物丧志：习于所好而丧失本志。⓰ 骀荡：使人舒畅。

⓱ 馥：香。⓲ 玄机：道家语，指深奥不可测的灵机。

解读

禅宗说："饿了就吃饭，困了就睡觉。"而作诗的秘诀是："多多运用眼前景致和俗言谚语。"因为世间极高深的道理，往往是产生于极平凡的事物中；极美的诗是出于无心的真情流露，可见有意者远于理，而无心者近于真。

水流动而周围听不到流水的声音，获得处在喧闹显现寂静的真趣；山高耸而白云浮动没有丝毫阻碍，领悟走出有我，进入无我的玄机。

心胸阔达的人即使是一万钟的优厚俸禄，也可看成像瓦罐那样没有价值；心胸狭隘的人即使是一点金钱，也会看成像车轮那么大。

在穿戴衮服冕冠的行列中，有一位手持藜杖的山里士人，就会增加一分高尚风雅；渔父樵夫往来的道路上，有一个穿着礼服的朝廷之士，转眼增添许多世俗风气。因此知道浓艳不如清淡，粗俗不如文雅。

菜根谭

当你正在竹篱笆外面欣赏林泉之胜，忽然传来一声鸡鸣狗叫之声，这时你就宛如置身在一个快乐的神仙世界；当你正静坐在书房里面，忽然听到蝉鸣鸦啼之声，这时你就会体会到天地别有一番超凡脱俗的雅趣。

如果经常漫步在山川林泉岩石之间，由于受景物的影响就能使城市的俗念渐渐消失；人如果能够经常流连在诗词书画的雅境之内，就会由于气氛的影响而逐渐使庸俗的气质消失。所以一个有修养的人，虽然不会丧失本来志向，但是也需要经常找个机会接近大自然来调剂身心。

春天万象更新，置身其间使人感到精神舒适畅快；却不如秋高气爽时的清风拂面，兰桂飘香，水连天、天连水，水天一色，天朗气清，大地辽阔，置身其间更能使人感到精神爽朗、轻快异常。一个目不识丁的人说起话来却充满诗意，这才算得到诗人真正情趣；一个一句偈语也不研究的人，说起话来却充满禅机，这种人才算真正了解禅宗高深佛理。

故事链接

李白的诗以抒情为主，表现出蔑视权贵的傲岸精神，对人民疾苦表示同情，又善于描绘自然景色，表达对祖国山河的热爱。

诗风雄奇豪放，想象丰富，语言流转自然，音律和谐多变，善于从民间文艺和神话传说中吸取营养和素材，构成其特有的瑰玮绚烂的色彩，达到盛唐诗歌艺术的巅峰。

有一次，大诗人李白去庐山游玩。当他登上山顶的时候，他望西北一瞧，只见一座"顶天立地"的"香炉"升起白白的烟，飘渺于青山蓝天之间，在红日的照射下化成一片紫烟云霞，把"香炉"染得更美。

突然，李白又听到"哗啦啦"的声响，就像是有千军在呐喊、万马在奔腾，发出的声音震耳欲聋。他随着声音来到瀑布前，只见瀑布像是一条巨大的白练挂在云端飞落而下，真像是天上的银河一般，惊人魂魄，那水流湍急，好像要把万物都吞没。

纵使在以前，大诗人李白到过很多名山大川，但眼前的这般情景令诗人不禁提心吊胆起来，不由自主地往后退了几步。

这美景李白怎么看也看不够，他被深深地迷住了。他不禁高声赞叹："庐山真美啊！"然后吟出了一首诗：

日照香炉生紫烟，遥看瀑布挂前川。
飞流直下三千尺，疑是银河落九天。

大诗人李白的这首诗运用了丰富的想象力，有比喻，有夸张，显示出庐山瀑布奇丽雄伟的独特风姿，也反映了李白这位大诗人胸襟开阔、超群出俗的精神面貌。

菜根谭

机动的　弓影疑蛇蝎

机动的，弓影疑为蛇蝎❶，寝石视为伏虎❷，此中浑是杀机；念息的，石虎❸可作海鸥，蛙声可当鼓吹，触处俱见真机。

人情听莺啼则喜，闻蛙鸣则厌，见花则思培之，遇草则欲去之，但以形气用事；若以性天视之，何者非自鸣其天机，非自畅其生意也？

发落齿疏，任幻形❹之凋谢；鸟吟花开，识自性之真如❺。

欲其中者，波沸寒潭❻，山林不见其寂；虚其中者，凉生酷暑，朝市不如其喧。

读易❼晓窗，丹砂❽研松间之露；谈经午案，宝磬❾宜竹下之风。

花居盆内终乏生机，鸟落笼中便减天趣；不若山间花鸟，错集成文❿，翱翔自若，自是悠然会心。

自老视少，可以消奔驰角逐⓫之心；自瘁⓬视荣，可以绝纷华靡丽⓭之念。

热闹中着一冷眼，便省许多苦心思；冷落⓮处存一热心，便得许多真趣味。

注释

❶弓影疑为蛇蝎：由于心有所猜疑而迷乱了神经，误把杯中映出的弓影当作蛇蝎，形容或比喻疑心生暗鬼。

❷ 寝石视为伏虎：相传李广一次狩猎时将石头误为虎射之，箭射入了石中，以此称颂李广的臂力过人。

❸ 石虎：人名，生性凶暴。也可直观理解为石头老虎。

❹ 幻形：佛教语，指幻想的形体，即幻身。

❺ 真如：永恒不变的真理。

❻ 波沸寒潭：使寒凉的潭水扬波滚沸起来。 ❼ 易：《易经》。

❽ 丹砂：也叫朱砂，是一种红颜料。

❾ 磬：用坚美石头或玉所制成的乐器，敲打时能发出清脆悦耳的声响。

❿ 错集成文：错杂在一起而形成一种自然的文彩。文，文彩。

⓫ 奔驰角逐：指拼命争权夺利。 ⓬ 瘁（cuì）：毁败。

⓭ 纷华靡丽：形容豪华奢侈的物质生活。 ⓮ 冷落：寂静冷寞。

解读

心机涌动的人，把弓影怀疑为蛇蝎，寝石看成卧虎，这中间全都是杀气；心念平息的人，石虎可以化作海鸥，蛙声可以当作鼓吹，到处都可看到真机。

听到黄莺婉转的叫声就高兴，听得青蛙呱呱的叫声就讨厌；看到美丽的花卉就想栽培，看到杂乱的野草就想铲除，这完全是根据自己的喜怒爱憎来判断价值。其实假如按照生物的天性来说，黄莺悦耳叫声也好，青蛙的烦人叫声也好，都是在抒发它们自己的情绪；不论是花朵绽放，还是杂草生长，何尝不是在舒展它们蓬勃的生机呢？

毛发脱落牙齿稀疏，任凭幻化形状的凋落谢世；鸟雀吟唱花草盛开，认识自然本性的真实如常。

心中充满欲望的人，如波涛沸腾在寒凉的水潭，深山老林不能见到它

菜根谭

的寂静；内心无欲无为的人，如凉爽产生在酷热的暑天，早上集市不会察觉它的喧嚣。

清晨坐在窗前细读《易经》，用从松树滴下来的露水来研朱砂，圈点书中的精义；中午时刻在书桌上谈论《佛经》，轻轻敲打那玉磬，让那清脆的声音随风扩散到竹林间。

花卉被栽植在盆里就显得没有自然生机，飞鸟被关进笼中就会减少天然情趣；山间的野花野鸟那样显得艳丽自在，因为它们自由生存于大自然中，看起来总比经过人工修饰的显得赏心悦目。

从老年再回头来看少年时代的往事，就可以消除很多争强好胜的心理；从没落回头再去看荣华富贵的往事，就可以消除奢侈豪华的念头。

在热闹的场合能保持一点冷静，便可以省去许多痛苦的心思；在冷落的地方保持一片炽热的心肠，就能得到许多纯真的趣味。

故事链接

公元前100年，匈奴派使者来大汉求和，汉武帝为了答复匈奴的善意，派中郎将苏武带着副手张胜和随员常惠出使匈奴。

苏武到了匈奴，送回了先前扣留的使者，并送上礼物。苏武正等单于写个回信让他回去，没想到就在这个时候，出了一件倒霉的事儿。

有个以前投降了匈奴的汉人卫律，他的手下虞常一直想杀了他。苏武到了匈奴后，虞常觉得机会来了，就想杀了卫律，并劫持单于的母亲，逃回中原去。没想到虞常的计划没成功，反而被匈奴人逮住了。单于大怒，叫卫律审问虞常，要他定要查问出同谋的人是谁。

苏武知道这件事后说："事情已经到了这种地步，一定会牵连到我。如果让人家审问以后再死，不是更给朝廷丢脸吗？"说罢，就拔出刀来就要自杀。苏武的随员常惠眼快，夺去他手里的刀，把他劝住了。

虞常受尽种种刑罚，拼死也不承认有人跟他同谋。单于大怒，想杀死苏武，被大臣劝阻了。后来，单于又叫卫律去逼迫苏武投降。

苏武一听卫律叫他投降，就说："我是汉朝的使者，如果违背了使命，丧失了气节，活着还有什么脸见人呢！"于是，又拔出刀来向脖子抹去。卫律慌忙把他抱住，此时，苏武的脖子已受了重伤，昏了过去。卫律赶快叫人抢救，苏武才慢慢苏醒过来。

单于钦佩苏武是个有气节的好汉，等苏武伤痊愈了，又逼苏武投降。苏武不动声色。卫律回去向单于报告。单于就把苏武关在地窖里，不给他吃的喝的，想用长期折磨的办法，逼他屈服。

这时候正是数九隆冬天气，外面下着鹅毛大雪。苏武忍饥挨饿，渴了，就捧了一把雪止渴；饿了，扯了一些皮带、羊皮片啃着充饥，这样居然没有死。单于见折磨他没用，就把他送到北海，也就是现在的贝加尔湖边上去放羊。

苏武到了北海，旁边什么人都没有，唯一和他做伴的是那根代表朝廷的旌节。匈奴不给口粮，他就掘野鼠洞里的草根充饥。日子长了，旌节上的穗子全掉了。直至公元前85年，匈奴的单于死了，匈奴发生内乱，分成了三个国家。新单于没有力量再跟汉朝抗衡，又打发使者前去求和。那时候，汉武帝已死去，他的儿子汉昭帝即位。

汉昭帝派使者到匈奴去，要单于放回苏武。岁月悠悠，北海的风雪染白了苏武的须发，冻饿练就了他铮铮硬骨，苏武在北海一待就是19个年头。他出使的时候，才40岁。回到长安的那天，长安的人民都出来迎接他。他们瞧见白胡须、白头发的苏武手里拿着光杆子的旌节，没有一个不受感动的，说他真是个有气节的大丈夫。

菜根谭

看青山绿水　识乾坤自在

帘栊①高敞，看青山绿水吞吐云烟，识乾坤自在；竹树扶疏②，任乳燕③鸣鸠④送迎时序⑤，知物我之两忘。古德⑥云："竹影扫阶尘不动，月轮穿沼水无痕。"吾儒⑦云："水流任急境常静，花落虽频意自闲。"人常持此意，以应事接物，身心何等自在。

林间松韵，石上泉声，静里听来识天地自然鸣佩⑧；草际烟光⑨，水心云影，闲中观去见乾坤最上文章。鱼得水逝⑩而相忘乎水，鸟乘风飞而不知有风，识此可以超物累⑪，可以乐天机。才就筏⑫便思舍筏，方是无事道人⑬；若骑驴又复觅驴，终为不了禅师⑭。

羁锁⑮于物欲，觉吾生之可哀；夷犹于性真，觉吾生之可乐。知其可哀，则尘情立破；知其可乐，则圣境自臻⑯。胸中即无半点物欲，已如雪消炉焰冰消日；眼前自有一段空明，时见月在青天影在波。

注释

① 帘栊：本指窗帘和窗子，此处泛指门窗的帘子。
② 扶疏：草木畅茂。③ 乳燕：本谓幼燕，此处泛指燕子。
④ 鸣鸠：斑鸠。⑤ 时序：节候。⑥ 古德：指有道德的高僧。
⑦ 吾儒：宋代的理学家。⑧ 鸣佩：指大自然的音乐。
⑨ 烟光：形容天地间迷蒙的景色。⑩ 逝：行、游。

其他篇

⑪ 超物累：指超越事物的困扰。⑫ 筏：竹制的渡河器械。
⑬ 无事道人：指不为事物所牵的人。
⑭ 不了禅师：指不懂佛理的和尚。⑮ 羁锁：束缚的意思。
⑯ 臻（zhēn）：来到、到达。

解读

卷起窗帘远远眺望白云围绕着山峦，看到烟雾迷蒙青山绿水的景色，才知道大自然该有多么逍遥自在；窗前花木茂盛、翠竹摇曳，不时有燕雀和鸽子冬去春来凌空飞过，使我恍然理解到物我一体、两忘于其中。

有位高僧说："竹子的影子虽然在台阶上掠过，可是地上的尘土并不因此而飞动；月亮的倒影虽然穿过池水，可是水面上却没有留下痕迹。"儒家一位学者说："不论水流如何湍急，只要能保持心情宁静，就听不到水流的声音；花瓣虽然纷纷谢落，只要心经常保持悠闲，就不会受到落花的干扰。"一个人假如能抱这种处世态度来待人接物，那么不论是身体还是精神该有多么自由自在呢？

轻风吹过，山林中松涛阵阵，泉石间水声淙淙，假如能够凝神静听，就可以体会到天地之间最自然的声响；草丛上烟雾迷蒙，水中央白云倒映，假如悠闲望远，就能够发现宇宙间最美妙的文章。

鱼有水才能欢快地游，但是它们却忘了自己置身水中；鸟借风力才能自由自在地翱翔，但是它们却不知道自己置身在风中。人如果能看清此中道理，就可以超然置身于物欲的诱惑之外，而且也只有这样才能获得真正的人生乐趣。刚一踏上竹筏，就能想到过河后竹筏就没有用，这才是不为外物所牵累的道人；假如骑着驴还在找驴，那就变成了典型的既不能悟道、也不能解脱的和尚。

一个终日被物欲困扰的人，总觉得自己的生命很悲哀；只有留恋于纯

菜根谭

真本性的人，才会发觉生命的真正可爱。明白受物欲困扰的悲哀之后，世俗的情怀就可以立刻消除；明白留恋于真挚本性的欢乐，圣贤的清高境界自然到来。一个人心中假如没有丝毫物质欲望，那就像炉火化雪和阳光融冰一般快速；一个人假如能把眼光看得远一些，面前自然会呈现一片空旷开朗的景象，宛如皓月当空月轮倒影在水中一般宁静。

故事链接

仲由是春秋时期鲁国人，字子路，非常孝敬父母。他从小家境贫寒，非常节俭，常吃野菜。仲由觉得自己吃野菜没关系，但怕父母营养不够，身体不好，很是担心。

家里没有米，为了让父母吃到米，仲由必须要走到百里之外才能买到米，不论寒风烈日，他都欣然前往。

冬天，冰天雪地，天气非常寒冷。仲由顶着鹅毛大雪，踏着河面上的冰，一步一滑地往前走，脚都被冻僵了；抱着米袋的双手实在冻得不行，便停下来，放在嘴边暖暖，然后继续赶路。

夏天，烈日炎炎，汗流浃背，仲由都不停下来歇息一会儿，只为了能早点回家给父母做可口的饭菜；遇到大雨时，仲由就把米袋藏在自己的衣服里，宁愿淋湿自己也不让大雨淋到米袋；刮风就更不在话下。如此的艰辛，持之以恒，实在是极其不容易。

后来，仲由的父母双双过世，他南下到了楚国。楚王聘他当官，给他很优厚的待遇。一出门就有上百辆的马车跟随，每年给的俸禄非常多。所吃的饭菜很丰盛，每天山珍海味不断，过着富足的生活。

但他并没有因为物质条件好而感到欢喜，反而时常感叹，因为他的父母已经不在了。他是多么希望父母能和他一起过好的生活。可是，父母已经不在了，即使他想再负米百里之外奉养双亲，都永远不可能了。

诗思灞陵桥　林岫已浩然

诗思在灞陵桥上，微吟就，林岫❶便已浩然❷；野兴在镜湖❸曲边，独往时，山川自相映发。

伏久者飞必高，开先者谢独早。知此，可以免蹭蹬❹之忧，可以消躁急之念。

树木至归根，而后知华萼❺枝叶之徒荣❻；人事至盖棺❼，而后知子女玉帛❽之无益。

今人专求无念而终不可无。只是前念不滞❾，后念不迎，但将现在的随缘打发出去，自然渐渐入无。

意所偶会❿便成佳境，物出天然才见真机⓫，若加一分调停布置，趣意便减矣。白氏⓬云："意随无事适，风逐自然清。"有味哉其言之也。

金自矿出，玉从石生，非幻⓭无以求真⓮；道⓯得酒中，仙遇花里，虽雅不能离俗。

神酣布被窝中，得天地冲和⓰之气；味足藜羹⓱饭后，识人生淡泊之真。

斗室中，万虑都捐⓲，说甚⓳画栋飞云，珠帘卷雨；三杯后，一真⓴自得，唯知素琴横月、短笛吟风。

| 菜根谭

注释

① 林岫：林指山林，岫指峰峦。② 浩然：广大。
③ 镜湖：在浙江省绍兴会稽山北麓。④ 蹭蹬：困迫不得志的意思。
⑤ 花萼（è）：指花。萼，花的托。⑥ 荣：茂盛。
⑦ 盖棺：指死。⑧ 子女玉帛：美女财宝。⑨ 滞：停留。
⑩ 偶会：不经意地领悟到。⑪ 真机：自然的妙趣。
⑫ 白氏：唐代诗人白居易。⑬ 幻：空幻。⑭ 真：真实。
⑮ 道：道家之理。⑯ 冲和：指真气、元气。
⑰ 藜羹：用藜菜做的羹，泛指粗劣的食物。⑱ 捐：抛弃。
⑲ 甚：什么。⑳ 一真：指保持本性，自然无为。

解读

在灞陵桥上能使你诗兴大发，刚刚低声吟出诗句，山峦丛林已经充满了诗情画意；人在镜湖畔曲江边，独自漫步时，山水交映令人陶醉。

潜伏得越久的鸟，会飞得越高；花朵盛开得越早，凋谢得也会越快。知道了这个道理，就不必为怀才不遇而忧愁，就可以消除急躁求进的想法。

树木到了凋谢枯萎的时候，才知道茂盛的枝叶和鲜艳的花朵只是一时的繁荣；人到了死后盖棺入殓时，才知道原来追求子女众多、财物丰盈都没有用处。

人想心无杂念，却终究没办法达到。只要先前的杂念不存心中，对于未来的杂念不去生起，只将现在的杂念随着机缘打发掉，就会渐渐达到无杂念的境界。

意念于偶然领会就成佳境，事物出于天然才显真正机用，若稍加一分安排处理分布安置，趣味意境就减少了。白居易说："意念随从无为而舒适，清风追逐自然而清新。"是值得玩味的至理名言。

黄金从矿石中挖出，美玉在石头中生成，没有幻化无从得来真实；真理在杯酒中悟出，神仙在花丛中遇见，虽有雅趣却不能离开俗事。

只要安然舒畅地睡在粗布棉被中，也可以吸收天地间的和顺之气；粗茶淡饭吃得香的人，才能体会淡泊人生的真实乐趣。

住在简陋的小屋里，抛弃所有私欲杂念，哪里还羡慕什么雕梁画栋飞檐入云的华屋；三杯酒下肚之后，自觉领悟到道理悠然自得，于是只管对月弹琴，迎着清风吹笛。

故事链接

颜回是孔子的弟子，他所处时代是我国的春秋末期。当时，不但周天子的王权继续衰败，而且各诸侯国的公室也没落了。

鲁国的颜氏家族到颜路、颜回父子时，除了保有祖传的贵族身份及颜路的鲁卿大夫头衔外，便只有在陋巷简朴的住宅和少许田产。

这种情况，只能勉强维持一个贵族家庭的生计。所以，颜回父子不得不省去作为贵族家庭的一般性开支，简居于陋巷。

颜回素以德行著称，他严格按照孔子关于"仁""礼"的要求，"敏于事而慎于言"。所以，孔子常称赞颜回具有君子四德，即强于行义，弱于受谏，怵于待禄，慎于治身。

他终生所向往的就是出现一个"君臣一心，上下和睦，丰衣足食，老少康健，四方咸服，天下安宁"的无战争、无饥饿的理想社会。

颜回一生，大多追随孔子奔走于春秋各国。他回到鲁国后也没有走上仕途，而是穷居于陋巷。他生活于天下大乱、礼崩乐坏的时代，但这丝毫没有改变他的志向。

所以,孔子夸赞颜回说:"颜回真有贤德啊!吃一筐干饭,喝一瓢白水,住在狭小的巷子中。别人无法忍受这种穷苦生活的忧愁,颜回却不改变他内心的快乐。颜回真有贤德啊!"

公元前481年,颜回先孔子而去世,葬于鲁城东防山前。孔子对他的早逝感到极为悲痛,不禁哀叹说:"噫!天丧予!天丧予!"意思是:"唉!老天爷要我的命呀!老天爷要我的命呀!"

万籁寂寥　忽闻鸟弄声

万籁寂寥❶中，忽闻一鸟弄声，便唤起许多幽趣❷；万卉❸摧剥后，忽见一株擢秀，便触动无限生机。可见性天未曾枯槁，机神最易触发。

白氏云："不如放身心❹，冥然任天造。"晁氏❺云："不如收身心，凝然归寂定❻。"放者流为猖狂，收者入于枯寂。唯善操身心者，把柄在手，收放自如。

当雪夜月天，心境❼便尔澄澈；遇春风和气意界❽亦自冲融；造化人心，混合无间。文以拙进，道以拙成，一"拙"字有无限意味。如"桃源犬吠，桑间鸡鸣❾"，何等淳庞❿。至于"寒潭⓫之月，古木之鸦"，工巧中便觉有衰飒气象矣。

理⓬寂则事⓭寂，遣事⓮执理者，似去影留形；心空则境空，去境存心者，如聚膻却蚋⓯。

幽人清事总在自适。故酒以不劝为饮，棋以不争为胜，笛以无腔⓰为适，琴以无弦为高，会⓱以不期约为真率，客以不迎送为坦夷⓲。若一牵文泥迹⓳，便落尘世苦海矣！

注释

❶ 万籁寂寥：万籁，各种声响。寂寥，寂静无声，沉寂。
❷ 幽趣：幽雅的趣味。❸ 卉：指花草。

④ 放身心：放松身心任其自然，不加束缚。

⑤ 晁氏：晁补之，宋朝人。

⑥ 寂定：断绝妄心杂念，进入禅定状态。

⑦ 心境：心中的情绪。⑧ 意界：心意的境界。

⑨ 桃源犬吠，桑间鸡鸣：语出陶渊明《桃花源记》。形容淳朴的田园景象。

⑩ 淳庞：淳是朴厚，庞是充实。

⑪ 寒潭：指深冷寂静潭水。含有深冷与寂静的双重含义。

⑫ 理：事物的道理，也就是原理。⑬ 事：事物、现象。

⑭ 遣事：排斥、放弃。⑮ 蚋：一种蚊虫，吸食人畜血液。

⑯ 无腔：指笛子没有乐孔。⑰ 会：相会。⑱ 坦夷：坦率平常。

⑲ 牵文泥迹：指拘泥于世俗的常情礼节。

解读

万物俱静时，忽然听见一声鸟叫，唤起许多清幽雅趣；花草凋谢后，忽然看见一枝鲜花挺拔怒放，便触动心灵产生无限生机。可见万物的本性并不会全部枯萎，生命的机趣应该不断激发。

白居易说："不如放任自己的身心，默默地听从天地的造化。"晁补之说："不如收敛自己的身心，静静地使一切归于安寂。"放任往往使人狂放自大，过度收敛又会使入枯寂。只有把持自己、控制自己、收放自如，从而取得平衡。

当面对飞雪的夜晚或者明月当空时，心境会清澈明净；当春风吹拂、气候温暖时，意境会自然通达；天地的造化和人心的交汇，联系在一起没有什么区别。

文章讲究质朴实在才能进步，学道讲究真诚自然才能修成，一个

"拙"字蕴含着说不尽的意味。像桃花源中的狗叫,又如桑林间的鸡鸣,是何等的淳朴。至于寒潭中映照的月影,枯老树木上的乌鸦,虽然工巧,却给人一种衰败的景象。

道理无存则事实无存,弃遣事实执拗道理的人,好似去除影子留下形体;内心空虚则环境空虚,去除环境保存内心的人,犹如聚集腥膻丢却蝇蚋。

清高的人和高雅的事都为了适应自己的本性,所以饮酒时以不劝酒最为快乐,下棋以不相争最为高明,吹笛时以自得其乐最为快意,弹琴以信手拈来为最优雅,相会以没有邀约为最真诚,宾客往来以不迎送最为最坦荡。假如一受到繁文缛节的束缚,那么就要掉进世俗的苦海之中了。

故事链接

滕文公,名宏,滕定公之子,当时世称元公,战国时滕国的贤君。他与孟子是同时代人。周显王四十三年,即公元前326年,滕文公以太子身份出使楚国,在途经宋国时,顺便拜访了孟子,向他请教治理国家的办法。孟子给他讲善良是人本性的道理,话题不离尧舜。

太子从楚国回来,又来拜访孟子。孟子说:"太子不相信我的话吗?道理都是一致的啊!现在的滕国,假如把疆土截长补短也有将近方圆50里吧!还可以治理成一个好国家。"

孟子的话,是鼓励滕文公要有实施仁政的勇气。因为,古往今来,不论是圣贤还是普通人,本性都是善良的,圣贤能做到的,普通人经过努力也能做得到。何况,滕国虽然小,但折算起来也有方圆50里国土嘛!只要实施仁政,照样可以治理成一个好的国家。

遇病思强　处乱思平

遇病而后思强之为宝，处乱而后思平之为福，非蚤智①也；幸福而先知其为祸之本，贪生而先知其为死之因，其卓见②乎。

风花③之潇洒，雪月之空清④，唯静者⑤为之主；水木之荣枯，竹石之消长⑥，独闲者操其权。

田父野叟⑦，语以黄鸡白酒⑧则欣然喜，问以鼎食⑨则不知；语以缦袍短褐⑩则油然乐，问以衮服则不识。其天全⑪故其欲淡，此是人生第一个境界。

心无其心⑫，何有于观？释氏曰："观心⑬者，重增其障。物本一的，何待于齐？"庄生曰："齐物⑭者，自剖其同。"

笙歌正浓处，便自拂衣长往⑮，羡达人撒手悬崖⑯；更漏已残⑰时，犹然夜行不止⑱，笑俗士沉身苦海。

山居胸次⑲清洒⑳，触物皆有佳思：见孤云野鹤㉑而起超绝之想，遇石涧流泉而动澡雪㉒之思，抚老桧㉓寒梅而劲节挺立，侣沙鸥麋鹿而机心顿忘。若一走入尘寰㉔，无论物不相关，即此身亦属赘旒㉕矣！

兴逐时来，芳草中撒履㉖闲行，野鸟忘机㉗时作伴；景与心会，落花下披襟兀坐㉘，白云无语漫相留。

注释

❶ 蚤智：蚤同"早"。此处指先见之明。❷ 卓见：高明的见解。

❸ 风花：清风吹拂中的花。❹ 空清：空明，空旷澄澈。

❺ 静者：深得清静之道，超然恬静的人。

❻ 消长：增长与消减，旺盛与衰落，也指变化。

❼ 田父野叟：指乡下田野农夫。

❽ 黄鸡白酒：用水煮熟的鸡，未经配料的酒，都是淳朴食物。

❾ 鼎食：列鼎而食，比喻古代贵族豪华的饮食。

❿ 缦（màn）袍短褐（hè）：指平民的粗劣衣服。缦袍，用新棉旧絮做成的长袍，麻布为衬里。短褐，以褐布竖裁做成的短而狭的衣。

⓫ 天全：自然的本性得以保全。

⓬ 心无其心：指心中没有任何邪念或思虑。

⓭ 观心：指自我省察。⓮ 齐物：消除彼此的界线，排遣是非。

⓯ 拂衣长往：拂为振的意思。人欲起行，必先振衣。此处是毫不留恋之意。

⓰ 撒手悬崖：撒手即放手，有毫不顾虑的含义。悬崖形容险境。

⓱ 更漏已残：古代计时将一夜分为五更。漏是用来计时的仪器。此处形容夜已深。

⓲ 夜行不止：夜行意为劳作、奔波。此处指应酬繁忙。

⓳ 胸次：胸中之意。⓴ 清洒：清新洒脱、一尘不染的心境。

㉑ 孤云野鹤：形容自由自在不受束缚。

㉒ 澡雪：澡意为洗涤。此处指除去一切杂念，保持纯洁的心灵。

㉓ 桧（guì）：为常绿乔木，表现耸立于碧空的崇高形象。

菜根谭

㉔ 寰（huán）：世界。
㉕ 赘旒（zhuì liú）：赘是多而无用。旒是旗下所垂之穗，比喻君主若为臣下所左右则成为赘旒。
㉖ 撒履：抛掉鞋子。履，鞋。 ㉗ 忘机：忘却人类的诡诈机心。
㉘ 兀坐：出神地坐着。

解读

得病时才想到身体强壮最为宝贵，身处在动乱才想到太平安稳的幸福，这不算是先见之明；得到幸福而预先知道幸福实际上是带来祸患的本源，贪恋着生命而能预先知道生命是走向死亡的前提，这才是远见卓识。

清风鲜花的潇然飘洒，瑞雪明月的空明清朗，只有超然恬静的人成为它们的主人；溪水花木的荣盛枯萎，翠竹顽石的消失生长，唯独悠闲宁静的人掌控它们生长的权利。

和农夫谈白切鸡老米酒就非常愉快喜悦，问他们美味珍馐就茫然不知；告诉他们粗棉袍布短衣就自然而然欢乐，问他们龙衣官服就浑然不懂。他们保全了淳朴本性，所以他们的欲望很淡泊，这才是人生第一等的境界。

内心没有心念，拿什么用于观察呢？佛教所说的"观察心性"，重复增添修行的障碍；万物本来一体，何必等待人去齐整呢？庄子说："物我齐一，把本属同一体的东西给分开"。

笙乐歌舞正到浓烈时，就自己整理衣衫长往远引，羡慕豁达的人悬崖勒马而猛然回头；深更滴漏已近残余时，仍然是整夜行走不加休止，可笑庸俗的人沉沦苦海而浑然不知。

居住山林胸怀清逸洒脱，接触事物都有美好思绪：见孤独浮云旷野仙鹤而生超群绝伦的想法；遇到石谷涧溪流动泉水而触动澡练雪涤的思考；

抚摸苍老桧树凌寒梅花而劲操高节挺拔耸立；结侣浮麋野鹿而机巧之心顿时忘记。倘若一旦走回进入尘世人寰，不论任何事物不与相互关联，就是这身体也属于累赘缀旒了！

偶尔兴致来的时刻，在草地上脱鞋漫步，野鸟也会忘了被捕捉的危险飞到身旁来作伴；当景致与心灵互相融合时，在飘落的花朵下披着衣裳独自静坐，白云也似乎无言地停留在头上不忍离去。

故事链接

春秋时期，齐桓公在沼泽边打猎，管仲驾车。忽然，齐桓公看到了一只鬼。桓公抓住管仲的手说："仲父看到了什么？"

管仲回答："我没看到什么。"桓公返回，变得失魂落魄，好几天不出门。齐国有士人名叫皇子告敖的说："君王是自我伤害，鬼怎么能够伤着君王呢？人的忿积之气，散失而不迈回，就会不足；往上而不下行，就使人发怒；往下而不上行，就使人健忘；既不往上也不往下，积在身体当中正对心口，就成为疾病。"

桓公说："那么有鬼吗？"皇子告敖答道："有的。污水沉积的地方有履；灶头有髻；门户里积灰的地方，雷霆鬼住在那里；房屋东北角底下，有位阿蛙蛙鬼跳着；西北角底下，是浊阳鬼住在那里。水里有罔亲，丘陵有阜，山峦有夔，郊野有枋徨，水泽有委蛇。"

桓公说："请问委蛇的形状是怎么样的？"

皇子告敖说："委蛇，它的大小像车毂轳，它的长短像车辕子，穿着紫衣裳而戴着红帽子。这种东西长得丑陋，听到打雷车驾的声音就捧着它的头站着。看到它的人大概要称霸了。"

桓公满面笑容说："这就是我看到的。"于是整好衣帽和皇子告敖坐在一起，不到一天而不知不觉毛病已经消失。

机息有月风　不必苦海世

机息①时便有月到风来，不必苦海人世；心远②处自无车尘马迹，何须痼疾丘山③。

草木才零落，便露萌颖④于根底；时序虽凝寒⑤，终回阳气⑥于飞灰⑦。肃杀之中，生生之意常为之主，即是可以见天地之心。

雨后观山色，景像便觉新妍；夜静听钟声，音响尤为清越⑧。

登高使人心旷，临流使人意远。读书于雨雪之夜，使人神清；舒啸⑨于丘阜⑩之巅，使人兴迈⑪。

无风月花柳不成造化，无情嗜欲好不成心体。只以我转物，不以物役我，则欲嗜莫非天机，尘情即是理境矣。

人生太闲则别念窃生⑫，太忙则真性不现。故士君子不可不抱⑬身心之虑，亦不可不耽⑭风月之趣。

人心多从动处失真，若一念不生，澄然静坐，云兴而悠然共逝，雨滴而冷然⑮俱清，鸟啼而欣然有会，花落而潇然⑯自得。何地非真境，何物无真机？

子生而母危，镪积⑰而盗窥，何喜非忧也？贫可以节用，病可以保身，何忧非喜也？故达人当顺逆一视，而欣戚两忘。

注释

❶ 机息：机指心机，息是停止。❷ 心远：指思想超越尘世。

❸ 痼（gù）疾丘山：痼疾形容特殊的喜好。丘是小山。此处指对山林的特殊爱好。

❹ 萌颖：萌是草木的芽，颖是草木的小苞。

❺ 凝寒：形容极为寒冷。❻ 阳气：指春天暖和的气候。

❼ 飞灰：古时置木灰于竹筒中，至冬至时一阳来复，其灰自然飞出，以此定时序。

❽ 清越：清脆悠扬。

❾ 舒啸：舒是伸展，啸是吹而发声，舒啸是发出心中闷气。

❿ 丘阜（fù）：小山冈。⓫ 迈：奋发，豪爽。

⓬ 别念窃生：别念指杂念、邪念。窃是偷偷地。此处指邪念不知不觉中出现。

⓭ 抱：保持。⓮ 耽：迷恋、爱好。

⓯ 冷然：形容超脱、冷淡的神情。⓰ 潇然：清幽寂静的样子。

⓱ 镪（qiǎng）积：镪通"繦"，是古时用来串钱币的绳索，此处作金银的代称，指累积金银财富。

解读

当妄念止息后，便能感受到皎月清风缓缓而来，不会再将人间看成是苦海；当心境远离尘俗时，自然不会有车马喧嚣的嘈杂，哪还需要找个僻静的山林？

花草树木的叶子开始飘零枯萎时，在根底已露出新芽；季节虽是到了寒冬，也终究会回到温暖和煦的时节。在萧条肃杀的氛围中，大地蕴涵着无限生机，由此可以看出天地哺育万物的本性。

雨后观赏山川的景色就觉得清新美好；夜静聆听钟楼的钟声就清脆悠扬。登上高地可以使人心胸开阔，面对流水可以使人意境深远。在雨雪之夜读书，会使人神清气爽；在山巅上仰天长啸，会让人振奋无比。

没有清风明月鲜花树木，大自然就不成其完美；没有喜怒哀乐好恶爱憎，本心就不成其为人。只由我主宰万物，而不让万物来驱使于我，那么这些嗜好情欲无不是自然的机趣，尘世俗情也就达到包含天理的境界。

人如果整天游手好闲，一切杂念就会悄然而生；人生太过忙碌，那么纯真的本性就不会显露。所以有学识、高尚的君子既不可以使自己身心过于疲倦，也不可不懂得吟风弄月的乐趣。

人的心往往是因为容易浮动才失去纯真的本性。如果能一点妄念也不产生，心灵明澈地静坐，随着飘动的云朵一起消逝在天边，就着清冷的雨滴洗净心中的尘埃，从雀跃的鸟鸣声中领会自然的奥妙，随落花缤纷潇洒自得。那么何处不是人间的仙境？何处不能体现人生的真谛呢？

孩子出生时母亲面临生命危险，财富积累多了就会招来盗贼窥视，怎么能说这是喜而不是忧呢？贫穷可以使人节俭，患病可以使人注意养生，如何说这是忧虑不是喜事呢？所以豁达的人对于逆境和顺境应一视同仁，对于欣喜和悲戚要同时忘却。

故事链接

明朝时，有个在山西太原做生意的商人，年底准备回家过年。他把银子装进口袋，背上一把雨伞，就匆匆上路了。

这天他走到中条山脚下，感到有些头昏。正巧这时，他看见山坡上有一个采草药的中年汉子，就想雇佣他背他过山，中年汉子不愿意，让他自己走。商人只好往前走，走了一会儿，实在走不动了，就硬撑着往路边树

其他篇

上一靠闭上了眼。迷迷糊糊中，商人听到有人在对自己说："这儿不能睡啊，会冻坏身子的！"

他睁眼一看，原来是那个采草药的中年汉子，便生气地说："叫你背我走，你不背，那就别来管我。"

中年汉子沉思一会，突然抓起商人的钱袋和雨伞就走。商人立即跳了起来，大声骂道："原来你是个贼啊！"急急忙忙追了上去。

中年汉子在前边走，商人在后边追。不多一会儿，商人就满头大汗、直喘粗气。到了镇子上，中年汉子便进了一家药店。商人赶上前来追进店里，冷不防门边走出两个门客，把商人架住。

商人正想争辩，只见中年汉子一手拿着雨伞，一手提着钱袋，笑着从屋里走出来，说："你的汗出够了，病也好了，回去吧。"

说着，他把雨伞和钱袋都还给了商人。这中年汉子就是名医李时珍，他见商人病了，想让他出身透汗祛病，于是才想了这么一个装贼的法子。

过而不留　是非俱谢

耳根似飙①谷②投响，过而不留，则是非俱谢；心境如月池浸色③，空而不著，则物我④两忘。

世人为荣利缠缚，动尘世苦海，不知云白山青，川行石立⑤，花迎鸟笑，谷答樵讴⑥，世亦不尘，海亦不苦，彼自尘苦其心尔。

花看半开，酒饮微醉，此中大有佳趣。若至烂漫酕醄⑦，便成恶境矣，履⑧盈满⑨者宜思之。

山肴⑩不受世间灌溉，野禽不受世间豢养，其味皆香而且冽⑪。吾人能不为世法所点染，其臭味不迥⑫然别乎！

栽花种竹，玩鹤观鱼，亦要有段自得处。若徒留连光景，玩弄物华⑬，亦吾儒之口耳⑭，释氏之顽空而已，有何佳趣？

山林之士，清苦而逸趣自饶⑮；农野之人，鄙略⑯而天真浑具⑰。若一失身市井驵侩⑱，不若转死沟壑神骨犹清。

非分之福，无故之获，非造物之钓饵，即人世之机阱。此处着眼不高，鲜不堕彼术中⑲矣。

> **注释**
>
> ①飙（biāo）：强劲的风，狂风。②谷：山谷。
> ③月池浸色：月亮在水中的倒影所映出的月色。

④ 物我：指外物和自我。

⑤ 川行石立：指河水不停地奔流，而岩石岸然屹立。

⑥ 谷答樵讴：讴为齐声同唱，谷答是指山谷间的回声。此处指樵夫一边砍柴一边歌唱，歌声在山谷中回荡。

⑦ 酕醄（máo táo）：大醉的样子。

⑧ 履：行动。⑨ 盈满：对一切物质享受十分满意。

⑩ 山肴：肴本指荤菜。此处指香菇、木耳等山产。

⑪ 冽（liè）：形容味道强烈。⑫ 迥：不同。

⑬ 物华：自然的景色。⑭ 吾儒之口耳：没有掌握住所学的内容。

⑮ 饶：丰。⑯ 鄙略：鄙陋少知。⑰ 浑具：指完全保留着。

⑱ 驵侩（zǎng kuài）：本指说合牲畜交易的人，此处指夺利的奸商。⑲ 术中：计略之中。

解读

耳朵好似飙风吹过山谷投下声响，只是经过从不羁留，是是非非全都谢除；心境犹如月亮映入水池浸染月色，只是空虚并不着实，这样就达到物我两忘的境界。

世人被名誉利禄缠绕束缚，动辄就说："俗尘世间是苦难海洋。"不知道浮云洁白山谷青翠，江川贯行岩石耸立，花草迎春鸟鹊歌笑，山谷应答樵夫讴歌，人间也不尽是尘嚣，世海也不尽是苦难，那是自己落入尘嚣辛苦自己的心而已。

花卉要看一半开放的，美酒要喝到微醉，这中间大有高雅的情趣。倘若到花已盛开酒已烂醉，就成为丑恶境地了。福履达到丰盈满足的人，应当深思这两句话的意义。

山林间的植物不受人工灌溉施肥，野外的鸟兽不受人工饲养，可是它们的味道都香醇无比。我们如果不被尘世间的功名利禄所玷污，那么心地气质不就和别人有很大的不同吗？

栽培花草种植竹木，玩弄白鹤观赏金鱼，也要有段悠然自得的情趣。假如仅仅流连于风光景色，把玩摆弄自然景物，也只是儒家的"口耳之学"，佛家的"顽空虚无"而已，又有什么高雅的情趣呢？

隐逸山林的人，清贫困苦而以超凡脱俗的情趣自我富足；农村田野的人，才华低劣却朴实纯真的天性浑然具备。如果一旦失去控制置身于市井交易之中，还不如弃尸于山沟水渠神韵风骨仍然清白。

不是自己分内享有的福气以及无缘无故的意外收获，如果这两者不是上天有意安排的诱饵，就是他人故意设下的陷阱。在这种时候如果没有高明的眼力，很少有人能不落入这些圈套之中的。

故事链接

柳敬亭，是明末清初的大名鼎鼎的说书艺人。由于他好打抱不平，得罪了地方上的恶势力，流浪到外乡。

有一天，柳敬亭睡在一棵大柳树下，醒来后抓着拂在身上的垂柳枝条，联想到自己的不幸遭遇，就改为姓柳了。接着，他默然地背诵起南齐谢朓咏敬亭山的诗，觉得"敬亭"二字可取，便以"敬亭"为名了。

一次，柳敬亭流浪在江南水乡的一个小镇上，看到茶馆酒楼上经常有人说书，便经常去听书，听了后便记在心里，加上自己从小读了不少历史小说，听了不少民间故事，所以也想靠说书来维持生活。

由于不知道说书的方法和技巧，也找不到合适的老师可以求教，柳敬亭只能自己摸索着瞎练一通，效果很不理想，为此也很苦恼。

后来，柳敬亭在旅途中听到一位高明的艺人说书，听后佩服得五体投地。这位艺人叫莫后光，柳敬亭诚恳地要求拜他为师。莫后光看到这个青年诚实可爱，说书也有较好的基础，就把自己的经验传授给他。

莫后光把说书艺术的基本原理和方法讲给柳敬亭听，告诉他："说书虽然是一种小技艺，也同学习其他技艺一样要下苦功夫。首先要熟悉各阶层的生活和各地的方言、风俗、习惯，然后把观察和搜集到的材料，经过反复分析，找清它们的因果关系、发展过程。还要学会对掌握的材料加以剪裁取舍，能够把有用的材料组织得恰到好处。"

柳敬亭听了老师的教导后，深深地记在心头。他白天到处游街串巷，仔细地观察社会上各种现象，对方言俚语特别注意。晚上回家以后，闭上眼睛细细琢磨白天看到的事情，并把它加工、提炼、融化到历史故事中去，并认真地记在纸上。就这样，柳敬亭学习了几个月后，便去找老师指点。

老师让柳敬亭说了一段书，对他说："现在你虽然能讲出故事，但还不能引人入胜。重要的是时时刻刻要想到怎样把故事说得好，说得动听。有时，故事中的情节要从从容容直叙，一路走来，直达胜境；有时，要简洁明快，开门见山，一目了然；有时要增加一些伏笔或悬念，让听众总想听个究竟，舍不得离去。总起来，在故事的轻重缓急之间，安排得贴切妥当，件件事交待要有头有尾，扣人心弦。"

柳敬亭听了以后，继续苦心钻研。他经常深入到人们中去，和各种人交朋友。在交往中，他发现，有许多上了年纪的人说起话来很吸引人，而声音又随故事情节的跌宕起伏而抑扬顿挫，感染力很强，尤其是说话时那种胸有成竹的神态，很值得学习。他每天都细心观察、模仿。过了几个月，他又去请教老师。

老师听了柳敬亭说的一段书后，说："你现在进步已经不小了！"

柳敬亭在名师的指点下，经过自己的刻苦研究，努力学习，终于成为一名有名的说书艺人。他走遍了大江南北，到处受到人们的热烈欢迎。

一事起　一害生

一事起则一害生，故天下常以无事为福。读前人诗云："劝君莫话封侯事，一将功成万骨枯。"又云："天下常令万事平，匣中不惜千年死。"虽有雄心猛气①，不觉化为冰霰②矣。

淫奔之妇矫③而为尼，热中之人④激而入道，清净之门，常为淫邪之渊薮⑤也如此。

波浪兼天⑥，舟中不知惧，而舟外者寒心；猖狂骂坐⑦，席上不知警，而席外者咋舌⑧。故君子身虽在事中，心要超事外也。

人生减省一分，便超脱了一分。如交游减便免纷扰；言语减便寡愆尤；思虑减则精神不耗⑨；聪明减则混沌⑩完。彼不求日减而求日增者，真桎梏此生哉！

天运⑪之寒暑易避，人生之炎凉难除；人世之炎凉易除，吾心之冰炭⑫难去。去得此中之冰炭，则满腔皆和气，自随地有春风⑬矣。

茶不求精而壶也不燥⑭，酒不求冽而樽也不空。素琴无弦而常调，短笛无腔而自适。纵难超越羲皇⑮，亦可匹俦⑯嵇阮⑰。

释氏随缘，吾儒素位⑱，四字是渡海的浮囊。盖世路茫茫，一念求全则万绪纷起，随遇而安⑲则无入不得矣。

注释

① 猛气：勇猛的气势或气概。
② 冰霰（xiàn）：下雪前或下雪时降落的白色小冰粒。
③ 矫：指假托一种理由。④ 热中之人：指热衷于名利场中之人。
⑤ 渊薮（yuān sǒu）：比喻事物聚集之处。
⑥ 兼天：形容波浪很大有冲天之势。⑦ 骂坐：骂同席的人。
⑧ 咋舌：咬着舌头惊吓得说不出话。⑨ 耗：消耗、损失。
⑩ 混沌：原指天地未开辟以前的原始状态。此处指人的本性。
⑪ 天运：指大自然时序的运转。⑫ 冰炭：此为争斗的意思。
⑬ 春风：春天里温和的风，此处取和惠之意。⑭ 燥：干涸。
⑮ 羲（xī）皇：上古时代的帝王伏羲氏。
⑯ 匹俦（chóu）：俦也作匹敌。此处指媲美。
⑰ 嵇（jī）阮：指竹林七贤中的嵇康、阮籍。
⑱ 素位：指本身应做的事，而不羡慕身外的事。
⑲ 随遇而安：指安于所处的环境，不做过分的妄想。

解读

凡是有事情发生，就会有弊病跟着出现，因此天下的人都把没有事端视为福分。前人的诗句说："奉劝大家不要再谈授官封爵的事，一个将军的功勋需要千万士兵的牺牲才能换来。"又说："如果天下能常保太平，就是把宝剑放在匣中一千年也在所不惜。"看了这样的诗句，即使怀抱万丈雄心，也不知不觉地像冰雪消融一样消失。

一个不守节操的妇女，往往违背意愿削发为尼，热衷于功名利禄的人，因为意气用事而入寺出家，那么本应清静的佛门圣地，却往往成为藏

菜根谭

污纳垢之地。波浪冲天的时候，坐在船里的人不知道害怕，而在船外的人却感到十分恐惧；席间有人猖狂谩骂，席中的人不知道警惕，反而是席外的人感到心惊胆战。所以有德行的君子即使身陷杂事中，也要将心灵超然于事情之外，这样才能保持头脑清醒。

人的一生能节省一些就超凡脱俗一些。比如，交际减少就能避免纷乱，话语减少就能减少过失，思虑减少就不必耗费精力神志，聪明减少就可以保持纯真本性。那些不寻求逐日减少反而追求每日增加的人，就真正束缚这一生了！

天体运转的寒冷暑热容易躲避，人情世态的炎凉冷暖却难以消除；世间的炎凉冷暖容易消除，我们内心的恩仇怨恨却难以排除。去除了仇恨，心中就能充满祥和之气，自然到处都有和畅的春风。

喝茶不一定要喝名茶，茶壶不干就可以了；喝酒不一定要喝名酒，只要酒杯不空就可以了。无弦之琴能调出令身心愉悦的乐章，短笛不讲音调却能使我心情舒畅。纵然比不上羲皇那样的朴实淡泊，也可以和嵇康、阮籍的飘逸洒脱匹敌。

佛家主张机缘，顺其自然，儒家主张所居之位行其所行，"随缘素位"四字是渡过大海的浮囊。因为世间道路遥远渺茫，一个念头要求完美，就会有千头万绪纷纷而来，反之随着境遇安分知足，就没有人不是悠然自得的了。

故事链接

春秋时期，齐国国君齐景公有一匹最心爱的马，突然得暴病死了，齐景公把怒气都撒到了马夫身上，命令武士把马夫肢解。

晏子知道了，便上前问齐景公："有个问题向陛下请教，尧、舜肢解人时，不知从谁身上开始的？"

齐景公想：尧舜是贤明君主，人们世代传颂，从没有肢解过人，怎么还能提到从谁身上开始呢？于是对晏子说："你的话我明白了，肢解人也不应该从我开始。"当即命令把马夫押到监狱里去，不再肢解。

晏子心里清楚，齐景公这口气出不来，马夫早晚还得倒霉。晏子便异常严肃地对国君说："陛下，马夫犯下了死罪，投到监狱而后处死是理所当然。不过，与其让他糊里糊涂死掉，不如让他明白自己到底犯了哪些罪，而后，名正言顺地把他杀掉。"

接着晏子一本正经地历数马夫的罪状："马夫的罪行有三条：第一，马夫把国君的马养死了；第二，死的马又是国君最心爱的马；第三条，马夫让国君因为死了一匹马而杀人，老百姓听了都会同情马夫，怨恨国君。这样人们都会对国君失望。这是马夫最严重的罪行，完全应该杀掉。"

这哪里是列举马夫的罪状，这分明是在巧妙地指明国君的过错。齐景公听着，赶紧打断晏子的话，说："你不必再说了，马夫无罪，我立即把他放了！"

名言妙语

1. 宠辱不惊,闲看庭前花开花落;去留无意,漫随天外云卷云舒。
2. 岁月本长,而忙者自促;天地本宽,而鄙者自隘;风花雪月本闲,而扰攘者自冗。
3. 风来疏竹,风过而竹不留声;雁渡寒潭,雁去而潭不留影。故君子事来而心始现,事去而心随空。
4. 鱼得水逝,而相忘乎水,鸟乘风飞,而不知有风。
5. 交友须带三分侠气,做人要存一点素心。
6. 觉人之诈,不形于言;受人之侮,不动于色。
7. 遍阅人情,始识疏狂之足贵;备尝世味,方知淡泊之为真。
8. 世态有炎凉,而我无嗔喜;世味有浓淡,而我无欣厌。
9. 热闹中著一冷眼,便省许多苦心思;冷落处存一热心,便得许多真趣味。
10. 冷眼观人,冷耳听语,冷情当感,冷心思理。
11. 君子之心事,天青日白,不可使人不知;君子之才华,玉韫珠藏,不可使人易知。
12. 蛾扑火,火焦蛾,莫谓祸生无本;果种花,花结果,须知福至有因。
13. 非丝非竹而自恬愉,不烟不茗而自清芳。
14. 径路窄处,留一步与人行;滋味浓时,减三分让人尝;此是涉世一极安乐法。
15. 生固欣然,死亦无憾;花落还开,水流不断;我兮何有,谁欤安息?明月清风,不劳寻觅。

16. 争是不争，不争是争。

17. 不责人小过，不发人阴私，不念人旧恶：三者可以养德，亦可以远害。

18. 欲做精金美玉的人品，定从烈火中煅来；思立掀天揭地的事功，须向薄冰上履过。

19. 心不可不虚，虚则义理来居；心不可不实，实则物欲不入。

20. 居逆境中，周身皆针砭药石，砥节砺行而不觉；处顺境中，眼前尽兵刃戈矛，销膏靡骨而不知。

21. 心无物欲，即是秋空霁海；坐有琴书，便成石室丹丘。

22. 唯大英雄能本色，是真名士自风流。

23. 昨日之非不可留，留之则根烬复萌，而尘情终累乎理趣；今日之是不可执，执之则渣滓未化，而理趣反转为欲根。

24. 一字不识而有诗意者，得诗家之真趣；一偈不参而有禅味者，悟禅教玄机。

25. 信人者，人未必尽诚，己则独诚矣；疑人者，人未必皆诈，己则先诈矣。

26. 文章做到极处，无有他奇，只是恰好；人品做到极处，无有他异，只是本然。

27. 遇沉沉不语之士，且莫输心；见悻悻自好之人，应须防口。

28. 栖守道德者，寂寞一时；依阿权势者，凄凉万古。达人观物外之物，思身后之身，宁受一时之寂寞，毋取万古之凄凉。

29. 心体光明，暗室中有青天；念头暗昧，白日下有厉鬼。

30. 听静夜之钟声，唤醒梦中之梦；观澄潭之月影，窥见身外之身。

31. 人之有生也，如太仓之粒，如灼目之电光，如悬崖之朽木，如逝海之微波。知此者如何不悲？如何不乐？

32. 忙处不乱性，须闲处心神养得清；死时不动心，须生时事情看得破。

读后感

最近我读了《菜根谭》，感觉自己一下子长大了，变得懂事多了和成熟多了呢！这是一部论述修养、人生、处世的语录集，其中阐述了读书学习、为人处世、修身养性、功业成败、返璞归真等方面内容，特别是其中的哲理智慧、处世哲学，对我产生了很大启迪。

从读《菜根谭》开始，我作为一名学生，自然就很关注里面的读书。是啊！只有高尚的人才能读懂古人的道德文章。如果用学到的知识炫耀自己的才能，用书中华丽的语言掩饰自己的过错，那么，学到的知识再多又有什么用呢？所以说，读书的第一课是修炼道德品质。"心地干净，方可读书学古"。

"故读书穷理，要以识趣为先。"我读了《菜根谭》后，真正感觉到了读书能够获取养分和增长知识，能够懂得怎样实现人生价值。多读书，增加一点书卷气，保持心静如水、人淡如菊的心境。书是获取知识的渠道，提高素质的有效途径，也是涵养静气的摇篮。一花一世界，一书一人生，我只有用心去读，去悟，读书悟人生，这才是读书的意义。

"心不可不虚，虚则义理来居；心不可不实，实则物欲不入。"让我懂得了人心不可以不谦虚，谦虚才能让正义真理进驻心中；人心不可以不充实，充实才能使贪念物欲无法入侵。我们在做学问和做人方面，要善于听取不同的意见，并不断地改变自己，要保持"为有源头活水来"的状态，才能不断地修正自己的言行。

"凭意兴作为者，随作则随止，岂是不退之轮；从情识解悟者，有悟则有迷，终非常明之灯"。让我懂得了做事不要凭自己的意气用事，也不要带着太多的情感去领悟道理，这样才会少走弯路。想想真的很有道理，我原来就很任性，喜欢哪科就专心学习那科，不喜欢的学科就不愿意碰，甚至不喜欢的学科连考试都不参加，后来就造成了严重偏科！

"君子之心事，青天白日，不可使人不知。君子之才华，玉隐珠藏，不可使人易知"。让我懂得了做人要光明磊落，要像晴天白日一样，就是人们常说的"君子坦荡荡""明人不做暗事"。特别是对于才能，不要急于展示出来，以免遭人嫉妒。在坦露自我的同时，要心存善意地隐藏自己，善于去面对形形色色的人。展现才华的时候不要不分时间和场合，这样不仅不能让人瞩目，还可能遭到嫉恨的眼光。因此，我要学会做人低调些，因为这是一种修身之法，是一种充满智慧的处世之道。

我读《菜根谭》的感受是，它能使我的心境更加平静。特别是当我愉悦时，它好像是一首清脆婉转的歌，能够让我的心灵飞翔；当我忧郁时，它好像是一阵悠远而又强劲的笛声，能够让我重整旗鼓，走出思想的阴霾。

《菜根谭》真是值得我细细地品味和感受，其中的每一段语录都让我感触颇深，仿佛让我醍醐灌顶般豁然开朗。我每日读上几段，每日都有一些新的思考，新的感悟。

在阅读《菜根谭》的过程中，我打开心门，让书中那些警世、醒世的话语深深浸润着我的内心，改变着我的心态，改变着我的生活，改变着我的人生观和世界观！

知识互动大会

一、填空题

1. 《菜根谭》写于 明朝 。

2. "咬得菜根"的下一句是 百事可做 。

3. 出自东汉名士陈蕃的典故是 一屋不扫，何以扫天下 。

4. "春至时和，花尚铺一段好色，鸟且啭几句好音。士君子幸列头角，复遇温饱，不思 立好言行好事 ，虽是在世百年，恰似未生一日。"

5. "天地不可一日无 和气 ，人心不可一日无喜神"。

6. "建功立业者，多虚圆之士"下一句是 偾事失机者，必执拗之人 。

7. "人生原是傀儡，只要把柄在手"中"傀儡"指的是 受到外物操控的人 。

8. "不可不怀虚生之忧"，其中"虚生"指的是 虚度生命 。

9. "不昧己心，不拂人情，不竭物力，三者可以为天地立心，为生民立命，为子孙造福"化用了北宋大儒 张载 的话。

10. "人之际遇，有齐有不齐"，"际遇"指的是 遭遇 。

11. "非分之福，无故之祸"其中"分"指的是 福分 。

12. "立得脚定，着得眼高，回得头早"，其中"着"读音是 zhuó 。

13. 在《菜根谭》的智慧中，认为"狭路相逢 让 者胜"。

14. "退步是进步的张本"，这里"张本"的意思是 前提、准备 。

15. "爱重反为仇，薄极反成喜"中的"薄"指的是 冷淡 。

16. "用人不宜刻，刻则思效者去"其中"刻"字的意思是 严苛 。

17. "岁月本长，而忙者自促"中"促"的意思是 急促 。

18. "飞鸟尽，良弓藏，狡兔死、走狗烹"的语句出自 范蠡 。
19. "因过竹院逢僧话，偷得浮生半日闲"诗句是 唐 代诗人所做。
20. "冷情当感，冷心理思"中"冷"指的是 冷静 。

二、选择题

1. "君子之才华，玉韫珠藏"的意思是（B）。

   A．君子的宝玉应该好好收藏

   B．君子的才华不应该轻易卖弄

   C．君子的才干应该有人发现

2. "乐处乐非真乐，苦中乐得来，才是心体之真机。"其中"乐处乐非真乐"指的是（B）。

   A．愿意处于快乐中，不是真正懂得快乐

   B．在快乐中所得到的快乐，不是真正的快乐

   C．喜欢优美的音乐，并不是真的懂音乐

3. "了心之功，即在尽心处"，其中"了心之功"指的是（C）。

   A．了断内心的妄念　　B．了解心灵的力量　　C．了悟心灵的智慧

4. "凭意兴作为者，随作则随止"，这里"意兴"指的是（B）。

   A．意志　　　　B．兴致　　　　C．兴趣

5. "横逆困穷是锻炼豪杰的一副炉锤"，其中"横"指的是（B）。

   A．横行霸道　　　B．飞来横祸　　　C．大逆不道

6. "逆来顺受，居安思危"，其中"逆来顺受"指的是（C）。

   A．委曲求全　　　B．窝囊颓废　　　C．顺应时势

7. "以不贪为宝"的典故出自于（C）。

   A．《战国策》　　　B．《论语》　　　C．《左传》

8. "处世不退一步处，如（　）、羝羊触藩，如何安乐。"括号中应该填写

（B）。

  A. 飞蛾赴火   B. 飞蛾投烛   C. 飞蛾投火

9. "不可因醉而生嗔"中的"因"字的意思是（B）。

  A. 因为   B. 趁着   C. 由于

10. "觉人之诈不形于言，受人之侮不动于色"中的"觉"字意思是（C）。

  A. 觉得   B. 觉醒   C. 觉察

11. "三分侠气，一点素心"中的"素心"指的是（C）。

  A. 没有任何贪念的心灵

  B. 未经染色的纯白丝绢

  C. 纯洁质朴的赤子之心

12. "君子当存含垢纳污之量"指的是（A）。

  A. 君子应该有容人的雅量

  B. 君子应该不拘泥于小节

  C. 君子应该不在意脏污的环境

13. "不责人小过，（ ），不念人旧恶，三者可以养德、亦可以远害。"括号中应该填写（B）。

  A. 不与人同污   B. 不发人阴私   C. 不引人贪恶

14. "人情世态，不宜认得太真。"指的是（B）。

  A. 对待生活不必过于较真

  B. 对于世态冷暖不用过于在意

  C. 对于世界不应该过于认真

15. "（ ），闲看庭前花开花谢，去留无意，漫随天外云卷云舒。"括号中应该填写（C）。

  A. 淡泊明志   B. 宁静致远   C. 宠辱不惊